Y PAIR DADENI

Y PAIR DADENI

Hanes Gwersyll Fron-goch

gan

Lyn Ebenezer

Argraffiad cyntaf: Ebrill 2005

Rhif Llyfr Safonol Rhyngwladol:
0-86381-969-9

Cyhoeddir dan gynllun comisiwn
Cyngor Llyfrau Cymru

Cynllun clawr: Sian Parri

Argraffwyd a chyhoeddwyd gan Wasg Carreg Gwalch,
12 Iard yr Orsaf, Llanrwst, Dyffryn Conwy, LL26 0EH.
☏ *01492 642031*
🖷 *01492 641502*
🖂 *llyfrau@carreg-gwalch.co.uk*
Lle ar y we: www.carreg-gwalch.co.uk

arall hwnnw oedd *Liberty Hall*, canolfan yr *Irish Citizen Army* yn Beresford Place. Yno, am 11.15, ef fyddai â'r gorchwyl o ganu'r corn er mwyn galw milwyr Connolly ynghyd.

Yn rhif 7 Clifton Terrace yn Ranelagh roedd dyn byr, ifanc ac eiddil 34 mlwydd oed o Rush, Swydd Dulyn, gyda choesau gwan a llygaid gwannach fyth yn byseddu pistol trwm, hen-ffasiwn. Roedd y pistol yn dueddol o gicio wrth danio, a'r gwendid hwnnw, ymhen tridiau, a wnâi achub ei fywyd. Hwn fyddai bore olaf y plymwr gwylaidd yn ei gartref am dros bedwar mis.

Yn rhif 3 Seafield Road, actio oedd yn talu am fara menyn llanc ugain oed artistig ei olwg. Ond doedd fawr o archwaeth brecwast arno'r bore hwnnw. Fel arfer, nerfau wrth edrych ymlaen at noson gyntaf perfformiad arall yn yr Abbey Theatre fyddai'n gwneud iddo deimlo fel hyn. Ac er bod y posteri yn datgan y byddai ar y llwyfan y noson honno, mewn perfformiad o *The Spancell of Death* gan T.H. Nally, gwyddai fod drama fwyaf ei fywyd yn ei wynebu o fewn oriau yn unig.

Mewn gwesty ynghanol y ddinas roedd dau ddyn gwahanol iawn i'w gilydd yn cwnsela'n dawel a llechwraidd â Joseph Plunkett, a oedd yn marw o'r diciâu, er mai bwledi a wnâi ddwyn ei fywyd, a hynny ymhen un diwrnod ar ddeg. Cyn-ffermwr trwsiadus o Ferns yn Swydd Wexford oedd y naill. Ond fel swyddog yn y Gwirfoddolwyr Gwyddelig, yng ngwesty'r Metropole yn Sackville Street rhwng y Swyddfa Bost a'r afon, oedd ei le'r bore hwnnw. Cyn-glerc oedd y llall, dyn ifanc, cydnerth o Swydd Corc a gariai rhyw swae awdurdodol yn ei osgo.

Cerddor rhan-amser, plymwr, actor, cyn-ffermwr a chyn-glerc, pump a gaent eu huno a'u tymheru gan fflamau Gwrthryfel y Pasg. Ac er na wyddent hynny ar y pryd, byddent, ymhen llai na deufis, yn cael eu haduno mewn caethiwed yng nghefn gwlad Cymru, a hynny ymhlith dros 1,800 o'u cyd-Wyddelod. Erbyn diwedd y flwyddyn byddai

William Oman, Joe Clarke, Arthur Shields, W.J. Brennan-Whitmore a Michael Collins ymhlith graddedigion cyntaf Prifysgol Gwrthryfel Iwerddon yng Nghymru, Gwersyll Caethiwo'r Fron-goch ger y Bala.

2

Y Rhiwlas

Her a wnaed un prynhawn yn Hyde Park yn 1887 a wnaeth arwain, yn anuniongyrchol, at sefydlu Gwersyll Caethiwo'r Fron-goch. Rhyw hanner cellwair oedd Richard John Lloyd Price, sgweier o ardal y Bala, a Robert Willis, cyfaill iddo, pan drodd y sgwrs at fethiant Cymru i gynhyrchu wisgi.

A'r ddau'n gwamalu tra oeddent ar ymweliad ar gyfer gwylio ymryson cŵn defaid, codwyd nifer o gwestiynau. Pam, er enghraifft, nad oedd y fath beth yn bod â wisgi Cymreig er bod 'wisgi' a 'Wales' yn cychwyn gyda'r un llythyren? Pam na fedrai Cymru gynhyrchu llawn cystal wisgi ag a wneid yn yr Alban neu Iwerddon? Eginodd yr hedyn yn nychymyg Lloyd Price ac o fewn dwy flynedd roedd wisgi Cymreig yn llifo i boteli a chasgenni mewn distyllty ar lan afon Tryweryn yn y Fron-goch.

Richard John Lloyd Price oedd un o ddynion mwyaf dyfeisgar Cymru yn y bedwaredd ganrif ar bymtheg. Clywyd edliw ar hyd y blynyddoedd am ddiffyg menter ymhlith y Cymry. Roedd Lloyd Price yn eithriad. Yn ddyn llawn dychymyg, gallai olrhain llinach ei ragflaenwyr yn ôl at Farchweithian, sefydlydd yr Unfed Llwyth ar Ddeg o Uchel Dras yng Nghymru. Roedd un o'i hynafiaid, Syr Rhys ap Meredydd, neu Rhys Fawr, wedi arwain dynion Hiraethog i Faes Bosworth lle cododd faner y Ddraig Goch.

Ŵyr i Rhys, sef Cadwaladr Price, brawd i'r Dr Ellis Price, neu'r Doctor Coch, wnaeth sefydlu Pendefigaeth y Rhiwlas. Disgrifiwyd hwnnw gan Thomas Pennant fel y cnaf mwyaf a'r gormeswr gwaethaf yn ei gymdogaeth. Mae llinach Cadwaladr Price yn parhau yno hyd y dydd heddiw.

Erbyn 1840 roedd y Rhiwlas yn un o bum stad yn Sir Feirionnydd a oedd yn berchen ar dros 10,000 erw o dir, sef yr isafswm ar gyfer bod yn aelod o'r uchelwyr. Cododd o 9,190 erw a 91 o ffermydd ym 1797 i 14,751 erw a 168 o ffermydd, gyda'r cynnydd i'w briodoli'n bennaf i gaffaeliad stad Rhiwaedog. Y pedwar uchelwr arall oedd Vaughan, Hengwrt a Rug; Mostyn; Williams Wynn a Williams Vaughan, Nannau.

Erbyn 1873, yn ôl *Returns of Owners of Land*, roedd gan y Rhiwlas 17,717 o erwau gan hawlio rhent o £9,386 y flwyddyn. Erbyn 1890 roedd y stad ymhell dros 40,000 erw a'r rhent a dderbyniwyd yn £13,000. Ond yn ôl Watcyn L. Jones yn ei gyfrol *Cofio Tryweryn*, doedd y sefyllfa ariannol ddim mor dda ag yr ymddangosai. Ar wahanol adegau – 1905, 1911 a 1917 – roedd morgais uchel ar y stad a benthycwyd arian o wahanol ffynonellau.

Mewn rhifyn o Gylchgrawn Hanes Sir Feirionnydd yn 1962, ceir erthygl hynod werthfawr am ddiwydiannau coll Stad y Rhiwlas gan J.H. Lloyd (Peryddon). Ynddi disgrifir R.J. Lloyd Price fel gŵr a gâi gryn foddhad mewn hela, mewn cŵn ac mewn ceffylau. Cyhoeddodd nifer helaeth o lyfrau a phamffledi yn cynnwys *Dogs' Tales Wagged by Lloyd Price; Rabbits for Powder and Rabbits for Pleasure; Practical Pheasant Rearing; Grouse Driving; Whist Over a Sandwich; Bridge Over a Sandwich* a'r gyfrol gydag un o'r teitlau hiraf a fathwyd erioed, *The History of Rulace or Rhiwlas; Ruedok or Rhiwaedog; Bala, it's Lake, the valleys of the Dee River; and much more of Merionethshire and Counties adjacent thereto*. Roedd yn gapten ym Milisia Sir Feirionnydd ac yn un o Ddirprwy Raglawiaid y sir.

Roedd gan y sgweier gartref yn un o ardaloedd mwyaf ffasiynol Llundain, sef 40 Abermarle Street W1, ac roedd yn aelod o nifer o glybiau yn cynnwys *Turfs*, lle mae darlun ohono yn dal ar y mur, y *Carlton*, yr *Union*, yr *Eccentric* a'r *MCC*, sef Clwb Criced Marylebone.

Arwydd o'i ddiddordeb mewn cŵn oedd mai R.J. Lloyd Price wnaeth drefnu'r ymryson cŵn defaid cyntaf erioed yn 1873. Yn wir, ef fu'n gyfrifol am greu'r gamp yn dilyn sgwrs â thirfeddiannwr o'r Alban yn y *Turf Club* yn Llundain. Aeth yn ddadl rhwng y ddau pa un ohonynt oedd yn berchen ar y ci defaid gorau. Yna trodd y ddadl yn her wrth i Lloyd Price wahodd yr Albanwr i ddewis ci a bugail gorau ei genedl i gystadlu yn erbyn ci a bugail gorau'r Rhiwlas. Yn anffodus, o blith deg o gystadleuwyr, ci a bugail Albanaidd wnaeth ennill, James Thompson a Tweed o Fwlch yr Horeb, Caletwr. Ond pan gynhaliwyd y treialon rhyngwladol cyntaf yn Alexandra Park, Llundain, 30 Mehefin 1876, sef 'The Colley Trials' – wedi eu trefnu eto gan Lloyd Price a'r 'Kennel Club' – yr enillydd oedd John Thomas o Gwmyraethnen, Hirnant, gyda'i ast bedair blwydd oed, Modi. Gast las oedd Modi ond yn anffodus, aeth rhywbeth ar goll yn y cyfieithiad a gafwyd mewn un adroddiad Saesneg. Fe'i disgrifiwyd fel *'green bitch'*.

'Mae'r rheolau a restrwyd gan fy hen-hendaid ar gyfer 1873 yn dal bron iawn yr un fath heddiw,' meddai Robin Price, deiliad presennol y Rhiwlas a gororwyr i R.J. Lloyd Price. 'Dim ond un gwahaniaeth sylfaenol sydd. Tra bod gofyn i'r bugail heddiw sefyll 12 troedfedd o'r postyn cyn y corlannu, roedd rheolau Lloyd Price yn golygu y câi'r bugail ei glymu wrth y postyn â rhaff 12 troedfedd o gwmpas ei ganol.'

Erbyn hyn ceir llechen ar y Garth Goch, ddwy filltir i'r dwyrain o'r Bala, yn nodi'r fan lle cynhaliwyd yr ymryson cyntaf. Roedd y graig uwchben yn eisteddle naturiol perffaith tra oedd y cŵn yn mynd drwy eu pethau islaw ar draws y ffordd.

Cadwai Lloyd Price gymaint â chant o gŵn hela a chyflogai ddau ddyn i ofalu amdanynt. Gymaint oedd ei hoffter o gŵn fel iddo neilltuo darn o dir fel mynwent i gŵn y stad. Galwai'r fynwent yn South America a châi pob ci ei garreg fedd ei hun. Yn ffodus iawn fe aeth J.H. Lloyd ati i gofnodi rhai o'r beddargraffiadau. Ceir un i ast o'r enw 'Stay':

> She ever answered the name of STAY,
> Never disobeyed her Master's call,
> Save once when ranging far away,
> The once for all.

Coffeir hefyd 'Stric', 'Spot' a 'Fatpaws'. Ceir meini yn dwyn yr enwau 'Nellie', 'An Ally', 'Panore', 'Petite' a 'Grisette'. Hefyd ceir 'Oyster', 'Joe', 'Gather' – a 'Comedy', a saethwyd drwy ddamwain gan 'ei meistr torcalonnus' ar yr ail o Hydref, 1877.

Ceir cerdd gyfan fel marwnad i gi Airedale dewr a ffyddlon, 'Major'. Mae'r gerdd yn haeddu cael ei hadrodd yn llawn:

> Somewhere in the Courts of Heaven today
> An Airedale angel waits;
> With other angels he will not play
> But sits alone at the gates;
> For I know that my Master will come, sez he
> And when she comes she will ask for me.
>
> And his Master far down on the earth below
> As she roams through the country so fair,
> Forgets sometimes and whistles low

For the dog that is not there:
And the little dogs's angel cocks his ears
And thinks that his Master's voice he hears.

But I know when at length his Master waits
Outside in the dark and cold,
For the hand of Death to open the gates
That lead to the halls of gold,
That the Airedale angel's cheery bark
Will welcome her soul in the shivering dark.

Sylwer fod 'Master' yn fenywaidd yn y gerdd, awgrym, hwyrach, mai ci Mrs Lloyd Price oedd Major.

Enghraifft arall o hoffter y sgweier o gŵn yw iddo sefydlu'r *Zigzag Club*, gan benodi un o'r cŵn, Gather, fel ysgrifennydd. Un o weithgareddau'r clwb rhyfedd hwn oedd chwarae criced, ond gyda rheolau gwahanol. Ni châi'r batwyr daro'r bêl yn rhy galed. Ond petai digwydd i rywun daro'r bêl dros y clawdd, byddai gofyn naill ai i'r batiwr gyrchu'r bêl yn ôl neu ddanfon am fachgen o'r Bala i wneud hynny ar ei ran. Rheol arall oedd na châi'r clwb ond chwarae gemau yn erbyn tîm y byddent yn debygol o'i guro.

Nid i'r cŵn yn unig y cyfansoddodd yr hen sgweier feddargraffiadau. Ceir beddargraff diddorol ar gladdgell y teulu ym mynwent Llanfor, un a luniodd Lloyd Price ar gyfer ei orweddfan olaf ei hun. Pan oedd ffortiwn y stad yn dra isel, mentrodd y cyfan a feddai ar geffyl o dras Wyddelig o'r enw Bendigo yn y *Jubilee Stakes* yn Kempton yn 1887. Fe enillodd Bendigo gan adfer ffortiwn y Sgweier. Roedd Bendigo yn chwedl yn ei ddydd, ceffyl a enillodd gyfanswm o dros £30,000 drwy ddod yn fuddugol mewn chwech o'r prif rasys – yr *Eclipse* yn Sandown, y *Cambridgeshire*, yr *Hardwicke* yn Ascot, y *Lincolnshire* a'r *Champion* yn Newmarket yn ogystal â'r *Jubilee*. Uwchlaw drws y gladdgell ceir teyrnged Lloyd Price i'r ceffyl:

As to my latter end I go, to meet my Jubilee,
I thank my good horse Bendigo, who built this tomb for me.

Roedd ganddo gariad mawr at geffylau. Yng ngofal y stablau roedd rhyw Mr Gildart. Cofiai J.H. Lloyd yr adeiladau eang gydag enw pob ceffyl uwchlaw'r llociau. Roedd yno gwpwrdd gwydr i ddal yr offer, cwrt helaeth a chloc urddasol ynghyd â stafelloedd ar gyfer y gweision.

Bwriad Lloyd Price oedd troi'r stad yn un o ffermydd helwriaethol mwyaf Prydain. Plannwyd 60 o erwau o goedlannau fel lloches i ffesantod, medd Einion Wyn Thomas, Archifydd Coleg Prifysgol Cymru Bangor, mewn darlith sydd heb ei chyhoeddi. Crëwyd tair warin cwningod – y mwyaf ar dir Eglwys Ann, neu'r Glwysan, yn mesur 350 erw. Ar 7 Hydref 1885 saethwyd dros 5,000 o gwningod yno gan ddeg saethwr. Sefydlwyd hefyd fagwrfeydd ffesantod ac ar gyfer porthi'r adar, cynhyrchid bwyd arbennig, y *Rhiwlas Game Meal.*

Câi'r *Rhiwlas Game Farm*, a sefydlwyd yn 1880, ei hysbysebu fel yr hynaf a'r fwyaf yng Nghymru, yn ymestyn dros 20,000 erw. Ymhlith y cynnyrch a hysbysebid yr oedd wyau petris ac wyau ffesantod. Cynhelid adloniant yng ngwesty'r *Goat* yn y Bala ar gyfer ciperiaid a ddeuai yno i nôl wyau. Talai saethwyr ar gyfartaledd rhwng £250 a £300 y tymor am y fraint. Sefydlwyd pump o saethfeydd mynydd ar gyfer grugieir a throwyd Plas Rhiwaedog yn *Rhiwaedog Sporting Hotel.*

Cyflogai Lloyd Price nifer o giperiaid, a chododd y sgweier fythynnod ar eu cyfer yn y Cwm, Pant-glas, Brynbanon ac yn y Rhiwlas. Y prif giper oedd William Guest. Gerllaw cartref hwnnw roedd stordy ar gyfer ffrwyth helwriaeth ac yn aml gwelid basgedi'n llawn ffesantod a chwningod yn cael eu cludo i orsaf reilffordd y Bala er mwyn eu dosbarthu i werthwyr yn Lloegr. Roedd yr wythnos saethu ffesantod flynyddol yn y Rhiwlas yn ddigwyddiad o bwys. Yr un mor enwog oedd y saethu grugieir ar y mynyddoedd cyfagos bob mis Awst.

Yn y cyfamser, eilbeth oedd gwaith arferol y fferm. Ond fe âi yn ei flaen. Yng ngofal y fferm roedd John Williams. Wrth ymyl y tŷ mawr ceid gerddi ynghyd â bythynnod ar gyfer y garddwyr a'u pennaeth. Cofiai J.H. Lloyd y seiri coed a meini a'r towyr a gyflogid yno. Ceid melin lifio ar afon Meloch ger Tomen Gastell a ffatri gwneud brwsys, o dan reolaeth Mr Ingham, yn Ysgubor Isaf. Mewn catalog o'r cyfnod, rhestrir 53 o wahanol fathau o frwsys. Ynddo mae logo'r cwmni, y *Rhiwlas Brush Works*, yn arddangos menyw mewn gwisg Gymreig yn dal pedwar brws.

Cadwai Lloyd Price ei ladd-dy ei hun gan gyflogi cigydd o'r enw William Roberts am rai blynyddoedd. Câi'r cig ei yrru i ffwrdd i'w werthu. Agorwyd hefyd waith clai llwyddiannus yn y Cwm. Credir i Swyddfa Bost y Frongoch a bythynnod garddwyr y stad gael eu codi gan frics a gynhyrchwyd yno. Ar fur y Swyddfa Bost ceir yr arysgrif:

'Home made House, Bricks and slates produced on Rhiwlas estate.'

Dengys cofnod arall i Lloyd Price sefydlu gwaith priddgalch ar gyfer pannu, lliwio a sgleinio yn ogystal â chynhyrchu sebon, olew a diheintyddion yn 1891. Yn ôl broliant y cwmni, roedd y priddgalch yn addas ar gyfer gwneuthurwyr tarpolinau ac yn ddiheintydd naturiol a doddai mewn dŵr heb adael unrhyw lygredd. Enillodd y cynnyrch rhyfeddol fedal ail safle a diploma yn Arddangosfa Chicago yn 1893.

Yn y *Liverpool Daily Courier* fis Rhagfyr, 1892, cafodd y darganfyddiadau daearegol ger gorsaf reilffordd y Frongoch gryn sylw. Yn ogystal â'r priddgalch darganfuwyd clai glas yn cynnwys alwminiwm. Dywedid fod y clai yn addas ar gyfer gwneud brics lliw coch tywyll neu liw siocled, deunydd *terra-cotta* a theils draenio. Byddai'r priddgalch, meddai'r erthygl, o ddiddordeb mawr i wneuthurwyr cynnyrch gwlân Cymreig ac i'r rheiny a oedd am buro gwin o weddillion eplesu. Roedd y Fron-goch, meddai'r gohebydd, i ddod yn ganolfan o gryn bwysigrwydd gyda dyfodiad diwydiannau newydd a gaent eu hybu gan gyfalafwyr mentrus o Lerpwl.

Dengys yr erthygl hefyd mor fedrus oedd Lloyd Price wrth hybu ei gynnyrch. Yn gynnil iawn, wrth sôn am ddarganfod y clai, dyfynnir y wireb, 'lle mae clai, mae glo'. Aeth yr erthygl ymlaen i gyhoeddi fod cwmni ar fin cael ei sefydlu yn Lerpwl ar gyfer codi odynau brics yn y Fron-goch i gyflenwi teils draenio i ffermwyr Cymru a phibellau dŵr glanweithiol i Iwerddon. Cyfeirir hefyd at 'yr unig waith brwsys yng Nghymru', a ffermydd llaeth a helwriaeth llewyrchus o dan reolaeth William Guest.

Agorodd Lloyd Price chwareli llechi yng Nghaletwr nid nepell o bentref Llandderfel. Y gobaith oedd creu rhyw ail Flaenau Ffestiniog yn yr ardal. Byrhoedlog fu'r fenter honno. Tybiai J.H. Lloyd hefyd mai'r sgweier oedd yn gyfrifol am odyn galch ar dir y Garnedd. Cofiai am ffermwyr o'r Waun a'r Cwm yn cludo calch mewn certi o'r odyn.

Menter arall a gafodd gryn sylw oedd y *Rhiwalis Table Waters*, sef menter masnachu'r dŵr o Ffynnon Sant Beuno ar dir Mawnog Bach, a oedd yn eiddo i'r *Red Lion*, y Bala. Canwyd clodydd y dyfroedd mewn pamffledyn wyth tudalen.

Hyd yn oed yn is yn y ddaear na Ffynnon Sant Beuno, roedd ffynnon Rufeinig. Roedd y dyfroedd, meddai'r pamffledyn, yn gwella problemau'r aren. Roeddynt hefyd yn dda i'r llygaid ac yn berffaith ar gyfer eu cymysgu â brandi neu wisgi. Wisgi'r Fron-goch, wrth gwrs. Yn wir, mor iachusol oedd y dyfroedd fel yr arferai'r diweddar Gapten Hopwood, Aberhirnant, cynydd cŵn hela'r Fourmart, drochi'r pac cyfan yno wedi diwrnod caled o hela.

Ymestynnir rhyfeddodau Dyfroedd Rhiwalis yn y pamffledyn i gynnwys gwella'r iau a'r organau treuliol, ac awgrymir y gallai darpargwsmeriaid ei archebu drwy'r post a'i dderbyn drwy gyfrwng y *Great Western Railway*. Roedd oerni'r dyfroedd yn rhinwedd fawr arall. Yr oeddynt, medd y broliant, 'Mor oer â nâd asyn'. Yn dilyn pryd o fwyd trwm roedd Dyfroedd Rhiwalis yn esmwytho teimladau o *'repletion, flatulence, or acidity'*.

Roedd canolfan y fenter yn Stryd Arenig, y Bala, o dan reolaeth R. Ingham. Ac er mai byrhoedlog fu'r fenter hon eto, hwyrach nad dychymyg Lloyd Price yn unig oedd yn gyfrifol am fendithion y dyfroedd. Dywedodd J.H. Lloyd iddo brofi esmwythder o'i dywallt ar arddwrn dolurus a chredai'r diweddar Dr Williams, y Bala, yn gryf yn rhinweddau'r dŵr.

Prif ddyfeisgarwch Lloyd Price oedd ei allu i uno nifer o'r diwydiannau er lles y cyfan. Fel gyda Dyfroedd Rhiwalis, a gysylltodd wedyn â'r wisgi Cymreig, ei fwriad oedd cysylltu'r gwaith brwsys a'r distyllty drwy gynhyrchu casgiau wisgi. Bwriadai hefyd gynhyrchu certi a gwahanol beiriannau amaethyddol eraill yno. Gydag afon Tryweryn yn llifo gerllaw gan ddarparu dŵr a phŵer roedd yn safle ddelfrydol. Roedd yr ardal hefyd yn gyforiog o goedwigoedd naturiol, yn goed gwern, bedw, ynn, derw a sycamor. O fewn tafliad carreg roedd yr orsaf reilffordd.

Daeth y syniad am y rheilffordd rhwng y Bala a Ffestiniog i fodolaeth ar 28 Gorffennaf 1873, gyda Deddf a alluogodd Henry Robertson, Samuel Holland ac eraill i osod trac rheilffordd o Gyffordd y Bala i Ffestiniog a Blaenau Ffestiniog. Cododd y *Great Western Railway* (GWR) ynghyd â thri chwmni o Lyn Dyfrdwy gyfalaf o £156,000 o'r £190,000 angenrheidiol.

Roedd i'r lein drac sengl 22 milltir o hyd gyda 42 o is-bontydd a 16 o draphontydd. Fe'i hagorwyd ar 1 Tachwedd 1882. Dringai'r lein i'r gogledd o'i gorsaf newydd yn y Bala i fyny Cwm Tryweryn drwy orsaf y Fron-goch gan ddilyn yr afon i'r gorllewin rhwng copaon y ddwy Arenig, y Fach a'r Fawr ac ymlaen am Ffestiniog ac i'r Blaenau. Yng ngorsaf Arenig, cysylltai'r lein â'r chwarel wenithfaen gyfagos.

Prif fwriad y lein oedd darparu cysylltiad gwell â Chanolbarth Lloegr o ran cludo llechi o'r Blaenau. Ychydig oedd y galw o ran gwasanaeth i deithwyr, ond am 80 mlynedd rhedai tri thrên yn ddyddiol, ac i fyny at bump neu chwech y dydd yn ystod blynyddoedd olaf y lein.

Roedd y Fron-goch, felly, yn fangre ddelfrydol ar gyfer gwireddu breuddwydion Lloyd Price. A'r diwydiant wisgi fyddai'n goron ar y cyfan. Yn dilyn y cellwair hynny yn Hyde Park yn 1887, aethpwyd ati i gymryd samplau o ddŵr lleol. Canfuwyd y safon uchaf o ddŵr yn Nant Tai'r Felin.

Cofrestrwyd y cwmni ym 1889 gyda chyfalaf o £100,000 wedi'i rannu yn 19,960 o gyfranddaliadau o £5 a 200 o rai £1 a neilltuwyd darn o dir ychydig dros bum erw o faint – i fod yn fanwl gywir, '5 acres, 3 roods and 19 perches' – ar gyfer y fenter. Cafwyd caniatâd i dynnu dŵr o Nant Tai'r Felin ynghyd â dŵr a graean o afon Tryweryn yn ogystal â'r hawl i gloddio cerrig o chwareli cyfagos fel 'Viltercerrig' – Filltirgerrig, hwyrach – ar gyfer codi'r distyllty, bythynnod i'r gweithwyr a'r muriau terfyn. Un o'r ffermwyr lleol a fu'n cario cerrig gyda'i drol a'i geffyl oedd Bob Tai'r Felin, gwaith a dalai iddo swllt y dydd.

Denwyd cefnogaeth pobl ddylanwadol o'r diwydiant wisgi. Yn ôl pamffledyn gan Lloyd Price ei hun, a enwodd *The Truth,* y cadeirydd oedd F. Richmond o'r Mri Young a'u Cwmni o Ddistyllty Seel Street, Lerpwl, a'r cyfarwyddwyr oedd A.W. Ridley o Ddistyllty'r Mile End yn Llundain, a oedd hefyd yn gricedwr amlwg, H. Woodward o Ddistyllty Seel Street ac F. Roberts o Phillips a'i Gwmni, Bryste. Yr unig aelod heb brofiad yn y diwydiant oedd y sefydlydd, Lloyd Price ei hun. Penodwyd rhyw Mr Colville, Albanwr, a oedd â chryn brofiad mewn distyllu, yn rheolwr. Penodwyd Hall

& Gray a C.R. Haig o Lundain, J.R. Phillips a'i Gwmni o Fryste ac Edward Young a'i Gwmni o Lerpwl yn asiantau.

Ar ddudalen agoriadol *The Truth* ceir y geiriau:

'Hir oes i'r Frenhines,
Hir oes yn ddi-lyth,
Hir oes i'r iaith annwyl,
A Chymru am byth.'

O dan y manylion ceir yr anogaeth: *'Drink Welsh Whisky'* ac yna'r cyfeiriad busnes, sef 18 Walbrook, London, E.C., ac 'E. Nicholls, Esq., Secretary'. Yna llun o 'John Jones' yn dawnsio ac yn dal potel o'r wisgi wrth ei chyflwyno i 'Jenny', ac oddi tano'r rhigwm:

'Why, with capers so many
John Jones, gay you are?'
'Welsh Whisky, dear Jenny
From Bala "bur ddha".'

Ar y poteli cynnar, roedd y labeli yn darlunio Mrs Lloyd Price mewn gwisg ffansi yn yfed y wisgi'n awchus. Yn y *Liverpool Daily Courier* ar 26 Rhagfyr 1892 ceir disgrifiad o'r distyllty. Dyma gyfieithiad:

'Adeilad nobl yn sefyll nid nepell o'r Orsaf Reilffordd, ac yn amlwg felly, fel y dywed y gair, i'r sylwebydd mwyaf ansylwgar, er nad yw Cyfarwyddwyr y cwmni hyd yma wedi ei ystyried yn angenrheidiol i hysbysebu ei fodolaeth i'r Teithiwr Trenau sy'n mynd heibio drwy beintio unrhyw enw neu ddisgrifiad ar ei waliau anferth, a godwyd, fel mae'n hysbys, o ithfaen llwyd hardd a pharhaol y wlad.'

Roedd gan y cwmni syniadau uchelgeisiol. Cofrestrwyd

enwau o wahanol frandiau yn 1889-1890 ar gyfer y dyfodol. Yn eu plith roedd *Black Prince, Men of Harlech, Maid of Llangollen, Saint David, Taffy, Welsh Rare Bit, Bells of Aberdovey* a *The Leek*.

Mae'r broliant ar gyfer hybu'r wisgi Cymreig yn berl o enghraifft o ddawn marchnata Lloyd Price. O ystyried ei brofiad fel awdur a bardd, mae lle i gredu mai ef ei hun fu'n gyfrifol am y broliant blodeuog, a cham â'i ddawn ddisgrifiadol fyddai cyfieithu'r darn:

' . . . *the most wonderful whisky that ever drove the skeleton from the feast, or painted landscapes in the brain of man. It is the mingled souls of peat and barley, washed white within the rivers of the Tryweryn. In it you will find the sunshine and shadow that chased each other over the billowy fields, the breath of June, the carol of the lark, the dew of night, the wealth of summer, the autumn's rich content, all golden and imprisoned light. Drink it and you will hear the voice of men and maidens singing the "Harvest Home" mingled with the laughter of children. Drink it, and you will feel within your blood the startled dawns, the dreamy tawny husks of perfect days. Drink it, and within your soul will burn the bardic fire of the Cymri, and their law-abiding earnestness. For many years this liquid joy has been within within staves of oak, longing to touch the lips of man, nor will its prototype from the Sherry Casks disdain the more dulcet labial entanglement with any New or Old Woman.'*

Llifodd y cyflenwad cyntaf o wisgi Cymreig drwy'r potiau distyllu copr yn 1889. Ym mis Awst y flwyddyn honno, ymwelodd y Frenhines Fictoria â Neuadd Pale gerllaw a chyflwynwyd iddi gasgenaid o'r cyflenwad cyntaf o wisgi'r Fron-goch gan Lloyd Price. Ac er na dderbyniwyd Gwarant Frenhinol, disgrifiwyd y wisgi o hynny ymlaen fel Wisgi Brenhinol Cymreig. Diddorol yw sylw J.H. Lloyd am

yr ymweliad. Dywedir, meddai, mai dyna'r unig dro i
Fictoria gyflwyno araith Gymraeg, a hynny wrth iddi
dderbyn darlun o Lyn Tegid. Yr hyn a ddywedodd, mae'n
debyg, oedd 'Diolch yn fawr i mi'! Tybir i'r gasgen gael ei
chludo i Gastell Windsor yn 1891 lle'r oedd, yn ôl Lloyd
Price ar y pryd, yn dal i ddisgwyl y *'Royal consumption'*.

Cyflwynwyd casgenaid arall o'r wisgi i Dywysog Cymru
yn 1894 gan Gyfrinfa Seiri Rhyddion y Bala. Y Tywysog
oedd Prif Feistr Seiri Rhyddion Prydain. Disgrifiodd Lloyd
Price y gasgen fel un o bren derw golau gyda chylchau
euraid yn cario llun o Mrs Lloyd Price mewn gwisg
Gymreig, sef yr union lun a oedd ar labeli'r poteli, wedi ei
gymryd o ffotograff ohoni mewn gwisg ffansi. Gŵyr Robin
Price fod y gasgen arbennig honno yn dal heb ei chyffwrdd
mor ddiweddar â 1975.

Ceir copi o un o bosteri'r cwmni yn y Llyfrgell
Genedlaethol – poster a gyhoeddwyd yn 1895 yn dilyn
asesiad gan Granville R. Sharpe, Prifathro Coleg Cemeg
Lerpwl. Dyfynnir ef ar y poster yn canu clodydd y wisgi gan
briodoli iddo burdeb ac aeddfedrwydd. Tystia hefyd fod y
ddiod yn un feddal a dymunol i'r daflod ac yn meddu ar
arogl a sawr. Dywed y poster fod y wisgi ar werth mewn
siopau a chanolfannau gwerthu gwirodydd ledled y
deyrnas.

Bu llythyru diddorol rhwng Lloyd Price a Syr Wilfred
Lawson, yr Aelod Seneddol dros Cockermouth. Roedd
Lawson yn cael ei adnabod fel *'the Laureate of the Commons'*
ac yn ymgyrchwr brwd dros ddirwest. Bu cyd-ddigwyddiad
diddorol ar 7 Mehefin 1889, pan oedd Lawson yn annerch ar
ddirwest ar bont y Bala. Yn digwydd bod yno ar y pryd
roedd Edward Nicholls, ysgrifennydd y cwmni wisgi.
Roedd hwn yn ddigwyddiad rhy dda i Lloyd Price ei golli.
Ysgrifennodd at Lawson ar ffurf cerdd:

On Game of Temperance intent
In accent clear and loud,
Sir Wilfred on his usual bent
Talks to the Bala crowd,
From Bridge which Deva's wizard stream
Spans nigh to Bala Lake;
With honeyed words that flow like cream,
He would the drunkard shake,
He points out how that of the Dee
Which neath his cork soles flows
The products all that you and me
Should trust beneath our nose.

Mae'n rhaid bod Lawson wedi ateb gan i Lloyd Price, ar 3 Gorffennaf y flwyddyn honno, ddanfon ato rigwm arall.

Your reply, my dear Wilfred, was welcome to me,
And your muse, as of yore, reels off glibly and free,
An advertisment bold your verses become,
To strike Eno's Fruit Salt and Pears and Co. dumb –
Now part of your grievance of poor little Wales,
Of which your friend Ellis M.P. tells such tales,
Will soon be redressed, and none too soon too,
When she can proudly point to her own Mountain Dew . . .
. . . In conclusion, I'm glad my dear Wilfred, to see
You're not quite so intolerant as you used to be,
Since you've come to praising up Hock and Dry Sillery
You may end up in the chair of the Wild Welsh Distillery,
The first stone of which, should you credit all tales
Will be laid by the Queen on her visit to Wales.

Ni wireddwyd y dymuniad brenhinol hwnnw. 'Ellis M.P.', gyda llaw, oedd Thomas Edward Ellis, A.S. Meirionnydd 1886-1899. A doedd hwnnw ddim yn un o edmygwyr y sgweier. A doedd Tom Ellis ddim mewn lleiafrif. Hyd yma, gwelsom yr R.J. Lloyd Price arloesol ac egsentrig. Roedd iddo ochr arall, un a drodd ei denantiaid a'r werin yn gyffredinol yn ei erbyn.

Câi'r sgweier ei gymharu byth a hefyd â'i ragflaenydd, Richard Watkin Price, ei daid, a hynny'n anffafriol er gwaethaf y ffaith i hwnnw droi allan rai o'i denantiaid adeg Etholiad 1859 am iddynt bleidleisio yn erbyn y Tori, Syr Watkin Williams Wynne. Pum niwrnod cyn yr etholiad, galwyd y tenantiaid i'r *Bull* yn y Bala a'u rhybuddio o'r canlyniadau pe na wnaent bleidleisio i'r Tori. Ataliodd 21 ohonynt eu pleidlais. Taflwyd pump ohonynt allan o'u ffermydd a chodwyd rhent y gweddill. Dyma'r hyn a elwid yn 'Sgriw'.

Er gwaethaf hyn roedd gair da i Richard Watkin Price ymhlith ei denantiaid. Nid felly ei ŵyr. Ei awydd i droi'r Rhiwlas yn un o stadau helwriaethol mwyaf Prydain, a chanlyniadau hynny a drodd y bobl leol yn ei erbyn. Fel y dywedodd Einion Wyn Thomas, doedd dim byd yn newydd mewn sefydlu stadau helwriaeth. Yr hyn oedd yn anghyffredin yn hanes y Rhiwlas oedd afiaith a brwdfrydedd Lloyd Price wrth ymgymryd â'r gwaith. Ymhlith y rheolau caeth, ni châi neb o'r tenantiaid gadw mwy na dau gi ac ni chaniateid i neb saethu heb ganiatâd y landlord. Ac, wrth gwrs, ni chaniateid aflonyddu ar yr helwriaeth mewn unrhyw fodd. Yn wir, ar yr Arenig Fach ni chaniateid i denant hel ei ddefaid ei hun ond drwy ganiatâd y ciper. Hyd yn oed wedyn, dim ond cŵn a bugail y Rhiwlas y gellid eu defnyddio i hela.

Trawsnewidiodd R.J. Lloyd Price stad y Rhiwlas. O'r £13,000 o rent a dderbyniodd y stad yn 1890, daeth £3,000 oddi wrth saethwyr. Dengys tystiolaethau a glywyd gan y Comisiwn Tir yn 1893 mor anfodlon oedd y tenantiaid. Yn ôl John Jones, Ty'n Celyn, câi ffesantod eu gosod ymhob coedlan ar y stad gan achosi niwed difrifol i'r cnydau. Ac ni fedrai Dafydd Roberts, Llannerch Eryr, gynhyrchu digon i gadw pedair buwch, pedwar llo a dau geffyl oherwydd nifer y cwningod a gâi eu bridio yno. Dywedir fod wyth saethwr ar yr 11 Hydref 1883, wedi saethu dros fil o gwningod mewn un rhan o'r fferm yn unig a dywedwyd fod y fferm wedi ei throi yn warin.

Fel y gellid disgwyl, denodd yr holl gwningod a ffesantod ac ati botsieriaid. Ond fel yr haera Einion Wyn Thomas, nid gweithred o fwydo teuluoedd oedd potsian yn yr ardal. Trodd i fod yn weithred wleidyddol – bron iawn yn rhyfel – wrth i'r werin droi ar y sgweier.

Digwyddai hyn yn ardal y Bala ar yr un adeg â'r Rhyfeloedd Tir yn Iwerddon. Yn wir, ymwelodd arweinydd yr ymgyrch honno, Michael Davitt, â Blaenau Ffestiniog yn ystod gwanwyn 1885. Trefnwyd y cyfarfod gan Michael D. Jones ac, ar ôl ymgynghori â'i ddarpar wraig, penderfynodd Lloyd George fynd yno. Roedd y tenantiaid wedi bod yn ymladd dros eu hawliau ers tro a'r *Land League* wedi dylanwadu ar Tom Ellis. Ffrwyth hynny oedd Comisiwn Tir 1893.

Rhwng 1867 a 1870, meddai Einion Wyn Thomas, cafwyd 70 o achosion yn ymwneud â photsian o flaen mainc y Bala, 49 ohonynt yn ymwneud â Stad y Rhiwlas. Cafwyd yr achos enwocaf ar 19 Tachwedd 1867, ar fferm Ty'n Ffridd ger Llanfor pan ddaeth dwsin o botsieriaid wyneb yn wyneb â chwech o giperiaid y Rhiwlas. Aeth yn ymladdfa a thaniwyd ergydion. Cymerwyd tri photsier i'r ddalfa – y tri, yn ôl adroddiad papur newydd, yn feibion i amaethwyr parchus a'r tri, yn ogystal, wedi eu hanafu'n ddifrifol gan ymosodiadau cïaidd gan y ciperiaid. Yn wir, daethpwyd ag achos yn erbyn y ciperiaid gan un o'r tri, John Roberts, 25 oed, a'u cyhuddodd o 'ymosodiad a lladrad penffordd'. Cynhaliwyd yr achos hwnnw y tu ôl i ddrysau caeedig. Cafwyd y ciperiaid yn ddieuog ac ysgogodd hynny nifer o lythyron yn *Y Faner* yn condemnio'r fainc. Dywedodd un llythyrwr, 'Cyn y ceir y werin i barchu'r gyfraith, rhaid iddynt gael eu hargyhoeddi fod y bonheddwyr yn gweithredu'n deg'.

Y ddau a gyhuddwyd gyda John Roberts yn achos ffrwgwd Ty'n Ffridd oedd Edward Owen, 21 oed, ac Evan Jones, 16. Pan ymddangosodd y tri yn y llys roedd y lle yn ferw. Trodd y bobl leol yn erbyn y sgweier gymaint fel i'r Brawdlys yn ddiweddarach ryddhau'r tri ar fechnïaeth i gadw'r heddwch. Yn amlwg, ofnai'r ynadon y canlyniadau petaent wedi cosbi'r tri yn drwm. Awgrymir yn gryf hefyd i bwysau gael ei roi ar Lloyd Price i ffrwyno ei ddynion ac i fod yn llai o deyrn. Credai'r *Faner* iddo gael ei fygwth. Yn sicr, dysgodd oddi wrth y digwyddiad gan iddo gyfaddef fod y ffrwgwd yn Nhy'n Ffridd wedi codi nid yn gymaint o faterion helwriaethol ond o ddicllonedd tuag ato ef.

Mewn erthygl yn *Y Seren* yn dilyn marwolaeth y sgweier ddechrau 1923, dywed 'Gohebydd Achlysurol', wrth edrych yn ôl ar y potsian, 'Yr oedd hwn yn rhywbeth gwahanol iawn i herwhela cyffredin. Nid rhyw chwilio gan weithwyr tlawd am ambell 'sgyfarnog a ffesant i ddod â swllt neu hanner coron i'w boced, weithiau, ydoedd. Eithr cad gan feibion ffermwyr cyfrifol a gwŷr ieuainc parchusa'r fro. Protest ydoedd yn erbyn y giwed o giperiaid Seisnig diegwyddor a digymeriad oeddynt wedi eu dwyn i'r wlad i dreisio trigolion, i ddwyn camdystiolaeth yn eu herbyn, ac i wneud eu hoedl yn drueni am flynyddau.' Aeth y colofnydd ymlaen i ddisgrifio'r hyn a ddigwyddodd yn Nhy'n Ffridd fel 'cadgamlan' y cyfnod.

Yn ei gofiant gan ei fab, T.I. Ellis, dyfynnir o dystiolaeth a gyflwynodd Tom Ellis gerbron Comisiwn y Tir yn 1893, achlysur y cyfeiriwyd ato eisoes. Ynddi mae'n canmol rhagflaenydd R.J. Lloyd Price, sef y taid, Richard Watkin Price, fel gŵr nodedig a gwir arweinydd y diwydiant amaeth ac a oedd ar delerau cymdogol â ffermwyr a ffermydd ei stad. O dano ef, meddai Tom Ellis, doedd ond un ciper ar y stad, a fawr ddim helwriaeth. Ond dywedodd fod pethau wedi newid o dan yr olynydd, a ddaeth i'w oed yn 1864. Dyna, meddai, pan gychwynnodd cyfnod mawr yr hela.

'*A crowd of English and Scotch gamekeepers was introduced and dotted all over the estate. I cannot describe the repugnance to and loathing for the game preserving system engendered by the overbearing conduct and petty tyranny of these gamekeepers, by the monstrous increase of rabbits and pheasants, and by the depredations of game on the crops of struggling farmers.*'

Dengys Cyfrifiadau 1861 a 1871 i nifer y ciperiaid godi o un, a hwnnw'n Gymro, i 14 – deg yn Saeson, dau yn Albanwyr a dau yn Gymry. Yn ystod ei dystiolaeth, fe wnaeth Tom Ellis ddwyn i gof ddigwyddiad a wnaeth gryn argraff arno pan nad oedd ond yn wyth mlwydd oed. Ym mis Chwefror 1867, tra oedd ei dad oddi cartref, fe redodd un o'r cŵn ar ôl ysgyfarnog, ond heb ei dal. Y noson honno galwodd ciper, George Stretton, i edliw gweithred y ci. Trannoeth galwyd ar y tad i fynd i'r Rhiwlas gyda'i ddau gi. Yno fe saethwyd y cŵn.

Yn y cyfamser cynghorwyd y tad gan yr unig giper Cymraeg ar y stad y gallai'r digwyddiad gostio'i denantiaeth iddo ac y dylai wneud rhywbeth ar fyrder i osgoi hynny. Ar 27 Medi, cyrhaeddodd rhybudd iddo ymadael â'r fferm. Yn dilyn wythnosau o drafod, cytunwyd y câi'r tad barhau fel tenant ar rent o £10 y flwyddyn yn uwch. Doedd ganddo ddim dewis ond derbyn.

'*My father has forgiven,*' meddai Tom Ellis, '*and wishes to forget it all. But these things cannot be forgotten . . .*'

Ac ni wnaeth Tom Ellis anghofio. Mewn llythyr i'w chwaer o Dde Affrica yn gynnar yn 1891, dywed iddo gwrdd â rhywun mewn gwesty yn Sea Point a oedd yn adnabod R.J. Lloyd Price.

'*And do you know my friend, Dick Price?*' gofynnodd hwnnw.

'No,' atebodd T.E. Ellis, 'but my father is a peasant farmer on his estate.'

'How interesting! And what is he doing now?'

'He is still receiving grants, selling milk and making brushes and whisky.'

Yn ei lythyr teimla i hyn fod yn fywgraffiad lled gyflawn o Lloyd Price ac â ymlaen i ofyn a fyddai i fab y sgweier, Robert Kenrick Price, a oedd yn cyrraedd oedran gŵr, fywgraffiad llawnach? 'Ai tybed a ydyw yn meddwl weithiau y gallasai rhoddi llyfrgelloedd cyhoeddus i drigolion plwyfydd ei ystâd fod o fwy o les i wlad na gwneud *Warrens* i wningod? A fydd ef weithiau yn meddwl y buasai gwario arian ac amser i roddi addysg i ymenyddiau plant ei denantiaid yn llawn gwell *investment* na rhoddi plwm yng nghyrff petris a ieir mynydd? Ai ni fuasai cau ambell dafarn ar ei ystâd yn well i gyrph ac eneidiau ei gyd-ddynion nac agor gwaith whisci yn Fron-goch?'

Aiff ymlaen i ddymuno pob anrhydedd a dymuniad da i fab y Rhiwlas. 'Da fydd os ydyw yn llanc ystyriol. Caiff fwy o anhawsderau na'i dad i'w gyfarfod oherwydd mae Cymru yn meddwl llawer mwy ynghylch ei sefyllfa a'i ddyfodol ef a'i fath nag ydyw ef a'i fath yn meddwl ynghylch sefyllfa a dyfodol Cymru.'

Yn *Y Seren*, 6 Mehefin 1891, ceir adroddiad am gyfarfod yn y Bala i ddathlu dyfodiad i oed aer y stad, Robert Kenrick Price. Daeth tenantiaid y Rhiwlas a byddigions o bell ac agos i'r dathliad. Bu Tom Ellis yr un mor ddiamwys yn ei araith yno ag y bu yn ei lythyr. Gresynai fod y gŵr ifanc yn arddel cyfenw Cymreig ond eto'n methu â siarad iaith ei genedl.

'Daw anrhydedd iddo os y rhestra ei hun yn filwr yn erbyn anwybodaeth, tlodi a thrueni,' meddai yn ei araith. 'Yn y rhan brydferth hon o Gymru, lle gorwedd ei ystâd, sef ardal Tryweryn, mae un o bob ugain yn dlotyn. Daw i'w allu fel tirfeddiannwr, fel ynad ac fel gwarcheidwad i helpu i symud y gwarthnod hwn ar gymdeithas.

'Mae tafarnau mewn tref a phentref ar yr ystâd, ond nid oes un llyfrgell gyhoeddus. Mae'n aer i ystâd o dyddynwyr. Mae'n siriol iddo ef, ac i ni oll, weled eu hwynebau calonnog heddiw, ond gwn yn dda fod y llinellau sydd ar eu hwynebau yn fynegiad o'r pryder a'r profedigaethau a'r bywyd caled sydd yn disgyn mor helaeth i'w rhan: a gwyn ei fyd os cofia hyn yn ei holl ymwneud â hwy. Gresyn nad oes ar y stad hon, mwy nag yn rhannau eraill o Gymru, un ysgol amaethyddol fel sydd yn Denmark etc. . .

'Mae hefyd yn aer i ran o dir Cymru – a gobeithio y sylweddola mai gwlad y deffro ydyw Cymru – fod bywyd cenedlaethol adnewyddol yn treiddio trwyddi; fod syniad newydd yn ein mysg am urddas gwaith a llafur, a thyfiant newydd o hunan hyder fel cenedl.'

Roedd hon yn araith herfeiddiol, yn wir yn araith ddewr i'r aelod seneddol ei thraddodi o dan y fath amgylchiadau. A diddorol nodi i Michael D. Jones, yn yr un cyfarfod dathlu, ganmol dau o ragflaenwyr y gŵr ifanc, sef Richard Watkin Price, a neb llai nag R.J. Lloyd Price. Canmolodd y naill am adeiladu ffyrdd yn yr ardal ac am hybu ffermio effeithiol ymhlith ei denantiaid a'r llall am sefydlu gwaith brwsys a thorri ffosydd ar dir ei stad. Ni chyfeiriodd at y gwaith wisgi.

Cynigiwyd mwy nag un esboniad dros ganmoliaeth gyhoeddus Michael D. Jones o fyddigions a oedd yn rhan o gyfundrefn a fu'n gyfrifol am droi ei fam ei hun o'i fferm. Tybed a oedd teulu'r sgweier wedi cyfrannu tuag at fenter Patagonia yn 1865? Mwy tebygol yw esboniad llawer symlach, sef bod Lloyd Price a Michael D. Jones ill dau yn Seiri Rhyddion, felly ni fyddai'n briodol i Frawd ladd ar Frawd.

Ni chafodd Tom Ellis ei ddymuniad cyn belled ag yr oedd iaith ac addysg aer y Rhiwlas yn y cwestiwn. Fe'i haddysgwyd yn Eton a Sandhurst ac ymunodd â'r *Third East Kent Regiment*, sef y *Buffs*. Ond o ran y gwaith wisgi, cafodd yr Aelod ei ddymuniad. Prin ddeng mlynedd fu hoedl y Cwmni Wisgi Cymreig cyn iddo fynd i'r wal.

Un arall a ymfalchïodd, mae'n rhaid, ym methiant y cwmni wisgi oedd y bardd Gwaenfab, a ganodd nifer o gerddi yn beirniadu'r fenter. Yn rhifyn haf 1997 o'r cylchgrawn *Y Casglwr* dyfynnir rhai o gerddi'r bardd gan Elwyn Edwards. Dyma ddetholiad allan o un ohonynt:

Hen feddwon Sir Feirionnydd,
Ymgasglwch at eich gilydd,
   I Fron-goch;
Pwy fyddai yn sychedig
Pan ellir am ychydig
Gael wisci bendigedig
   Yn Fron-goch?
Mae meddwon yn barchedig
   Yn Fron-goch.

Pa ddrwg sydd ar y gwirod
Ac yfed tipyn gormod
   Yn Fron-goch?
Rhown bellach daw ar Sandy
Ag uchel dwrw Paddy,
Byth mwyach fe fydd Taffy
   Yn Fron-goch
Yn d'wysog byd y wisci
   Yn Fron-goch.

Yn y gerdd aiff y bardd ymlaen i nodi effaith y ddiod gadarn Gymreig ar fywyd pysgodfaol afon Tryweryn:

Daw mwyach 'run pysgodyn
I fyny y Tryweryn
   I Fron-goch;
Brithyllod a ymfudant,

Llysywod a'u dilynant,
A'r holl eogiaid nofiant
  O Fron-goch,
I fyny Aberhirnant
  O Fron-goch.

Ond yma mae'r bardd wedi'i methu hi braidd. Yn ôl J.H. Lloyd, roedd pysgod afon Tryweryn yn ffynnu ar y soeg, sef y gymysgedd o'r barlys a'r dŵr poeth a ollyngid yn rheolaidd i'r afon.

Yn aml gosodir y bai ar y methiant ar ddylanwad y mudiad dirwest yng Nghymru. A hwyrach fod rhywfaint o wir yn hynny o gofio fod ardal y Bala bryd hynny yn gaer o ymneilltuaeth. Awgryma un chwedl leol mai cymaint y gwrthwynebiad fel mai dim ond wedi nos y câi'r wisgi ei symud. Ond petai'r syniad o gynhyrchu wisgi mor esgymun gan grefyddwyr lleol, prin y byddai i fyny at 30 o ddynion o'r ardal yn gweithio yn y distyllty. Yn wir, wrth gynnwys y rhai a fyddai'n llenwi'r poteli hefyd – gwaith a wneid yn y *White Lion* – câi dros gant eu cyflogi gan y fenter. Yn ôl un honiad poblogaidd arall, Diwygiad 1904-05 a laddodd freuddwyd Lloyd Price – ond y gwir yw i'r fenter ddod i ben bum mlynedd cyn hynny.

Haws credu mai diffyg safon y cynnyrch fu'n gyfrifol am ei dranc. Yn rhifyn mis Hydref 1966 o'r *Country Quest* dywed H.A. Lloyd fod y wisgi, tra oedd yn ardderchog mewn casgen, yn gwrth-aeddfedu mewn potel. Ac yn *Harper's Manual* ym 1915, awgrymir mwy o resymau credadwy dros ei fethiant. Doedd y wisgi, medd yr erthygl, ddim yn aeddfedu'n foddhaol. Fe arhosai yn amrwd, garw a bron iawn yn ddi-flas o ystyried y dylai fod yn gynnyrch brag pur. Er gwaethaf y disgrifiad canmoliaethus ohono doedd dim marchnad ar ei gyfer am bris a allai ddwyn elw. Bu'r wisgi, medd *Harpers*, yn gorwedd yn stordai'r distyllty yn 'bwyta'i ben ei hun' o brinder cwsmeriaid. Gwerthwyd

Yr awdur yng nghwmni Joe Clarke yn Nulyn tua diwedd y 60au. Fe ymladdodd Joe ym mrwydr Mount Street Bridge a'i garcharu yn y Fron-goch.

W J Brennan-Whitmore fel yr edrychai pan wnes i gyfarfod ag ef ddechrau'r 70au.

Yr awdur yng nghwmni'r chwedlonol Tom Barry yn Ninas Corc yn 1979. Roedd Tom yng Ngharchar Kilmainham pan glywodd am farwolaeth Collins.

*R J Lloyd Price yn ei elfen
allan yn hela.
(Archifdy Gwynedd)*

*Portread o R J Lloyd Price
a welir yn neuadd
plas y Rhiwlas.*

*Portread o'r ceffyl rasys Bendigo a adferodd
ffortiwn y Rhiwlas i Lloyd Price.*

Gwaith wisgi'r Fron-goch pan oedd yn gweithredu. Sylwer ar y mwg o'r corn simdde. (Archifdy Gwynedd)

Poster yn annog pleidlais i'r Rhyddfrydwr David Williams yn Etholiad y Sgriw 1859. (Llyfrgell Genedlaethol Cymru)

Y ddelw o Tom Ellis ar Stryd Fawr y Bala.

Poster yn hysbysebu rhinweddau'r Wisgi Brenhinol Cymreig.

Deiliad presennol y Rhiwlas, Robin Price gyda photel lawn heb ei hagor o'r Wisgi Cymreig.

Aelodau o'r 'Zig-zag Club', criw egsentrig a ffurfiwyd gan Lloyd Price sydd yr ail o'r chwith yn y cefn. Penododd un o'r cŵn fel ysgrifennydd.

Staff y gwaith wisgi pan oedd y cynhyrchu ar ei anterth.
(Archifdy Gwynedd)

Y trên yng ngorsaf y Fron-goch yn barod i gludo llwyth arall
o Wisgi Cymreig o'r distyllty.

37

*Byddin James Connolly, yr 'Irish Citizen Army' o flaen Liberty Hall, 1916.
Bu teulu o Gymry yn rhedeg y lle fel gwesty.*

*Liberty Hall heddiw, ar yr un safle
â'r hen un*

*Canolfan undebau'r gweithwyr yw
Liberty Hall o hyd ac yno y bydd
streicwyr yn lleisio'u protest heddiw.*

Y Brif Swyddfa Bost ar Stryd
O'Connell yn Nulyn heddiw.

Llun o Ddatganiad y Weriniaeth yn
cael ei harwyddo gan arweinwyr
Gwrthryfel 1916.

Codi baner y Gwrthryfel.
Carcharwyd y ddau a gododd y
baneri yn y Fron-goch.
(Lluniau: Swyddfa'r Post, Dulyn.)

39

*Darlun o Michael Collins yn
brwydro yn Swyddfa'r Post adeg
Gwrthryfel 1916.*

*Rhan o'r difrod a achoswyd gan
filwyr Prydain a'u llong arfog
yr* Helga.
(Lluniau: Swyddfa'r Post, Dulyn)

*Rhai o'r gynnau a ddefnyddiodd y
gwrthryfelwyr - maent i'w gweld yn
yr Amgueddfa Genedlaethol.*

*Y Custom House ar lannau'r Liffey
lle taniwyd ergydion cyntaf
y Rhyfel Cartref.*

Yr hen Royal Barracks – Collins Barracks heddiw – sydd bellach yn gartref i ran o gasgliad yr Amgueddfa Genedlaethol.

Copi o faner y gwrthryfelwyr sydd i'w gweld yn yr Amgueddfa Genedlaethol heddiw.

41

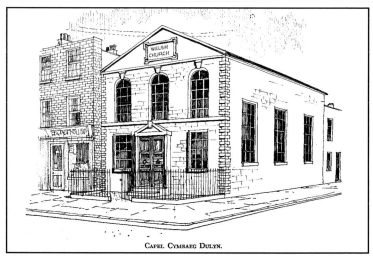

CAPEL CYMRAEG DULYN.

Y Capel Cymraeg yn Stryd Talbot, Dulyn gyda'r festri yn y cefn
lle canfuwyd arfau a ffrwydron.

Mae hen gapel y llongwyr heddiw yn
ganolfan gemau hapchwarae.

Yr Athro J Lloyd-Jones, yr ysgolhaig
Celtaidd a fu'n dyst i'r brwydro.

42

*Porth carchar Kilmainham. Mae'r
adeilad erbyn heddiw
yn amgueddfa gyhoeddus.*

*'Coridor 1916' lle caethiwyd
arweinwyr y Gwrthryfel
cyn eu dienyddio.*

*Graffiti gwleidyddol ar wal coridor
yng ngharchar Kilmainham.
Naddwyd yr enw 'M. Collins' yno
gan filwr y tu allan i ffenest fach cell
de Valera adeg y Rhyfel Cartref er
mwyn cynddeiriogi'r 'Boi Tal'.
Ni charcharwyd Collins erioed yn
Kilmainham.*

*Drws cell Padraig Pearse.
O'r gell hon yr aed ag ef i'w saethu
ar Fai 3, 1916.*

Y groes sy'n nodi'r fan lle saethwyd y gwrthryfelwyr o fewn muriau'r carchar.

Y faner drilliw, yr enwau ar y mur a'r cofio sy'n parhau.

Llun a wnaed yn y Fron-goch i gofio am rai a ddienyddwyd.
(llun: Amgueddfa Genedlaethol Iwerddon)

44

Un o'r lluniau prin o Michael Collins.
(llun: Amgueddfa Genedlaethol Iwerddon)

Carcharorion Almaenig yn cael eu cyfrif yn y Fron-goch.

Y gwrthryfelwyr yn cael eu hebrwng tua'r llong wartheg
y Slieve Bloom *am Gaergybi.*
(Llun: Amgueddfa Genedlaethol Iwerddon)

Arestio John McBride wedi'r brwydro.
(Llun: Amgueddfa Genedlaethol Iwerddon)

THE IRISH MAIL BOATS   HOLYHEAD STATION

*Porthladd Caergybi fel yr edrychai rhyw ddegawd ar ôl i garcharorion y
Gwrthryfel gael eu gyrru yno mewn llong gludo gwartheg.*

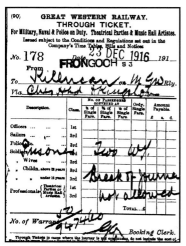

*Tocyn trên i alluogi carcharor i
deithio o orsaf y Fron-goch.*

*Telyn a gerfiwyd o asgwrn buwch
gan garcharor yn y Fron-goch.*

47

Archwiliad o'r carcharorion yng Ngwersyll y De yn y Fron-goch.

Criw o filwyr Albanaidd yn gwarchod y carcharorion yng Ngwersyll y De.
(Lluniau Archifdy Gwynedd.)

cyflenwadau achlysurol o gasgenni ar golled er mwyn ceisio osgoi gor-stocio, a'r canlyniad fu gwaredu'r cyfan o dan forthwyl yr arwerthwr yn Llundain ar gyfartaledd o lai na hanner, neu hyd yn oed, draean o'r gost o'i gynhyrchu, y gost o'i storio a'r llog ar wariant cyfredol.

Diddymwyd y cwmni yn dilyn dau gyfarfod o'r bwrdd, ar 16 Rhagfyr 1898 a 3 Ionawr 1899. Cyhoeddwyd y byddai'r arwerthiant gan George N. Dixon yn y Mart, Tokenhouse Yard, Llundain, ar 21 Chwefror 1900. Prynwyd y safle gan William Owen, y *White Lion*, y Bala, am £5,000, pryniant wedi'i ddyddio ar 24 Ebrill 1900. Prynodd William Owen y brydles hefyd am y blynyddoedd oedd yn weddill am £250.

Hyd y gwyddys does ond ychydig iawn o wisgi'r Frongoch wedi goroesi. Ceir gwybodaeth am un a gyflwynwyd i Amgueddfa Genedlaethol Cymru gan Dywysog Cymru. Ceir potel wag yno hefyd. Ceir tystiolaeth hefyd i botel lawn gael ei gwerthu ym mis Medi 2001 gan brynwr di-enw yn arwerthiant cwmni arwerthwyr Phillips yn Nhŷ Tredegar ger Casnewydd am £1,350. Disgwylid iddi fynd am gymaint â £2,500. Rhaid bod honno yn un o'r rhai gwreiddiol cyn ymweliad Fictoria â Neuadd Pale gan na cheir y gair *'Royal'* ar y label. Ar un adeg hefyd, yn ôl Watcyn L. Jones, roedd sôn bod potel ar gael yn ardal Llandyrnog. Ac yn ddiweddar deuthum i wybod am fodolaeth tair potel gan rywun o Sir Benfro.

Ar un adeg roedd saith potel o'r wisgi ym meddiant gŵr o'r Bala. Ond ym 1969, cyflwynodd chwech o'r poteli i'r Tywysog Charles a'r seithfed i deulu'r Rhiwlas. Mae honno yn dal ym meddiant Robin Price ac yn cael lle urddasol yn y plasty.

Fe wnaeth J.H. Lloyd enwi rhai o'r Cymry lleol a oedd yn ymwneud â'r fenter. Yr is-gadeirydd neu'r ysgrifennydd oedd rhyw Mr Hughes o'r Fron-goch. Roedd ei ferch Lottie yn bianydd medrus iawn ac yn perfformio'n rheolaidd mewn cyngherddau, meddai. Yn ôl yn 1962, pan ysgrifennodd Mr Lloyd ei erthygl, roedd un cyn-weithiwr yn dal i fyw yn y Bala – rhyw Mr Owen o Merfinia, Heol yr Orsaf.

Bu'r adeiladau yn wag am rai blynyddoedd cyn eu dymchwel yn llwyr yn nhridegau'r ganrif ddiwethaf. Dymchwelwyd y simdde fawr ar 13 Mai 1934 gan simneiwr o Lundain, W. Larkin. Un o berchnogion y safle erbyn hynny oedd Arthur Morris o Blasdeon, Llanuwchllyn. Cofia Ivor Owen, Llanuwchllyn y digwyddiad gyda'r gweithwyr yn tynnu allan rai o'r brics isaf a dianc cyn i'r gweddill ddechrau disgyn. Cofia hefyd i'r cerrig o'r hen waith gael eu defnyddio i godi dau dŷ yn Llanuwchllyn. A phetai gwir yn yr honiad mai culni crefyddol a roddodd y farwol i'r wisgi Cymreig, mae yna eironi mawr o feddwl am dynged eraill o gerrig y distyllty. Defnyddiwyd rhai ohonynt, yn ôl J.H. Lloyd, i drwsio muriau capel a festri Methodistiaid Tal-y-bont.

Bu farw R.J. Lloyd Price ar 9fed Ionawr, 1923 yn 80 mlwydd oed. Does dim dwywaith na wnaeth feirioli gan ddymuno bod yn dirfeddiannwr poblogaidd fel ei daid. Mae'n rhaid bod tacteg y Sgriw, yn Etholiad 1859, wedi gweithio. Erbyn Etholiad 1865 ni wnaeth un o'r tenantiaid bleidleisio yn erbyn dymuniad y Rhiwlas. Ond erbyn Etholiad 1868, cawn fod y Sgriw ar waith eto. Fel ymateb, lladdodd criw o ddynion gymaint o ffesantod y Rhiwlas ag y gallent eu canfod. Yn ôl *Y Faner*, yr oeddent 'yn fintai mor bwerus fel na feiddiai run cipar eu hatal'. Ar ben hynny cymerodd rhai o'r tenantiaid y gyfraith i'w dwylo eu hunain drwy rybuddio rhai o'u cyd-denantiaid a allai gael eu perswadio i droi fod 'matches yn bethau pur rad'. Roedd y Sgriw bellach, medd Einion Wyn Thomas, yn nwylo'r tenantiaid. Ychydig cyn dydd yr etholiad, tynnodd y Tori yn ôl. Ni wnaeth yr un Tori gynrychioli Sir Feirionnydd fyth wedyn.

Olynwyd R.J. Lloyd Price gan ei fab, R. Kenrick Price, a

alwyd yn Robin. Dilynwyd hwn gan y Cyrnol Jack Price, a anrhydeddwyd am ei wrhydri yn yr Ail Ryfel Byd. Mab i hwnnw, Robin Price, yw'r perchennog presennol, gŵr sy'n fwy amlwg am ei gefnogaeth i Sioe Amaethyddol Cymru ac am ei gymwynasgarwch nag am unrhyw gysylltiadau milwrol. Ar dir y Rhiwlas y cynhaliwyd Eisteddfodau Cenedlaethol 1967 a 1999 ac Eisteddfod Jiwbilî'r Urdd ym 1972.

3

Y Gwrthryfel

Yng Nghwrt y Torwyr Cerrig yng Ngharchar Kilmainham, 3-12 Mai 1916, dienyddiwyd pymtheg o arweinwyr Gwrthryfel y Pasg. Yr ochr draw i afon Liffey, gyferbyn â'r carchar, gorwedd erwau gwyrddion Parc y Cofio lle rhestrir enwau 49,000 o Wyddelod a gollodd eu bywydau wrth ymladd dros Brydain yn ffosydd Fflandrys rhwng 1914 a 1918.

Does dim yn arddangos yn gliriach y ddeuoliaeth a fu'n rhan o feddylfryd y Gwyddel ar hyd y canrifoedd. Tra oedd Iwerddon yn drefedigaeth Brydeinig, gwell oedd gan y rhelyw o'i dynion golli gwaed dros y wladwriaeth oedd yn eu gorthrymu yn hytrach nag ymladd dros ryddid eu gwlad eu hunain.

Ni welwyd gwrthryfel erioed mor llawn o wrthgyferbyniadau na Gwrthryfel y Pasg. Dim ond Gwyddelod fyddai'n ddigon byrbwyll i gyhoeddi gwrthryfel mewn hysbyseb papur newydd, ei ganslo drannoeth mewn papur arall cyn ei gychwyn bedair awr ar hugain yn hwyr.

Mae byrbwylltra yn rhan o ddelwedd boblogaidd y genedl, yn wir yn ystrydeb. Ond fel ymhob ystrydeb, mae iddi rywfaint o wirionedd. Caiff y Gwyddelod eu cydnabod fel pobl sy'n meddwl mwy am ddoe nag am unrhyw heddiw nac yfory. Does dim rhyfedd fod hen wireb yn mynnu fod hanes Iwerddon yn rhywbeth y dylai Lloegr ei gofio, a'r Gwyddelod ei anghofio. Nid gwamalu wnaeth Chesterton wrth eu disgrifio fel:

> . . . the great Gaels of Ireland,
> The men that God made mad;
> For all their wars are merry
> And all their songs are sad.

I'r Saeson, ar y bore hwnnw o wanwyn cynnar, ymddangosai'r mil neu lai a gododd arfau yn Nulyn, a'r ychydig gannoedd y tu allan i'r brifddinas, yn ddim byd mwy na chiwed anghyfrifol o benboethiaid na wnaent gynrychioli mewn unrhyw ffordd feddylfryd eu cenedl, meddai'r hanesydd Dorothy Macardle. Ond ymhen tair blynedd roedd y Gwyddelod, meddai, drwy'r blychau pleidleisio, wedi dangos eu hochr. Ac roedd lluniau o arweinwyr Gwrthryfel y Pasg 1916 yn hongian ochr yn ochr â lluniau o Emmet a Tone.

Nid am y tro cyntaf, na'r tro olaf, fe wnaeth Llywodraeth Prydain y camgymeriad mawr o ddienyddio arweinwyr gwrthryfel. Ond y tro hwn aeth annoethineb Prydain gam sylweddol ymhellach drwy gloi'r gwrthryfelwyr a arbedwyd gyda'i gilydd yn yr un man, yng Ngwersyll y Fron-goch. Ac yno y dechreuodd methiant gogoneddus 1916 droi'n fuddugoliaeth. Buddugoliaeth anghyflawn, mae'n wir, ond buddugoliaeth er hynny.

Disgrifiodd George Bernard Shaw'r Gwrthryfel fel gwrthdrawiad rhwng pram a lorri Pickfords. Ar y pryd, yr unig syndod oedd iddo bara am ymron wythnos. Cyn tanio'r ergyd gyntaf, roedd y cyfan wedi ei dynghedu i fethu. Sut fedrai'r fath ymgyrch lwyddo o gael ei harwain ar y naill law gan benboethyn o undebwr llafur a arddelai dactegau hen-ffasiwn Emmet, ac ar y llaw arall gan fardd ac athro ystyfnig a gredai mai aberth gwaed oedd yr unig ateb? Connolly a Pearse, dau mor wahanol â sofren a swllt.

Hyd yn oed wrth argraffu'r 2,500 o gopïau o Ddatganiad Annibyniaeth Iwerddon fe gafwyd trafferth. Wrth i'r argraffydd, Christopher Brady, osod teip ar gyfer yr hen wasg *Wharfdale* nid oedd ganddo ddigon o'r llythyren 'E' i gwblhau'r datganiad. Fe'i gorfodwyd i osod gweddill y print drwy addasu'r llythyren 'F' gyda chymorth cwyr.

A beth am weddill llofnodwyr y Datganiad? Criw cymysg, a dweud y lleiaf. Roedd y Ffeniad Tom Clarke yn hynafgwr 73 mlwydd oed a gadwai siop dybaco yn Nulyn. Clerc yn swyddfa Trysorlys Dinas Dulyn oedd Eamonn Ceant. Roedd Joseph Plunket newydd dderbyn llawdriniaeth ddifrifol ar ei wddf yn dilyn effeithiau'r dicléin. Athro a bardd oedd Thomas McDonagh. Roedd Seán McDiarmada yn ddyn claf a chloff yn dilyn effaith polio. Ac wrth arwyddo'r Datganiad ochr yn ochr â Pearse a Connolly, gwyddent eu bod hefyd yn llofnodi eu ffurflen dystiolaeth marwolaeth eu hunain.

Ond i arweinwyr y Gwrthryfel, hwn oedd yr amser. Gyda Phrydain yn danfon miloedd o filwyr i ffosydd Ffrainc a gwlad Belg, problemau Prydain fyddai cyfle Iwerddon.

Ddwy flynedd yn gynharach roedd 24,600 o reifflau Almaenig wedi eu glanio yn Howth, yn bennaf fel ateb i fygythion Teyrngarwyr siroedd y gogledd, a gododd fyddin i ymladd yn erbyn unrhyw fath o fesur hunanlywodraethol. Ers trafferthion streic 1913 roedd Jim Larkin a James Connolly, arweinwyr y streic honno, wedi bod yn brysur yn sefydlu byddin gyda'r bwriad gwreiddiol o amddiffyn streicwyr. Roedd y fyddin honno o 200, yr *Irish Citizen Army*, o dan faner yr Aradr Serennog, yn barod am y frwydr ochr yn ochr â'r Gwirfoddolwyr a nifer o wahanol unedau chwyldroadol eraill, yn arbennig yr *Irish Republican Brotherhood*. Arwyddair byddin James Connolly oedd: 'Ni wasanaethwn na Brenin na Kaiser' – dim ond Iwerddon. Codwyd yr arwyddair hwnnw ar ffurf baner uwchlaw pencadlys yr Undeb, Citizen Hall. Cymro oedd yn berchen ar yr adeilad hwnnw pan oedd yn westy. Perchennog y *Northumberland Hotel* oedd William Lewis, a gâi ei adnabod fel y Conswl Cymreig. Roedd ef a'i wraig a'i ferch yn aelodau ym Methel, y capel bach Cymraeg yn Nulyn.

Ond fel yn hanes gwrthryfeloedd y gorffennol roedd ffawd ynghyd â diffyg trefn yn Nulyn yn darogan methiant arall. Oedd, roedd y llong Almaenig yr *Aud* yn llawn arfau ar ei ffordd, a'r Gwrthryfel wedi ei drefnu ar gyfer Sul y Pasg. Danfonwyd pump o ddynion i Caherciveen ar Ddydd Gwener y Groglith er mwyn cysylltu â'r llong. Yn Ballykissane ger Killorglin plymiodd y car i afon Laune gan foddi tri o'r dynion. Y gyrrwr oedd Michael McInerney, a phan arestiwyd ef a'i ddwyn o flaen llys gofynnwyd iddo pam yr oedd yno. Ei ateb oedd, 'Am fy mod i'n fyw'. Fe'i danfonwyd yn ddiweddarach i'r Fron-goch.

Yn y cyfamser, suddwyd yr *Aud* a'i chargo o 20,000 o reifflau Rwsiaidd yn fwriadol gan y criw rhag i longau rhyfel Prydain eu cipio. Yna arestiwyd Syr Roger Casement a dau o'i gynorthwywyr wedi iddynt lanio oddi ar long danfor Almaenig ar arfordir Swydd Kerry. Roedd y tri wedi bod yn cenhadu yn ofer am gymorth yn yr Almaen. Heb gymorth nac arfau Almaenig, teimlai Eóin MacNéill, Pennaeth y Gwirfoddolwyr, mai doeth fyddai diddymu'r gorchymyn i ymladd. Yn y *Sunday Independent* gwelwyd neges ganddo yn cyhoeddi na fyddai 'ymarferion y Pasg' yn mynd rhagddynt.

Hyd yn oed petai'r Gwrthryfel wedi ei weithredu yn ôl y bwriad, byddai wedi bod yn orchwyl amhosib iddo fod yn llwyddiant. Ond yn awr, gyda'r ymgyrch ar y gorau wedi'i gohirio, roedd gweision gwasanaeth clustfeinio Prydain yng Nghastell Dulyn yn gwbl hyderus y gwnâi Pasg 1916 fynd heibio'n ddidrafferth. Er hynny, anwybyddwyd gorchymyn

MacNéill gan Connolly a Pearse a thaniwyd yr ergydion agoriadol ddiwrnod yn hwyr.

Y peth olaf roedd ei angen ar y Gwrthryfelwyr oedd y fath ansicrwydd. Fe arweiniodd at anhrefn llwyr. Un enghraifft sy'n darlunio'r ffars yn berffaith, yw'r disgrifiad o un digwyddiad gan Seán Cronin yn *Our Own Red Blood*. Yn gynnar ar brynhawn dydd Llun y Pasg roedd Jim Mooney newydd roi hanner sofren ar drwyn y ffefryn yn ras gyntaf Fairyhouse. Wrth i'w geffyl gael ei drwyn ar y blaen, fe glywodd Jim bytiau o sgyrsiau am ergydion yn cael eu tanio yng nghanol Dulyn. Gadawodd ar unwaith a llwyddodd i ddal y trên olaf cyn i'r rheilffordd gael ei ffrwydro.

Dyn o Ddulyn oedd Jim, o Seville Place. Pan oedd yn saith oed fe symudodd y teulu i Gymru i chwilio am waith cyn dychwelyd i Swydd Kildare. Roedd Jim yn gweithio yn Swydd Clare pan ymunodd â'r Gwirfoddolwyr yno. Ar ôl symud i Ddulyn, ymunodd â Phlatŵn 'G' o'r Ail Fataliwn o dan arweiniad Dick McKee, un arall a gâi ei hun yn y Fron-goch. O glywed i'r Gwrthryfel gael ei ganslo'r diwrnod cynt, aeth Jim am dro i Greystones ac yna draw i'r rasys.

Wrth iddo gerdded o Broadstone tuag at y Swyddfa Bost gwelodd griwiau o bobol yn sgwrsio'n isel yma ac acw. Tawelai'r siarad fel y dynesai. Roedd y strydoedd yn ddistaw. Doedd dim trafnidiaeth i'w gweld na'i chlywed. Yna, wrth ddynesu at y Swyddfa Bost gwelodd gyrff rhai o'r milwyr Prydeinig, aelodau o'r *Lancers*. Gwelodd fagiau tywod wedi'u gosod o fewn fframiau'r drysau a'r ffenestri. Dywedodd rhywun wrtho fod ei uned yn Stephen's Green. Yno roedd y gatiau wedi'u cloi a'r ochr draw iddynt roedd Gwirfoddolwyr yn cloddio ffosydd. Fe'i danfonwyd yn ôl i'r Swyddfa Bost.

Yno llwyddodd i ganfod rhywun mewn awdurdod. Dywedodd hwnnw wrtho fod ei uned yn ffatri Jacob's. Fe'i danfonwyd ef adref i nôl ei arfau ac i ymuno â chriw'r Swyddfa Bost. Datgelwyd wrtho'r arwyddair cyfrin, sef

O'Donnell Abú er mwyn caniatáu iddo gael mynediad. Ond pan ddychwelodd ni fedrai'r gwarchodwr, a ddeuai o Glasgow, ei ddeall a gwrthodwyd mynediad iddo. Wedi llwyr ymlâdd, roedd Jim ar fin rhoi'r ffidil yn y to pan ddaeth rhywun arall mewn awdurdod draw ato a'i dderbyn.

Treuliodd Jim ei amser yn tanio o'r to ac yn ceisio diffodd y fflamau. Yn ystod yr oriau olaf roedd yng nghwmni Michael Joseph O'Rahilly, un o arweinwyr byddin Connolly, ac yn ddiweddarach ymhlith y criw a ildiodd yn Moore Lane lle lladdwyd neu yr anafwyd 21 o'r 30 a geisiodd ddianc. Ymhlith y lladdedigion roedd O'Rahilly ei hun. Roedd hwnnw wedi gwrthwynebu torri gorchymyn MacNéill yn wreiddiol, ond ei eiriau pan welodd fod y Gwrthryfel wedi cychwyn oedd, 'Fe wnes i helpu i weindio'r cloc, cystal i mi ei weld yn taro'. A'i eiriau olaf cyn iddo ddisgyn oedd, 'Meddyliwch am golli hyn oll a chael eich lladd wrth redeg i ddal tram neu drwy ddal annwyd'. Yno talwyd teyrnged iddo ef a'i gyd-Wirfoddolwyr gan filwr Prydeinig clwyfedig, 'Fe fyddai'n dda gen i gael mil o ddynion fel chi yn Ffrainc,' meddai.

O fewn dyddiau byddai Jim ar ei ffordd i Gaergybi ar long wartheg y *Slieve Bloom*. Ac ar ôl cyfnod yng Ngharchar Knutsford, fe'i danfonwyd i Gymru am yr eildro yn ei fywyd, y tro hwn i Wersyll y Fron-goch.

Un arall a fu'n aberth i'r diffyg trefn oedd Cathal O'Shannon, cynrychiolydd Connolly ym Melffast. Pan glywodd am y penderfyniad i fwrw ymlaen â'r Gwrthryfel, bodiodd ei ffordd i lawr i Ddulyn gan gyrraedd ar y dydd Mawrth. Curodd ar ddrws y *GPO* a chyflwyno'i hun. Dywedwyd wrtho am hel ei bac. Roedd y lle yn llawn, meddai'r gwarchodwyr, a'r brechdanau wedi'u bwyta bron i gyd. Y cyngor a gafodd oedd iddo chwilio am lodjins nes y byddai popeth drosodd. A dyna a wnaeth. Fel Jim Mooney, byddai O'Shannon yntau yn treulio cyfnod yn y Fron-goch.

Ar wahân i'r Gwrthryfelwyr eu hunain a'r milwyr Prydeinig, prin fod neb yn Iwerddon wedi cymryd y Gwrthryfel o ddifrif. Yn ei gyfrol *Ireland this Century* disgrifia Tony Gray brofiadau dau o ewythrod ei wraig a oedd gartref ar wyliau o'r fyddin Brydeinig. Fe wnaethant benderfynu mynd i Ddulyn i weld y *craic* drostynt eu hunain.

Penderfynodd un arall, ewythr yr awdur ei hun y tro hwn, adael ei deulu i fwynhau eu diwrnod ar lan y môr a seiclo i mewn i'r ddinas. O gyrraedd y *GPO*, parciodd ei feic a mynd draw. Medrai weld i mewn drwy'r ffenestri toredig. Gwelodd Wirfoddolwyr yn eistedd yno yn dal reiffls a bwyta brechdanau. Ni thorrodd neb yr un gair ag ef, felly fe ailafaelodd yn ei feic a seiclo yn ôl at ei deulu ar lan y môr yn Stillorgan i adrodd yr hanes.

Yn byw yn rhif 129 St Lawrence Road, Clontarf, yn Nulyn ar y pryd roedd John Lloyd-Jones, Athro Cymraeg ym Mhrifysgol Iwerddon yn arbenigo ar 'Eirfa Barddoniaeth Gymraeg Gynnar'. Yn *Wrth Angor yn Nulyn*, cyfrol gan Huw Llewelyn Williams ar Bethel, Capel Cymraeg Talbot Street yn y ddinas, cawn atgofion ei briod, Freda Lloyd-Jones, am ddydd Llun y Pasg.

'Yn ôl eu harfer yr oedd llawer o drigolion Dulyn wedi mynd i lan y môr i Howth neu Kingston neu Dalkey; eraill wedi mynd allan i'r wlad neu i'r rasus,' meddai. 'I Howth yr aethom ni. A dyma fynd am y trên yn ôl; ond 'doedd na'r un trên. Cerdded adref naw milltir. Fel y dynesem am y ddinas clywem swn y gynnau'n clecian yn y pellter. Cyrraedd adre'n ddiogel; ond cysgu ar lawr rhag ofn i'r bwledi ddod i mewn trwy'r ffenestri.'

Y Sul dilynol ni chafwyd gwasanaeth yn y Capel Bach ac roedd angen trwydded i fynd i mewn ac allan o'r ddinas. Ond erbyn y Sul wedyn roedd drysau Bethel ar agor unwaith eto.

Gydol yr wythnos bu difrifoldeb a ffars yn gymdeithion

cyson. Yn Stephen's Green byddai gynnau'r Gwirfoddolwyr, ddwywaith y dydd, yn distewi am rai munudau. Pam? I roi cyfle i geidwad y parc fwydo'r hwyaid yn ddiogel.

Ynghanol y saethu a'r lladd meddiannodd George Plunkett a'i ddynion dram drwy fygwth ag arfau. Yna tynnodd Plunkett ei waled o'i boced gan ofyn yn foneddigaidd i'r gyrrwr am 57 o docynnau dwy-geiniog unffordd i ganol y ddinas.

Ar ei ffordd i briodas oedd yr Uwchgapten John MacBride, cyn-swyddog ym myddin Prydain adeg Rhyfel y Boeriaid. Nid oedd yn aelod o'r Gwirfoddolwyr ond wrth iddo basio Jacob's gwelodd yr hyn oedd yn digwydd ac ar unwaith, yn ei siwt orau, anghofiodd am y briodas ac ymunodd â hwy. Ymhen llai na phythefnos câi ei ddienyddio gan filwyr Prydeinig yng Ngharchar Kilmainham. Roedd yn un o'r rheiny a enwyd, yn anuniongyrchol, gan Yeats yn ei gerdd 'Easter 1916'. Roedd Yeats yn ei gasáu am iddo briodi'r actores Maud Gonne, gwrthrych serch y bardd ac, yn ôl un edmygydd, y wraig harddaf yn Ewrop.

This other man I had dreamed
A drunken, vainglorious lout.
He had done most bitter wrong
To some who are near to my heart,
Yet I number him in my song . . .

Câi brawd John MacBride, sef Joseph, ei ddanfon i'r Fron-goch. Aeth hwnnw ymlaen i gefnogi'r Cytundeb a dod yn *TD* neu *Teachta Dala*, sef Aelod Seneddol yn Llywodraeth Iwerddon, gan gynrychioli Swydd Mayo.

Nid Joseph MacBride oedd yr unig un yn y Fron-goch i fod yn frawd i un o'r pymtheg a ddienyddiwyd wedi'r ildio. Yno hefyd roedd John MacDonagh, brawd Thomas.

O ran y Gwrthryfel, fe barhaodd y cyfuniad o drasiedi a ffars hyd y diwedd. Yn yr *Irish Independent*, 10 Mai, cariwyd stori am ddau filwr o'r naill ochr a'r llall – rebel ac aelod o fyddin Prydain a oedd o Ddulyn – yn taro ar ei gilydd mewn cythrwfwl. 'Dduw mawr, Tom, yma rwy'n dy ganfod di!' meddai'r milwr o fyddin Prydain. 'Rhed am dy fywyd.' Fe gymerodd y rebel awgrym y milwr gan ffoi nerth ei draed. Roedd y ddau yn frodyr.

Ymhlith geiriau olaf Connolly wrth ei wraig, Norah, roedd hanesyn am ddyn a aeth, ym merw'r brwydro, at gownter y Swyddfa Bost i geisio prynu stamp ceiniog. Pan wrthodwyd ei gais, ei ymateb oedd, 'I ba beth mae Dulyn yn dod pan na fedrwch chi brynu stamp ceiniog yn y Swyddfa Bost!' I ba beth yn wir?

Yn ddigon araf y cyrhaeddodd y brwydro ei uchafbwynt. Yn y *Sinn Fein Revolt Illustrated* dywedodd rhywun yn galw'i hun yn 'JWM' iddo gerdded ar hyd Sackville Street – O'Connell Street heddiw – ar y dydd Mawrth heb ganfod na phlismon na thram na'r un cerbyd arall, dim ond llond stryd o bobl yn gwylio mewn awyrgylch gwyliau. Yma ac acw gwelai ambell adeilad wedi ei atgyfnerthu gan faricêdau a dynion gerwin, distaw yn dal reifflau wrth ddisgwyl ymosodiad. Yn y *GPO* roedd dynion yn segura wrth ffenestri drylliedig wedi eu hatgyfnerthu â bagiau post, rhai o'r dynion yn smygu, rhai'n bwyta'u dognau o fwyd a gâi ei gario mewn bagiau ysgwydd wrth i eraill ddal ar gyfle i gipio sgwrs frysiog â'r menywod – mamau, gwragedd, cariadon – ar y palmant. Gerllaw gwelai gyrff dau o geffylau'r *Lancers* yn pydru.

Yng ngwesty'r *Gresham* daliwyd rhyw Mrs Donoghue yn gaeth gan y digwyddiadau. Yn ei dyddiadur ysgrifennodd, 'Rwyf wedi byw drwy wyth niwrnod o uffern, fy ymennydd wedi'i serio a'm dwylo a'm traed yn flinedig gan gymaint o waith a cherdded. Fe wnes i bron iawn â chlemio ynghanol dau gant o bobl eraill mewn gwesty crand.'

Yn ei llyfr coginio, nododd rhyw Mrs Constance Spry i ffrindiau iddi gael eu dal yng nghyffiniau Castell Dulyn a'u cyfyngu i fwyta dim byd ond deiet diddiwedd o eog am ymron i wythnos. 'Bendith iddynt fuasai cael llyfr Mrs Prunier, sy'n cynnig cymaint â 30ain o wahanol ffyrdd o baratoi'r pysgodyn blasus, ond bras,' meddai Mrs Spry.

Yna dechreuodd yr ysbeilio. Y nwydd cyntaf i'w ddwyn o siop oedd pecyn o flawd i'w droi yn bast ar gyfer rhyw bwrpas milwrol. Ond y siopau cyntaf i'w hysbeilio o ddifrif, yn ôl 'JMW', oedd 'y siopau lolipops'. Yna siopau sgidiau a dillad. Gwelwyd menywod a phlant wedi'u gwisgo mewn dillad wedi'u dwyn, a nwyddau fel watsiau a diodydd meddwol yn cael eu gwerthu ar y strydoedd am geiniogau yn unig. Ysbeiliwyd siop deganau a ffotograffau Lawrences ac yna fe'i llosgwyd. Yn fuan roedd Sackville Street o dan haen o wydr toredig, darnau o fframiau ffenestri, blychau cardbord, papur a hetiau o bob math.

Yn Talbot Street gwelwyd bachgen mewn siwt lawer yn rhy fawr iddo gyda label y pris yn dal ar y coler. Hitiai bêl tenis â chlwb golff. Ar ôl pob ergyd, edrychai ar y bêl drwy bâr o feinociwlars drudfawr. Gwelwyd dwy ferch ffatri yn eu sioliau bob dydd yn cerdded i lawr Great Britain Street yn cario racedi tenis yr un ac yn gwenu'n braf.

Ceir stori apocryffaidd am fachgen arall yn cario pâr o sgidiau newydd pan wynebwyd ef gan offeiriad Catholig. 'Ble gefaist ti'r sgidiau yna?' gofynnodd y Tad yn sarrug. 'Draw yn y siop fan acw,' atebodd y bachgen. 'Os na wnei di frysio fe fyddi di'n rhy hwyr. Fe fydd y blydi lot wedi'u dwyn.'

I'r dramodydd Seán O'Casey, cyn-ysgrifennydd yr *Irish Citizen Army* a phensaer cyfansoddiad y fyddin honno, yr ysbeilwyr oedd 'yr unig blydi Sosialwyr go iawn yn Nulyn' yr wythnos honno. Cychwynnodd y ddinas losgi ac fe ledaenodd y tanau wrth i long arfog yr *Helga* saethu taflegrau deunaw pwys o aber y Liffey tuag at *Liberty Hall* ac erbyn dydd Iau roedd calon y ddinas yn wenfflam. Disgrifiodd O'Casey'r olygfa yn fyw iawn: 'Roedd y fflamau yn codi'n uwch nes bod y ffurfafen yn ymddangos fel perl ruddem enfawr yn hongian o glust Duw.'

O weld y goelcerth o ffenest ei gartref, fe wylodd Augustine Birrell, yr Uwch Ysgrifennydd dros Iwerddon. O ben twr y Frigâd Dân disgrifiodd y milwr Gweriniaethol a'r awdur Ernie O'Malley'r profiad o weld Dulyn yn ymestyn fel map islaw, ac yntau'n adolygu ei holl hanes truenus. Gymaint oedd grym y fflamau gyda'r nos fel y gallai trigolion Killiney, naw milltir i ffwrdd, weld Colofn Nelson o'u cartrefi am y tro cyntaf erioed.

Ymhlith y rhai oedd yn gwylio'r goelcerth roedd plentyn chwech oed yn llaw ei dad. Enw'r plentyn hwnnw, a dyfai i fod yn ddramodydd o fri, oedd Samuel Beckett.

Seiliodd Connolly'r Gwrthryfel ar dactegau amheus ac aflwyddiannus Emmet yn 1803, sef cipio adeiladau, eu hatgyfnerthu a'u dal dan rym arfau. Dibynnai'r cyfan ar strategaeth negyddol, sef meddiannu adeilad, disgwyl i'r gelyn gyrraedd ac yna amddiffyn yr adeilad. Ond roedd tactegau brwydro wedi newid ers dyddiau Emmet. Nid oedd Connolly wedi disgwyl y dacteg o ddanfon llong arfog i fyny'r afon i danio taflegrau. Doedd y Prydeinwyr ddim yn chwarae'r gêm.

Y GPO oedd pencadlys a chanolfan symbolaidd y brwydro. Yno y codwyd y faner drilliw, y gwyrdd yn cynrychioli'r Weriniaeth, yr oren yn cydnabod Gwyddelod siroedd y gogledd a'r gwyn yn pontio'r ddwy garfan. Codwyd hefyd faner werdd gyda'r geiriau *Irish Republic* arni mewn llythrennau gwyn. Câi'r gwŷr a gododd y baneri hynny, Gearóid O'Sullivan yn achos y naill ac Eamon Bulfin y llall, eu danfon yn ddiweddarach i'r Fron-goch.

Credir i dros 400 o Wirfoddolwyr gymryd rhan yn yr ymladd yn y GPO. Flynyddoedd yn ddiweddarach mynnodd aelod o'r *Dáil Eirann*, sef Llywodraeth Iwerddon, y gallai'r holl ddynion a hawliodd bensiynau ar sail y ffaith iddynt ymladd yn y *GPO* ym 1916 fod wedi bod yn ddigon i guro'r milwyr Prydeinig yn rhacs!

Ond roedd y Gwirfoddolwyr wedi cipio canolfannau strategol eraill yn y ddinas, fel y Four Courts ar lan yr afon, St. Stephen's Green, Jacob's Factory, Boland's Mill, a'r South Dublin Union a Jamesons yn Marrowbone Lane. Bu'r brwydro mwyaf yng nghyffiniau Mount Street Bridge, lle daliodd tri ar ddeg o Wirfoddolwyr, Joe Clarke yn eu plith, eu tir am ddau ddiwrnod a hanner yn erbyn rhai cannoedd o'r *Sherwood Foresters*. Pan ddaliwyd Joe, dygodd swyddog Prydeinig ei bistol oddi arno a'i anelu at ben y Gwirfoddolwr. Methodd y gwn â thanio. Cyn i'r swyddog roi cynnig ar ei danio eilwaith, ymyrrodd meddyg a oedd yn tendio'r clwyfedig ac achubwyd bywyd Joe.

Y tu allan i Ddulyn roedd Iwerddon yn dawel. Fe fu yna ychydig o ymladd yng ngogledd Swydd Dulyn o dan arweiniad Thomas Ashe a Richard Mulcahy a rhyw fân ffrygydau yn Swydd Galway o dan arweiniad Liam Mellows ac fe gododd rhai o'r Gwirfoddolwyr lleol yn Enniscorthy yn Swydd Wexford.

Mae'n anodd dod o hyd i'r ystadegau cywir. Ond credir i 1,558 o Wirfoddolwyr ynghyd â 219 o aelodau o fyddin Connolly wynebu 20,000 o filwyr Prydeinig. Amcangyfrifir i 64 o'r gwrthryfelwyr, 132 o filwyr Prydeinig a phlismyn a 256 o bobl gyffredin gael eu lladd, yn cynnwys 28 o blant. Anafwyd rhwng 2,000 a 3,000.

Ymhlith y milwyr Prydeinig a laddwyd roedd o leiaf ddau Gymro. Yn *Y Celt a'r Cymro Llundain*, 20 Mai, ceir adroddiad am farwolaethau y ddau. Dywedir i W. Edgar Moy James, 'Cymro ifanc, disglair' a mab i Edgar Griffith James, dirprwy reolwr Glofa'r Caerau, Maesteg, gael ei saethu'n farw wrth orymdeithio drwy strydoedd Dulyn yng nghwmni 84 o filwyr ar fore Llun y Pasg. Yn 18 oed, roedd yn aelod o'r *Glamorgan Yeomanry*. Fe'i claddwyd ym

Mynwent Gymreig Dulyn, rhan o Fynwent Glasnevin ac yn Eisteddfod Nantyffyllon mynegodd y gynulleidfa gydymdeimlad â'r teulu drwy sefyll ar eu traed mewn tawelwch.

Enwir un arall fel T. Wynford Llewellyn, 17 oed, o Lanstadwel, Neyland, Sir Benfro, aelod o'r *Pembrokeshire Yeomanry*. Ceir cofnod o'i farwolaeth yn yr *Haverfordwest and Milford Haven Telegraph*. Mae bedd Wynford Llewellyn yn y Fynwent Filwrol Brydeinig yn Blackhorse Avenue ger Phoenix Park yn Nulyn a nodir ar ei garreg fedd iddo gael ei ladd ar 29 Ebrill, diwrnod olaf y Gwrthryfel.

Yn y *Sinn Féin Rebellion Handbook* enwir trydydd milwr Cymreig i'w ladd, un â'r cyfenw James o Benfro, aelod arall o'r *Yeomanry*. Ond yn ôl Comisiwn y Beddau Rhyfel does yr un cofnod yn bodoli am unrhyw un sy'n cyfateb i'r cyfenw a'r adeg dan sylw.

Enwir hefyd bedwar Cymro a anafwyd, y rhain eto o'r *Yeomanry*, sef R.D. Richards, ger Croesoswallt, H. Asbury o'r Hôb, y Fflint, T. Jones o Abertawe o'r *Yeomanry* a W. Addis, Pengam, o'r *Lancers*. Yn yr *Haverfordwest and Milford Telegraph* ceir hefyd enw George Llewellyn o Neyland fel milwr a anafwyd.

Yn y *South Wales Evening News*, 12 Mai, ceir hanes y Lefftenant T.D. Thomas o'r Gatrawd Gymreig a oedd yn treulio gwyliau yn Nulyn dros y Pasg. O weld y brwydro, ymunodd â'r *Royal Inniskillins* gan ymladd yn Sackville Street a'r Swyddfa Bost.

Yn yr un papur ar 16 Mai, ceir hanes am ddihangfa'r Corporal H.L. Morgan o Thornhill, Clydach, a ddaliwyd gan y Gwirfoddolwyr. Fe'i gosodwyd ef a deg milwr arall yn erbyn wal i'w saethu, meddai mewn llythyr at ei dad. Ond achubwyd ei fywyd wedi i fachgen a adwaenai redeg i nôl Capten yn y Gwirfoddolwyr yr oedd Morgan yn gyfarwydd ag ef. Gorchmynnodd hwnnw i'r Gwirfoddolwyr beidio â thanio.

Daliodd y Gwrthryfelwyr i frwydro nes i Pearse, er mwyn atal mwy o golli gwaed, ildio ar y dydd Sadwrn. Daeth y gwrthryfelwyr dryslyd a blinedig allan i olygfa o ddinistr llwyr o gwmpas y *GPO*. Gadawsant eu harfau wrth droed cofadail Parnell i sŵn gwawd a rhegfeydd trigolion cyffredin y ddinas – y mwyafrif yn wragedd a mamau, llawer â'u gwŷr a'u meibion yn ymladd yn Fflandrys. Roedd 17,536 o ddynion o Ddulyn yn unig wedi ymuno â byddin Prydain. Doedd dim rhyfedd nad oedd gan werin y ddinas fawr o gydymdeimlad â'r *Shinners*, fel y'u gelwid. Ar y pryd roedd Haig yn hel i gychwyn ei gyrch yn y Somme, brwydr a barhaodd tan fis Tachwedd. Bu'r frwydr yn gyfrifol am ddwyn bywydau 420,000 o filwyr Prydeinig. Yng ngwres y frwydr honno roedd y *36th Ulster Division*, milwyr a oedd wedi listio fel aelodau o'r *Ulster Volunteer Force*. Bu'r colledion yn eu plith gymaint fel nad oedd yr un teulu yn Siroedd y Gogledd heb golli tad, mab, ffrind neu gariad.

Roedd ffactorau eraill yn gyfrifol am ddicllonedd y dinasyddion cyffredin. Heb sôn am y colledion ymhlith pobl gyffredin, roedd y Gwrthryfel wedi difetha canol y ddinas yn llwyr. Ac nid milwyr Prydeinig a achosodd y difrod a'r marwolaethau hynny i gyd. Y Gwirfoddolwyr eu hunain fu'n gyfrifol am y farwolaeth gyntaf oll a briodolir i'r brwydro. Bu'r awdur James Stephens yn dyst i'r farwolaeth honno.

Y tu allan i Stephen's Green gwelodd ddinesydd cyffredin yn cael ei amddifadu o'i gert. Fe'i dygwyd oddi wrtho er mwyn cryfhau'r amddiffynfeydd. Ceisiodd y dyn gipio'i gert yn ôl. Fe'i rhybuddiwyd gan tua deg o Wirfoddolwyr i adael. Wnâi'r dyn ddim gwrando. Anelodd un o'r Gwirfoddolwyr ei reiffl tuag ato gan ddechrau cyfrif. Ar ôl cyrraedd pedwar, taniodd at y dyn, druan.

'Poerodd y reiffl tuag ato,' meddai Stephens, 'ac mewn dau ystumiad troellog, suddodd i mewn i'w gorff ei hun a llithrodd i'r llawr . . . Gwelais dwll yn nhop ei ben, ac ni all unrhyw un sylweddoli pa mor hyll y gall gwaed ymddangos nes ei weld yn ceulo mewn gwallt . . . Wrth i'r truan gael ei gludo i mewn, disgynnodd menyw ar ei gliniau ar y ffordd a dechrau sgrechian. Ar y foment honno, roedd y Gwirfoddolwyr yn bobl i'w casáu.'

Alltudiwyd dros 2,500 o Weriniaethwyr, rhai heb fod o fewn milltir i ddryll. Erbyn iddynt ddychwelyd byddai llofnodwyr Cyhoeddiad Gweriniaeth Iwerddon wedi eu dienyddio, Tom Clarke, MacDiarmada, MacDonagh, Pádraig Pearse, Eamonn Ceannt, James Connolly a Joseph Plunkett. Felly hefyd nifer o'r swyddogion milwrol, John McBride, Edward Daly, Michael O'Hanrahan, Con Colbert, Seán Heuston, Michael Mallin a Thomas Kent. A Willie Pearse, 18 oed. Milwr cyffredin oedd Willie, ond ei drosedd oedd bod yn frawd i Pádraig.

Ac roedd amodau'r dienyddio mewn rhai achosion yn ddigon i wylltio pobl a oedd gynt, ar y gorau, yn llugoer tuag at y syniad o Weriniaeth. Oherwydd ei anafiadau, ni fedrai Connolly sefyll. Fe'i cludwyd o'r ysbyty i garchar Kilmainham mewn ambiwlans a'i saethu ar ei eistedd wedi ei glymu ar gludwely. Yn achos Joseph Plunkett, fe'i priodwyd ef a'i gariad, Grace Gifford, yng nghapel y carchar brin awr cyn ei arwain at y stanc i wynebu'r gynnau. Ar ôl eu dienyddio, gwrthodwyd â rhyddhau'r cyrff i ofal y teuluoedd. Aed â nhw i'w claddu mewn un twll torfol yng ngogledd y ddinas a thywallt calch poeth drostynt. Roedd hynny yn gabledd yn llygad y cyhoedd bryd hynny.

Disgrifiodd y Fonesig Fingall y dienyddiadau hyn fel 'gwylio gwaed yn llifo allan dan ddrws caeedig'. Ond fel y dywedodd Peter Somerville-Large yn ei gyfrol *Fifty Years of Irish Life 1916-1966*, doedd y dienyddiadau hyn ddim tamaid yn fwy cïaidd na'r rheiny a weithredid fesul cannoedd am droseddau milwrol ar y Ffrynt Orllewinol.

Ym mis Awst crogwyd Syr Roger Casement fel teyrnfradwr. Yr unig brif arweinwyr i'w harbed oedd de

Valera a'r Iarlles Marcievicz. Priodolir ei arbediad ef i'r
ffaith ei fod yn dal dinasyddiaeth Americanaidd a'i
harbediad hi i'r ffaith ei bod hi'n fenyw. Bu galwad am
ddienyddio Eóin MacNéill, Arweinydd y Gwirfoddolwyr.
Diddorol nodi i Lloyd George wrthwynebu hynny. Yn ôl
ysgrifennydd y Prif Weinidog, Thomas Jones, yn ei
ddyddiadur am 1918-1925, pan blediodd John Redmond
dros arbed MacNéill gan ddweud fod hwnnw'n un o'r
ysgolheigion Gaeleg mwyaf blaengar trodd y Cymro at
Asquith a dweud, 'Dduw mawr, fedrwn ni ddim lladd
ysgolhaig Gaeleg, a dyna ben ar y mater!' Mae'n debyg fod
Lloyd George wedi ystyried y byddai dienyddio'r fath ddyn
yn gyfystyr â dienyddio rhywun fel T. Gwynn Jones.
Mynnai Lloyd George byth wedyn iddo arbed bywyd
MacNéill.

Ond roedd y drwg wedi'i wneud. Roedd Prydain
unwaith eto wedi cyflawni'r ffolineb a gyflawnodd droeon
o'r blaen, ac a wnâi ei gyflawni eto yn y dyfodol.
Defnyddiwyd y dwrn haearn yn hytrach na thrugaredd a
chyfiawnder wrth gosbi gwrthryfelwyr.

Trannoeth dienyddiad Connolly, fe ysgrifennodd George
Bernard Shaw yn y *Daily News*, 'Bydd y Gwyddelod a
saethwyd yn cymryd eu lle ochr yn ochr ag Emmet a
Merthyron Manceinion yn Iwerddon, ac ochr yn ochr ag
arwyr gwlad Pwyl a Serbia a gwlad Belg yn Ewrop; a does
yna ddim byd yn y nef nac ar y ddaear a all atal hynny.'

Gwir a ddywedodd Shaw. Ac roedd gan Wersyll y Fron-
goch ran amlwg i'w chwarae wrth wireddu'r
broffwydoliaeth honno.

4

Frogmore

Wrth i James Coughlan, Thomas Boylan a Herbert Conroy syllu drwy ffenestri'r trên ar lein y Bala i Ffestiniog, yr arwydd cyntaf o'u cartref newydd oedd y simdde frics dal a main a ymsythai uwchlaw tirlun gwyrdd a brown Cwm Tryweryn.

Fel tri o drigolion dinas Dulyn rhaid eu bod yn amau iddynt gael eu danfon i ben draw'r byd wrth iddynt gael eu hebrwng gan warchodwyr arfog ar hyd y platfform tuag at adeilad anferth o gerrig yn swatio o dan y simdde o frics coch.

Cyn i garcharor gael ei ddanfon i'r Fron-goch roedd gofyn iddo arwyddo Gorchymyn o dan Reol 14B o'r Ddeddf Amddiffyniad y Deyrnas (*DORA*) lle byddai'n cydnabod ei ymddygiad gwrthryfelgar a'i aelodaeth o fudiad a elwid yn Wirfoddolwyr Gwyddelig neu yn Fyddin Dinasyddion Gwyddelig a oedd wedi hyrwyddo gwrthryfel arfog yn erbyn Ei Fawrhydi. Coughlan, Boylan a Conroy gafodd y fraint amheus o fod y tri cyntaf i gael eu derbyn, a chawsant eu cofnodi fel carcharorion rhif 1, 2 a 3.

I'r tri Gweriniaethwr roedd y daith wedi cychwyn, fel i'r 1,860 oedd i'w canlyn, yn dilyn yr ildio ar ddydd Sadwrn

Wythnos y Pasg. Wedi i'r swyddogion Prydeinig chwynnu'r arweinyddion o blith y rhengoedd cyffredin, cadwyd y gweddill ym Marics Richmond yn Inchicore yn Nulyn cyn eu hebrwng i borthladd North Wall yn aber afon Liffey a'u corlannu mewn llociau o dan ddeciau llong wartheg y *Slieve Bloom* a'u cludo i Gaergybi.

Câi trigolion ardal y Bala wybod yn achlysurol drwy bapur *Y Seren* am y datblygiadau yn y Gwersyll. Ar 10 Mehefin, cyhoeddwyd o dan y pennawd 'Camp Fron-goch', 'Y mae tua dau gant o "guards" wedi dod i'r lle uchod . . . ' Yna, ar 24 Mehefin, ceir y sylw, 'Dal i ddod i Fron-goch mae'r gwrthryfelwyr o Iwerddon. Mae yno nawr tua 600. Disgwylir yno tua dwy fil pan ddaw'r oll. Dr Peters ydyw y meddyg swyddogol.'

Yn yr un rhifyn ceir y sylw, 'Y Sinn Feiners. Dyna fel yr adnabyddir y carcharorion Gwyddelig sydd yng ngwersyll Fron-goch. Y mae rhai cannoedd yn cyrraedd bron bob dydd. Hefyd y mae amryw o berthynasau y carcharorion wedi dyfod i ymweled â hwy. Deallwn mai dyddiau ymweled yw dyddiau Mawrth a Iau.'

Atgofion chwerw oedd gan y carcharorion o'r alltudiaeth. Mewn sgwrs ar raglen deledu ar Wersyll y Fron-goch gan Ffilmiau'r Nant, a ddarlledwyd ar S4C ym 1988, cofiai Ambrose Byrne o Ddulyn amdano ef a Gwirfoddolwyr eraill yn cael eu martsio ar hyd Sackville Street a Thomas Street ar y ffordd i Farics Inchicore. Cofiai am ddirmyg ei gyd-Wyddelod wrth i'r rheiny daflu cwpanau a soseri atynt. Fe wnâi Byrne ddychwelyd i ymladd yn y Rhyfel Annibyniaeth yn erbyn y *Tans*, pan garcharwyd ef yn Arbour Hill ac yn Ballykinlar. Wedi'r Cytundeb bu'n deyrngar i fyddin y Llywodraeth.

Mewn un sgwrs a gefais â Joe Clarke, a ddisgrifiwyd yn ei angladd ar 26 Ebrill 1976 fel y mwyaf o'r Ffeniaid, cofiai ef y profiad o gael ei brocio â bidog wrth iddo gael ei hebrwng tua'r llong. 'Gwawdiwyd ni yn ddidrugaredd gan rai o'n cyd-Wyddelod a oedd ymhlith y miloedd a heidiodd i'r strydoedd i weld y "ffyliaid Sinn Feiners". Taflwyd afalau pwdr a phethau gwaeth atom. Yn naturiol, teimlem yn isel,' meddai Joe. 'Ond roedd eraill yn chwifio baneri gwyrdd ac yn canu'r hen ganeuon rebel. Cerddasom at y llong gyda'n pennau, os nad ein calonnau, yn uchel.'

Ar y llong, ar wahân i'r ychydig prin a gafodd eu cludo fel teithwyr trydydd dosbarth, clowyd y mwyafrif mawr yn llociau'r gwartheg. Yn wir, ar ambell fordaith, byddai'r carcharorion yn gorfod siario'r llong â'r anifeiliaid. Disgrifiodd un o ddarpar garcharorion y Fron-goch, Brian O'Higgins, ddigwyddiad a fu'n gyffredin, mae'n siŵr, i lawer. Wrth i'r carcharorion gyrraedd roedd criw o filwyr Prydeinig ar fin byrddio'r llong pan waeddodd swyddog arnynt: 'Arhoswch ble'r ydych chi, ddynion, gadewch i'r baw fynd gyntaf'.

Yn ogystal â'r amodau brwnt a drewllyd, roedd perygl i'r llong gael ei suddo gan un o longau tanfor yr Almaen. Ond dim ond y milwyr Prydeinig a gâi wisgo gwregysau achub. Cofiai Michael Brennan o Swydd Clare iddo gael ei hebrwng i'r llong ynghanol gyrr o wartheg. A chofiai fel y gwnâi'r llong droi a gwyro'n ddi-baid wrth geisio osgoi torpidos, tra oedd y gwartheg, druain, yn cael eu gyrru'n wallgof.

Cyn y fordaith, yr unig fwyd a gafodd y dynion oedd bisgedi cŵn, un yr un. A doedd dim dŵr i'w yfed. Mae un o'r bisgedi hyn wedi goroesi ac yn cael ei harddangos yn Amgueddfa Genedlaethol Iwerddon.

Bu M.J. O'Connor a'i griw yn fwy ffodus na'r rhelyw wrth deithio ar yr hyn a ddisgrifiodd fel 'milgi'r cefnfor'. Yn ôl atgofion y gŵr o Swydd Kerry yn *Stone Walls*, cafodd deithio yn yr adran trydydd dosbarth a bu'r fordaith i Gaergybi yn un gymharol lyfn i bawb ar wahân i un llanc anffodus o Enniscorthy a ddioddefodd o aflwydd sâl môr.

I O'Connor, a gymerwyd i'r ddalfa yn Tralee, profiad rhyfedd oedd gwylio milwyr Prydeinig yn gwrando ar y

Gweriniaethwyr yn canu caneuon rebel. Un a gafodd brofiad tebyg oedd Joe O'Doherty o ddinas Derry. Mae gen i gofnod o lais Joe wrth iddo edrych yn ôl ar ei fordaith i Gaergybi. Cofiai gael ei hebrwng gydag eraill i'r dociau mewn cyffion a chriw o'i gyd-Wyddelod yn taflu cerrig atynt. Doedd y llong wartheg, meddai, ddim wedi e glanhau ac roedd tail y creaduriaid dros waelod yr howld. Doedd dim un ffordd allan o'r howld i'r carcharorion, a'u hunig oleuni oedd hynny a ddeuai drwy un o'r gorddrysau, a oedd yn rhannol agored.

Drwy'r agoriad cul hwnnw, meddai Joe, ymwthiai pelydryn o oleuni. Yna dyma un o'r carcharorion yn codi ac yn sefyll ynghanol y pelydryn golau ac yn dechrau canu, *When Will the Day Break in Erin*. Fe gafodd y perfformiad argraff ddofn ar Joe a'i gyd-garcharorion.

Yng Nghaergybi cofiai M.J. O'Connor y milwyr oedd yn eu disgwyl ar y cei. Er mawr hwyl i'r aelodau o'r *Dublin Fusiliers* oedd wedi gwarchod y carcharorion ar y fordaith, ac i'r carcharorion eu hunain, y milwyr oedd i'w hebrwng tua'r trên i Garchar Knutsford oedd aelodau o Fataliwn y Bantams, sef bataliwn ar gyfer milwyr anarferol o fyr.

Alltudiwyd cyfanswm o 2,519 o Weriniaethwyr i wahanol garchardai yn Lloegr. Yn ogystal â Knutsford, danfonwyd rhai i Stafford, Wakefield, Wandsworth, Woking, Lewes, Glasgow a Perth. Yn wreiddiol dedfrydwyd 97 i'w dienyddio cyn i'r ddedfryd gael ei newid i gyfnodau o garchar yn amrywio o bum mlynedd i oes. O fewn yr wythnosau nesaf rhyddhawyd 650 a'u danfon adref i Iwerddon. Cadwyd gweddill y dynion, sef 1,863, o dan Ddeddf Amddiffyniad y Deyrnas (*DORA*) heb iddynt gael cyfle i amddiffyn eu hunain mewn llys o unrhyw fath. Aeth y si ar led eu bod i gael eu cadw mewn gwersyll naill ai ar Ynys Manaw, Sant Helena neu ryw le gyda'r enw rhyfedd Frogmore.

Cyrhaeddodd y tri charcharor cyntaf Wersyll y Fron-goch ar 9 Mehefin, a dilynwyd hwy gan garfanau eraill yn rheolaidd dros y dyddiau a'r wythnosau nesaf. Ceir rhestr o enwau'r carcharorion yng nghyfrol Sean O Mahony, *Fron-goch: University of Revolution,* er ei fod yn pwysleisio nad yw'r rhestr yn gyflawn. O ddinas a Sir Dulyn y daeth y mwyafrif mawr, sef 926. Yna Galway gyda 322, Wexford gyda 150 a Chorc gyda 92. Rhestrir pump o Loegr, er bod llawer iawn mwy wedi byw yno. Rhaid bod rhai o'r gwrthryfelwyr wedi byw a gweithio yng Nghymru, pobl fel Jim Mooney, a ddaeth i Gymru i chwilio am waith.

Un o'r rhai hynaf yn y Gwersyll oedd Jeremiah Reardon a garcharwyd gyntaf yn ôl yn 1881 am ei ran yng ngweithgareddau'r Cynghrair Tir. Hynafgwr arall oedd James Stritch, a oedd wedi cymryd rhan mewn digwyddiad mwy hanesyddol fyth ym Manceinion, ymosodiad a gafodd ei adnabod fel *The Smashing of the Van* yn 1867 pan ryddhawyd dau Ffeniad, Thomas Kelly a Timothy Deasy, o fen garchar a gâi ei thynnu gan geffylau. Yn ystod yr ymosodiad lladdwyd aelod o Heddlu Manceinion, y Rhingyll Charles Brett. Arweiniodd y digwyddiad at ddienyddio William Allen, Michael Larkin a Michael O'Brien a gafodd eu cofio byth wedyn fel Merthyron Manceinion.

Gweithwyr cyffredin oedd y mwyafrif a gyrhaeddodd y Fron-goch, fel y dywed O Mahony a Brennan-Whitmore: peintwyr tai, clercod, teilwriaid, gyrwyr, porthorion, argraffwyr, certmyn a labrwyr. Ar y llaw arall roedd Barney O'Driscoll wedi bod yn aelod o'r Gwarchodwyr Cenedlaethol yn America. Roedd Frank Bulfin o Swydd Offaly yn frawd i berchennog un o'r ffermydd mwyaf yn Ariannin. Aeth Bulfin ymlaen i fod yn *TD* a chefnogodd y Cytundeb. Roedd yn frawd i William Bulfin ac yn nai i Eamon Bulfin, a gododd y faner drilliw uwch y Swyddfa Bost. Roedd Dan O'Mahony o Swydd Kerry wedi bod yn heliwr anifeiliaid mawr yn neheudir Affrica tra oedd Mort

72

O'Connor o Swydd Kerry wedi bod yn chwilio am aur yn y Klondike.

Dynion ifainc oedd y mwyafrif yn y Gwersyll, cynifer â 80 ohonynt yn 18 oed neu yn iau. Eto, yn ôl Joe Good o Ddulyn yn ei gyfrol *Enchanted by Dreams*, roedd cymaint â deugain y cant o'r carcharorion yn ddynion priod.

Roedd llawer o'r carcharorion yn aelodau o'r un teulu. Mae O Mahony yn enwi'r brodyr Ring, pump ohonynt wedi brwydro yn y Gwrthryfel. Wedyn dyna'r brodyr Goulding, Charles, James a John; y brodyr O'Kelly, Seán T. a Michael, yn ogystal â'r brodyr Ambrose a Laurence Byrne a John a Joseph Guilfoyle, y cyfan o Ddulyn. O Ddulyn hefyd roedd Patrick a Donald Ward, Tommy a John O'Connor, y Brodyr Tully, John a Pat Poole, James, Charles a Joseph Tallon (O'Tallamhain), John a William O'Carroll, Denis a Paddy O'Brien, John a Joe Toomey a Seán ac Ernest Nunan. Saethwyd tad y ddau O'Carroll yn farw mewn camgymeriad am un o'r meibion gan y *Tans*. Yno hefyd roedd Joseph a Peter Mellin o Athlone a Tralee, y Brodyr Bulfin o Swydd Offaly ynghyd â'u nai, Eamon. Roedd Michael a Patrick Brennan o Swydd Clare a John a Mick Brennan o Roscommon yno. Roedd y brodyr George, John a Pat King yn ogystal â John, Michael a Neal Kerr yn dod o Lerpwl. O Mayo cafwyd y brodyr Frank a Bertie Shouldice. Roedd Séamus a Tomás Malone (O'Maoleoin) yn dod o Westmeath a Paddy a Michael Hydes o Corc.

Mae O Mahony yn nodi hefyd ddwy enghraifft o dadau a meibion a oedd gyda'i gilydd yn y Frongoch sef Patrick a Joseph Fleming o Galway, a ymunodd â Liam Mellows yn y Gwrthryfel, a Henry a Séamus Dobbyn o Belfast.

Yn ystod fy ymchwil deuthum o hyd i enghreifftiau eraill o aelodau o'r un teulu yn y Fron-goch. Cymerwyd aelodau o deulu Hales o Ballinadee i'r ddalfa adeg y Gwrthryfel a danfonwyd dau o'r brodyr, Seán a Bill i'r Frongoch tra llwyddodd trydydd brawd, Tom i ddianc. Byddai Tom a

Seán yn chwarae rhan bwysig ym mywyd a marwolaeth Michael Collins ymhen ychydig flynyddoedd. Brodyr eraill o Ballinadee i fod yn y Fron-goch oedd Con, Michael, Daniel a Pat O'Donoghue. Eraill o'r un ardal yn Swydd Corc i fod yno oedd y brodyr Manning, Begley a Walsh. O Swydd Meath carcharwyd y brodyr Boylan, sef Seán, Peter, Joseph ac Edward ac aelodau dau deulu gwahanol o'r cyfenw Walsh, o Athenry a Kinvara.

Teulu niferus arall oedd chwe aelod o deulu O'Reilly o 181 Circular Road, Dulyn. Y tad, John Kevin O'Reilly wnaeth gyfansoddi'r gân rebel *Wrap the Green Flag Round Me, Boys* ac yn ystod y Gwrthryfel fe gododd ef a'i bum mab arfau yn erbyn y Goron. Danfonwyd y tad ac o leiaf dri o'r meibion, Desmond, Kevin a Sam i'r Fron-goch. Yn ddiweddarach roedd Sam ymhlith carfan a ddanfonwyd gan Cathal Brugha i Lundain ar gyfer ail-agoriad y Senedd ar 15 Hydref 1918, i saethu unrhyw Weinidog a fyddai'n ddigon ffôl i gyhoeddi consgriptiwn yn Iwerddon. Llwyddodd y dynion i fynd i mewn yn arfog i Oriel Tŷ'r Cyffredin ond yn ffodus i'r Gweinidog dan sylw, ni wnaed y fath gyhoeddiad a theithiodd y criw yn ôl heb danio'r un ergyd. Yn ystod y Rhyfel Annibyniaeth roedd Sam ymhlith y streicwyr newyn yng Ngharchar Mountjoy cyn gadael am America. Adeg y Rhyfel Cartref rhannwyd y teulu gyda'r tad a dau fab yn deyrngar i'r Dalaith Rydd a'r ddau arall ymhlith y garfan Weriniaethol a oresgynnodd y Four Courts.

Byddai teulu O'Reilly yn cyfarfod gydag eraill yng nghartref Hugh Holohan yn rhif 77 Amiens Street i drefnu tactegau ar gyfer y Gwrthryfel. Danfonwyd Holohan hefyd i'r Fron-goch.

Diddorol yw edrych yn ôl ar yrfeydd rhai o'r cymeriadau hyn. Deuai Seán Boylan yn Gyrnol ym myddin y Dalaith Rydd tra gwnai Frank Shouldice ddianc o Garchar Brynbuga. Michael Brennan o Swydd Clare fyddai'r cyntaf i ddefnyddio'r dacteg o wrthod cydnabod llys barn. Aeth ymlaen i fod yn Gomandant Brigâd Dwyrain Clare, ac er iddo golli un fraich mewn cyrch, dringodd i fod yn Bennaeth Staff y Fyddin genedlaethol. Aeth Seán Noonan ymlaen i fod yn Ysgrifennydd i de Valera ac yna yn Weinidog Dros Iwerddon yn y Taleithiau Unedig cyn cael ei benodi yn Ysgrifennydd Materion Tramor. Aeth Seán T. O'Kelly ymlaen i fod yn Llywydd Iwerddon.

Am y tad a'r mab o Belfast, roedd merch Séamus Dobbyn ac wyres Henry, sef Blathnaid O'Bradnaigh yn bresennol yn y Fron-goch pan ddadorchuddiwyd llechen yno yn 2002 i goffáu'r Gwyddelod a fu yno. Roedd hi yno fel un o brif swyddogion yr *Oireachtas na Gaelige*, sy'n cyfateb i'r Eisteddfod Genedlaethol.

Diddorol nodi hefyd fod, adeg y Cytundeb, gynifer â 30 o gyd-garcharorion y Fron-goch yn aelodau seneddol (*TD*), wedi eu hollti'n gyfartal o ran eu teyrngarwch gwleidyddol.

Y rhyfeddod mwyaf oedd nifer yr aelodau o'r un teulu yn y Gwersyll. Yn eu plith roedd y brodyr Con, Michael, Daniel a Pat O'Donoghue; Seán, Patrick a Michael Hyde a Seán a Bill Hales, oll o Swydd Corc. Dihangodd Tom Hales cyn iddo gael ei ddal a rhyddhawyd brawd arall, Bob. Roedd y brodyr Hales i chwarae rhan allweddol yn yr hyn oedd i ddilyn.

O Swydd Meath roedd pedwar o'r brodyr Boylan, sef Seán, Joseph, Peter ac Edward, wedi brwydro yn y Gwrthryfel. Aeth Seán ymlaen i fod yn Gyrnol ym myddin y Dalaith Rydd. Carcharwyd Frank a Bertie Shouldice o Mayo.

O Ddulyn cafwyd nifer fawr o wahanol frodyr. Dyna deulu Goulding, Charles, James a John; Seán T. O'Kelly a'i frawd Michael wedyn; teulu Ring, gyda chymaint â thri brawd a dau berthynas arall wedi eu cymryd i'r ddalfa, a Tommy a John O'Connor. O Ddulyn hefyd roedd y brodyr Ambrose a Laurence Byrne, John a Joseph Guilfoyle, y brodyr Tully; John a Pat Poole; James, Charles a Joseph

Tallon (O'Tallamhain); Hugh a Frank Thornton; John a William O'Carroll, Denis a Paddy O'Brien, John a Joe Toomey a Seán ac Ernest Nunan. Saethwyd tad yr O'Carrolls, Peter, yn farw gan y *Tans* mewn camgymeriad am un o'i feibion. Am y brodyr Noonan, a oedd wedi byw yn Llundain, aeth Seán ymlaen i fod yn ysgrifennydd i de Valera ac yn Weinidog Gwyddelig i'r Taleithiau Unedig cyn cael ei benodi'n Ysgrifennydd i'r Adran Materion Tramor.

Fel y nodwyd eisoes, roedd y brodyr Bulfin o Swydd Offaly yno ynghyd â'u nai, Eamon. O Athlone a Tralee daeth y brodyr Melinn, Peter a Joseph. Yna y Brennans o Swydd Clare, Michael a Patrick. Y Brennans eraill o Roscommon wedyn, John a Mick; y Kings o Lerpwl, George, John a Pat; y Malones, Séamus a Tomós Malone (Ó Maoleoin) o Westmeath, a'r Kerrs, John a Neil o Lerpwl a Michael, brawd arall o Ddulyn, ynghyd â Seán ac Ernest Nunan o Lundain.

Rhyfeddach fyth oedd perthynas deuluol Patrick a Joseph Fleming o Swydd Galway a Henry a Séamus Dobbyn o Belfast. Roedd y rhain yn dadau a meibion. Pan ddadorchuddiwyd llechen goffa yn y Fron-goch yn 2002 roedd merch Seamus Dobbyn, Blathnaid O'Bradaigh, yn un o swyddogion yr *Oireachtas na Gaeilge,* sy'n cyfateb i'r Eisteddfod Genedlaethol yn bresennol.

Ond y teulu mwyaf niferus oedd teulu O'Reilly o 181 Circular Road yn Nulyn. Ar ddydd Llun y Pasg 1916 aeth y tad, John Kevin ynghyd â'i bum mab allan i ymladd. Carcharwyd y tad yn ogystal ag o leiaf dri o'r meibion, Desmond, Kevin a Sam, yn y Fron-goch. Roedd Sam yn un o griw o Wirfoddolwyr a ddanfonwyd i Lundain ar 15 Hydref 1918, diwrnod ailagor y Senedd, gan Cathal Brugha i lofruddio pa Weinidogion bynnag a fyddai'n gyfrifol pe cyhoeddid consgriptiwn yn Iwerddon. Roedd y criw yn oriel Tŷ'r Cyffredin yn barod i gyflawni'r weithred. Yn ffodus i'r Gweinidogion dan sylw, ni chafwyd y fath gyhoeddiad a dychwelodd y criw i Ddulyn. Yn ystod y

Rhyfel Annibyniaeth bu Sam ar streic newyn yng Ngharchar Mountjoy cyn troi'n alltud am America. Adeg y Cytundeb fe holltodd y teulu. Cefnogodd y tad a dau o'r meibion achos y Dalaith Rydd tra oedd dau arall ymhlith y Gweriniaethwyr a feddiannodd y Four Courts, gweithred a sbardunodd y Rhyfel Cartref.

Pan aethpwyd ati i gynllunio Gwrthryfel 1916, un o'r mannau cyfarfod oedd cartref Hugh Holohan yn rhif 77 Amiens Street. Roedd teulu O'Reilly ymhlith y rheiny a gyfarfu yno. Roedd Holohan hefyd yn y Fron-goch.

Roedd nifer o fyfyrwyr Pearse yn Ysgol Enda Sant wedi brwydro yng Ngwrthryfel y Pasg a'u danfon i'r Fron-goch. Yn eu plith roedd Desmond Ryan, Frank Burke a Joseph O'Connor, neu 'Little Joe', oll o Ddulyn, Eamon Bulfin o Offaly, Joseph Sweeney, Donegal, J. Kilgannon o'r Taleithiau Unedig, Fintan Murphy, Llundain a Brian Joyce, Galway. Roedd dau o aelodau staff Enda Sant yno hefyd, Michael MacRuairí a Paddy Donnelly, a oedd yn arddwyr.

Yn ogystal â Gweriniaethwyr a oedd wedi brwydro roedd eraill yno heb unrhyw reswm, ar wahân iddynt gael eu dal yn y man anghywir ar yr adeg anghywir. Hyn, meddai Rex Taylor yn ei gyfrol ar Collins, oedd yn gyfrifol am yr amwysedd rhwng y termau *internees* a charcharorion. Heb gyhuddiad yn eu herbyn, ni fedrent gael eu galw'n garcharorion rhyfel. Mewn llythyr at Seán Deasy, 12 Medi, dywed Collins, 'Byddaf yn mynd yn fwy anghrediniol bob dydd gan fod yma, yn y Fron-goch, yn ôl fy nghyfrif i, o leiaf chwarter y dynion yng Ngwersyll y Gogledd nad ydynt yn gwybod unrhyw beth am y Gwrthryfel. Dywedodd un dyn, cydnabod i mi sy'n labrwr, iddo gael ei orfodi oddi ar y stryd yn ystod y chwilio. Ymddengys mai ei unig drosedd oedd iddo fod yn cerdded y stryd.'

Cludwyd yr alltudion i'r Fron-goch ar drenau o dan warchodaeth arfog. Byddai'r mwyafrif wedi cyrraedd Crewe o wahanol garchardai cyn cael eu cludo drwy Gaer gan groesi'r ffin i Wrecsam ac ymlaen drwy Riwabon, Llangollen ac yna i Gyffordd y Bala a'r Fron-goch. Ceir tystiolaeth gan nifer ohonynt am y modd y codwyd eu hysbryd wrth i'w trenau groesi'r ffin i Gymru. Mewn llythyr a dderbyniais oddi wrth W.J. Brennan-Whitmore ar 6 Mehefin 1971 fe ysgrifennodd, 'Dywedodd un cydymaith wrthyf, "Mae mor debyg i Iwerddon. Roedd pob un o'r Cymry y daethom ar eu traws yn gyfeillgar." Cofiaf gydymaith arall wrth i ni aros mewn gorsaf yn dweud, "Maent mor wahanol i'r Saeson, sy'n edrych arnoch fel mae buwch yn syllu dros glawdd." Ac nid gweniaith yw hynna!' Ceir disgrifiadau tebyg ganddo yn ei gyfrol ar y Fron-goch.

Hebryngwyd M.J. O'Connor a'i griw o Garchar Knutsford i'r orsaf drenau gan osgordd o'r Ffiwsilwyr Cymreig. Gweld y newid yn iaith yr enwau lleoedd wnaeth iddo sylweddoli fod y trên wedi croesi'r ffin. 'Un peth a'n trawodd oedd gweld hysbysebion y cwmni trenau (*Great Western*) yn y llythrennau haearn arferol, mewn Saesneg a Chymraeg – esiampl y gallai'r cwmnïau rheilffyrdd Gwyddelig ei dilyn yn hawdd gyda'r iaith Wyddeleg,' meddai.

Roedd O'Connor wedi'i baratoi ei hun ar gyfer cerdded tair milltir o'r orsaf i'r gwersyll. Credai, hwyrach, mai'r Bala oedd diwedd y lein. Syndod felly, meddai, oedd canfod mai dim ond ychydig lathenni oedd ganddo i'w cerdded o'r orsaf i'r 'lle o gaethiwedigaeth', sef y disgrifiad swyddogol o'r Gwersyll.

Dirgelwch i O'Connor oedd y disgrifiad o'r lle fel gwersyll. 'Dychmygwch adeilad carreg trillawr hir a digalon yr olwg a fuasai, tan ddechrau'r Rhyfel, yn stordy brag a oedd yn gysylltiedig â'r distyllty cyfagos, ac a oedd hefyd yn segur,' meddai am Wersyll y De. 'Prin iawn oedd y ffenestri, a bach, ac o'r math mwyaf cyntefig, y rhai ar y llawr gwaelod ac ar dalcen yr adeilad wedi eu bario. Doedd hwn, yn sicr, ddim yn lle deniadol iawn ar gyfer carchariad am gyfnod amhenodol.'

Teimlad digysur gafodd W.J. Brennan-Whitmore o weld
y lle am y tro cyntaf wrth iddo ddod allan o'r trên. Fe
wnaeth ddisgrifio'r olygfa fel un ddiflas a digroeso yn ei
gyfrol *With the Irish in Fron-goch:* 'Nid oedd yr un enaid i'w
weld yn yr iard,' meddai. 'Ond roedd ffenestri'r adeilad y tu
ôl yn frith o wynebau, a phawb yn gweiddi eu cyfarchion tra
oedd y newydd-ddyfodiaid yn eu hateb mor frwdfrydig ag
y medrent.'

Bu gweld ardal y Fron-goch yn dipyn o syndod i Séamus
Ó Maoileoin. Yn ei gyfrol *B'fhiú ân Braon Fola*, dywed iddo
ganu'n iach i Garchar Wakefield rywbryd ar ddechrau mis
Mehefin. 'Aethpwyd â ni ar drên tua 120 o filltiroedd tua'r
de-orllewin i'r Fron-goch. Gwersyll-garchar oedd yno, wrth
droed mynyddoedd nad oedd yn rhyw uchel iawn, yn Sir
Feirionnydd yng Nghymru. Roedd e'n debyg i Conemara
mewn ffordd, meddyliais ar yr olwg gyntaf, ond dwi'n sicr
nad oes unrhyw le yn Conemara mor bellennig, mor unig,
mor oer, mor ddiflas. Nid oedd ond ychydig iawn o dai yn y
gymdogaeth, er bod tref y Bala, sy'n sefyll ar lan llyn o'r un
enw, o fewn tair milltir i ni â phoblogaeth o dros fil ynddi;
pur anaml y gwelid na dyn na dieithryn yn mynd heibio.'

Cofiai Billy Mullins o Tralee bob eiliad o'r daith o
Garchar Wormwood Scrubs i'r Fron-goch. 'Wyddwn i ddim
ble o'wn i'n mynd, a hynny heb falio'r un dam,' meddai ar
raglen deledu Ffilmiau'r Nant. 'Carcharorion oedden ni, ac
fe gaen nhw wneud fel y mynnen nhw â ni . . . Roedden ni
wedi cael ein carcharu heb brawf. Wydden ni ddim pryd y
caen ni'n rhyddhau, ac roedden ni am gael gwybod hynny.'

Mewn llythyr at ei chwaer, Hannie, o Gaban 7 yn y
Gwersyll Uchaf yn fuan wedi iddo gyrraedd disgrifiodd
Collins ei daith yno fel un a aeth ag ef drwy wlad ddeniadol.
Ond ei gais cyntaf i'w chwaer oedd am ddanfon iddo fest
wlân a phâr o sgidiau hoelion trymion o faint naw.

Yn ei gofiant i Collins ceir disgrifiad cryno gan Rex
Taylor o fro Trywerm. 'Gweundir garw oedd yr ardal lle

lleolwyd y gwersyll, gwlad ddymunol ond yn absennol o unrhyw arbenigrwydd; ardal wledig a oedd yn addas, oherwydd ei gwylltineb, ar gyfer saethu a physgota. Ond i lawer o'r carcharorion roedd yn eu hatgoffa am leoliadau eu cartrefi yn Iwerddon, gyda'r cefndir o fynyddoedd a thyfiant cyfoethog, llawn o rug, coedydd gwasgaredig a rhedyn.'

Synnwyd Joe Good gan gymaint y rhyddid ar y dechrau. Disgrifiodd y lle fel un pleserus, o'i gymharu â Charchar Knutsford. Rhyfedd iawn, meddai, oedd canfod caeau chwarae a chytiau cyffyrddus heb sôn am gael eu cogyddion eu hunain yn ogystal â'u cyfundrefn ddisgyblaeth eu hunain.

Roedd Gwersyll y Fron-goch yn cynnwys dau gwrt o fewn un ganolfan, sef Gwersyll y De yn yr hen ddistyllty, a Gwersyll y Gogledd, casgliad o gytiau pren digon tebyg i'r rheiny a welwyd wedyn yng ngwahanol wersylloedd *Stalag* yr Almaenwyr adeg yr Ail Ryfel Byd. Rhwng y ddau gwrt rhedai'r ffordd o'r orsaf drenau i'r ffordd fawr.

O gwmpas y Gwersyll rhedai ffens isel o fewn i ffens allanol, un weiren bigog ddeuddeg troedfedd o uchder. Câi'r ffens isel ei hystyried fel weiren angau, meddai O'Connor. Câi'r carcharorion yr hawl i osod dillad arni i sychu ond ni chaent bwyso arni. A byddai unrhyw ymgais i ddianc yn medru golygu bwled. A'r gorchymyn fyddai tanio i ladd. Fel y dywedodd Ambrose Byrne, 'Roedden ni'n rhydd i wneud unrhyw beth – ond dianc.'

Er i'r lle gael ei glirio o garcharorion Almaenig, roedd ychydig ohonynt wedi eu gadael ar ôl. Ymhlith y rheiny roedd un yn marw o'r diciâu. Bodolai ysbryd cyfeillgar rhwng yr Almaenwyr a'r Gwyddelod ond pan sylweddolodd y gwarchodwyr hynny fe symudwyd yr Almaenwyr yn llwyr oddi yno. Ond cofiai Joe Clarke yn glir yr enwau Almaenig a adawyd ar y waliau. Un arwydd a oroesodd oedd *Trinke Wasser* – Dŵr Yfed – uwchlaw un o'r

Rhai o brif swyddogion y gwersyll: Y Capten Sholto Douglas; y Lefftenant Grimston - tybir mai hwn oedd Brimstone; y Lefftenant Burns; Armstrong, y sensor; Miss Lambert; y Lefftenant J D Watson; y Lefftenant C Lambert; y Lefftenant Cyrnol Heygate-Lambert; Mrs Heygate-Lambert; y Capten Powys Keek, capten y Gwarchodwyr a'r Lefftenant Bevan, sensor arall.
(Lluniau: Archifdy Gwynedd)

Ffotograff gan dynnwr lluniau lleol o Wersyll y De. Nodwch y disgrifiad.
(Lluniau: Archifdy Gwynedd.)

Un o'r neuaddau cysgu yng Ngwersyll y Fron-goch.

> ' I've run the outlaws brief career
> And borne his load of ill
> His troubled rest & waking fear
> With fixed sustaining will
> And should his last dread chance befall
> & on that world welcome be
> In death I'd love thee more than all
> Aeulla gal mo croidhe .
>
> Micéál Ua Coilleain
> Capt   IRA.
> Clonakilty
> Frongoch 1916.   Cork.

Autograph entry written in Frongoch by Michael Collins.

Llofnod Michael Collins mewn llyfr cofnodion a gedwid gan
un o garcharorion y Fron-goch.
(Lluniau drwy ganiatâd Sean O Mahony)

*Y dynion yn creu eu hadloniant eu hunain yn un o'r cytiau
yng Ngwersyll y Gogledd.*

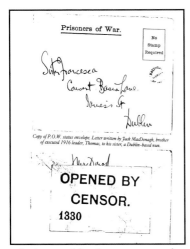

*Amlen swyddogol y sensor ar gyfer
llythyron a fyddai'n gadael neu'n
cyrraedd y Fron-goch.*

*Cegin Gwersyll y Gogledd ar gae
rhwng yr orsaf a'r ffordd.
(Lluniau drwy ganiatâd
Sean O Mahony)*

*Michael Collins yn ei
ugeiniau cynnar.*

*Richard Mulcahy, Uwch Gomander
Byddin Iwerddon fis Tachwedd 1922.*

*Tomás MacCurtain, Arglwydd Faer
Corc a lofruddiwyd gan Heddlu
Iwerddon.*

*Terence MacSwiney, a olynodd
McCurtain fel Arglwydd Faer Corc
ac a fu farw ar streic newyn yng
Ngharchar Brixton.*

Angladd Terence MacSwiney yn Eglwys Gadeiriol Dinas Corc
ar Fedi 30, 1920.

Rhai o aelodau 'Deuddeg Apostol' Michael Collins – Joe Leonard, Jim
Slattery, Joe Dolan, Gearoid O'Sullivan, Bill Stapleton a Charlie Dalton.
Roedd Slattery, Dalton, O'Sullivan a Stapleton wedi bod yn y Fron-goch.
(Llun: Amgueddfa Genedlaethol Iwerddon.)

Criw'r 'Black Hand' yn y Fron-goch – criw o dynwyr coes neu griw o ymgyrchwyr cudd? Does neb yn sŵr.

Poster yn hysbysebu'r wisgi gyda llun o Mrs Price mewn gwisg Gymreig.
(Llun drwy ganiatâd Neuadd y Cyfnod, Y Bala)

Y gladdgell a godwyd gan Lloyd Price â'r arian a enillodd o fuddugoliaeth Bendigo yn y Jubilee Stakes.

Simdde fawr y gwaith wisgi yn cael ei dymchwel ar Fai 13, 1934.

Y gwaith ar ddymchwel y simdde fawr gyda'r simneiwr o Lundain, rhyw Mr Larkin ar y chwith ac un o berchnogion y safle, Arthur Morris, Plas Deon, Llanuwchllyn rhwng y ddau weithiwr ar y dde.

Y porth a agorwyd gyda chymorth milwyr o Gymru. Drwy hwn y llwyddodd Ernie O'Malley, Frank Teeling a Simon Donnelly i ddianc o'r carchar yn 1921.

Paddy Moran (chwith) a Thomas Whelan gydag un o'u gofalwyr yn Kilmainham. Roedd y ddau ymhlith chwech a grogwyd ar yr un diwrnod. Roedd tri ohonynt, yn cynnwys Moran, wedi bod yn y Fron-goch.

Martin Savage, gynt o'r Fron-goch. Bu'n un o'r Deuddeg Apostol ac fe'i lladdwyd mewn cyrch ar Arglwydd French yn Ashtown, Dulyn ar 19 Rhagfyr 1919. Eraill o'r Fron-goch oedd yn rhan o'r cyrch oedd Séamus Robinson a Paddy Daly.

Mae hen orsaf y Fron-goch bellach yn dŷ annedd.

Crydd y Fron-goch, Tom Traynor a oedd yn dad i ddeg o blant. Fe'i crogwyd yng Ngharchar Mountjoy ar 26 Ebrill 1921.

Bu hwn yn gartref i'r Gorsaf-feistr ac yn Swyddfa Bost ac fe'i codwyd â deunydd a gynhyrchwyd yn gyfan ar stad y Rhiwlas.

Un o'r tai a godwyd ar gyfer swyddogion y gwaith wisgi ac a drowyd yn gartrefi i swyddogion y gwersyll.

Caban signal hen orsaf y Fron-goch a'r platfform, rhai o'r ychydig olion sy'n aros.

Yr ysgol a thŷ'r gofalwyr o gyfeiriad yr orsaf. Saif yr ysgol ar yr union fan lle safai'r gwaith wisgi.

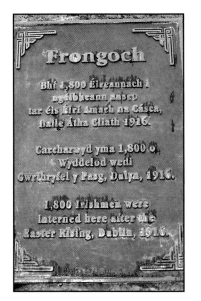

Y garreg goffa ar ochr y ffordd yn y Fron-goch a'r geiriau arni mewn tair iaith – Gwyddeleg, Cymraeg a Saesneg.

Dwy olygfa o'r cwt lle mae cangen y Fron-goch o Sefydliad y Merched yn cwrdd. Does dim tystiolaeth fod hwn yn un o'r cytiau gwreiddiol.

Hysbyseb yn nodi bod hen gytiau gwersyll y Fron-goch ar werth.

Pentref Capel Celyn cyn ei foddi.
(Llun: Gwyn Evans, gyda chaniatâd Neuadd y Cyfnod, Y Bala)

Argae Llyn Celyn. Denodd y gwaith o'i adeiladu Wyddelod
yn ôl i'r Fron-goch.

Sloganau gwrth-Sesinig wedi'u peintio at olion Capel Celyn
a ddaeth i'r golwg adeg sychder Haf 1997.

Llyn Celyn, lle bu cymdeithas werinol y cwm.

Slogan ar gwt trydan ger argae Llyn Celyn heddiw.

*Yr Amgueddfa Genedlaethol
yn Nulyn.*

Y Gerddi Coffa yn Nulyn.

Cymru'n dal i gofio.

tapiau dŵr. Ond gwrthodwyd caniatâd i'r Gwyddelod osod arwyddion Gwyddeleg yno.

Bu farw rhai o'r carcharorion Almaenig yn y Fron-goch. Yn ei gyfrol *Cofio Tryweryn* dywed Watcyn L. Jones i rai ohonynt gael eu claddu ym mynwent yr eglwys. Ond pan ddymchwelwyd yr adeilad ar ôl boddi'r cwm yn chwedegau'r ganrif ddiwethaf, codwyd y cyrff o'r fynwent yn 1963 a'u symud i'w hailgladdu yn Cannock Chase yn Swydd Stafford. O dan yr un cynllun codwyd cyrff carcharorion Almaenig eraill o wahanol fynwentydd a'u canoli yn Cannock.

Ymhlith y 5,500 o gyrff a ail-gladdwyd yno roedd saith a fu farw yn y Fron-goch. Fe'u rhestrir yn swyddogol fel W. Forster, H. Langenberg, A. Schirmer, P.H. Schroter, A. Stauch, P. Velleur ac R.T. Waschkowitz.

Yn ei gyfrol 'Y Tri Bob' ceir nodyn diddorol gan Robin Williams amdano'n gweld y beddau ym mynwent yr eglwys gyda'u saith o feini isel. A chofiai am Harriet, merch Bob Tai'r Felin yn adrodd hanes un o'r angladdau pan ddaeth cannoedd ynghyd i weld y digwyddiad gyda gorymdaith araf a seindorf o filwyr yn arwain at borth y fynwent.

Cyn i'r carcharorion Almaenig adael y Fron-goch cafodd y Gwyddelod wybod ganddynt mai Gwersyll y De oedd y gorau o'r ddau. Tra oedd hwnnw yn boeth iawn yn yr haf, roedd Gwersyll y Gogledd yn oer iawn yn y gaeaf. Mae'n debyg i'r Almaenwyr golli mwy o'u dynion i'r oerfel nag a wnaethant i'r gwres. Gellir dychmygu'r gwahaniaeth rhwng yr amodau yn y ddau wersyll o ystyried y câi'r naill ei alw'n Burdan tra bod y llall yn cael ei adnabod fel Siberia.

Mewn llythyr at ei chwaer Johanna ar 25 Awst, cawn Collins yn cwyno am yr awyrgylch llethol. 'Mewn rhai mannau anffafriol mae hi bron yn anodd anadlu yn y boreau. Yn ffodus i mi, rwyf wrth ymyl ffenest ac felly ddim yn dioddef mor wael â rhai o ganlyniad i hyn ond er hynny, y noson o'r blaen, a oedd yn stormus a gwlyb, aeth fy nillad gwely yn llaith iawn.'

Roedd Gwersyll y De ar ffurf nifer o adeiladau o boptu sgwâr agored, a oedd ei hun o fewn sgwâr mwy. Safai'r hen stordy trillawr a drowyd yn stafelloedd cysgu ar yr ochr orllewinol. Ar yr ochr ogleddol safai'r porth, rhwng yr ysbyty a stafell y sensor i'r dde a'r cwt cynhyrchu trydan i'r chwith gyda'r stafell sychu dillad, a ffwrnais ynddi, gerllaw. I'r dwyrain roedd y distyllty a'r cerwyn wedi eu haddasu yn storfa lo a gweithdai seiri coed a pheirianwyr. Yn y pen isaf safai'r gegin. I'r de safai'r stafell fwyta gyda lle ynddi i 1,500 o garcharorion. Defnyddid yr adeilad hefyd fel neuadd a man i addoli. O fewn y sgwâr codwyd cytiau cysgu ychwanegol ynghyd â thŷ baddon, ffreutur nwyddau sychion a siopau ar gyfer barbwr, crydd a theiliwr.

Oddi allan safai clos o boptu i'r ochr ogleddol a gorllewinol lle ceid adeiladau ar gyfer cleifion. Ar y gornel safai cwt *YMCA* a ddefnyddid ar gyfer chwaraeon dan-do a chyfarfodydd Cyngor Cyffredinol y carcharorion. Yn uwch i fyny roedd gardd lle gallai'r carcharorion weithio ynddi gyda chaban yn sefyll o'i mewn.

O boptu'r clos allanol ceid cymhlethdod o wifrau pigog gyda gwarchodwyr arfog yn sefyll ar lwyfannau pren ddydd a nos. Rhwng y gwifrau pigog a'r ffordd fawr safai tai'r swyddogion, dau adeilad tal sydd i'w gweld hyd heddiw gyda'r ffenestri cefn yn edrych i lawr ar y clos allanol. Codwyd y rhain yn wreiddiol ar gyfer swyddogion y gwaith wisgi. Yna, rhwng y gwersyll ac afon Tryweryn ceid tair erw o ardd lysiau. Y tu hwnt i'r afon, ceid cae chwarae. Cofiai Séamus Ó Maoileóin ei gartref newydd fel adeilad yn cynnwys pum stafell, neu lofft, tair ohonynt yn fawr gyda gwelâu ar gyfer dau neu dri chant o ddynion a dwy arall yn dal tua chant yr un. Pan gyrhaeddodd y lle, roedd tua 700 yno eisoes.

Cofiai ar ei noson gyntaf weld y lle fel un tywyll, diflas a thrist. Roedd y gwelâu ar bennau ei gilydd, y ffenestri'n brin ac yn fach iawn gyda dim ond ychydig o aer yn medru dod i mewn. Roedd yn lle iawn yn ei amser fel distyllty, efallai, pan wneid defnydd o'r llofftydd i sychu grawn, ond stori arall oedd eu defnyddio fel stafelloedd cysgu, meddai, yn enwedig yng ngwres yr haf. Cofiai yntau weld dau neu dri o Almaenwyr claf ar ôl yn yr ysbyty. Cododd y rheiny eu calon o glywed gan y Gwyddelod fod llong Kitchener wedi suddo ac yntau wedi boddi. Tybed a sylweddolent mai Kitchener wnaeth sefydlu'r gwersyll cadwedigaeth cyntaf mewn hanes – a hynny yn Ne Affrica adeg Rhyfel y Boer.

Pan gyrhaeddodd y carcharorion cyntaf roedd y gwaith o baratoi Gwersyll y Gogledd yn dal heb ei gwblhau. Mewn gwirionedd, ychwanegiad oedd Gwersyll y Gogledd ar gyfer y gorlif o Wersyll y De. Yn raddol, wrth i garfanau newydd gyrraedd yn rheolaidd, dechreuodd y lle lenwi. Yn raddol hefyd dechreuodd y carcharorion ymgyfarwyddo â threfn undonog eu dyddiau.

Cychwynnai'r diwrnod am 5.30 y bore pan ganai'r hwter. Brysiai pawb i wisgo cyn ymgynnull ar y sgwâr mewnol fesul pedwar mewn rhesi o bedwar neu bump i'w cyfrif. Yna, cyfle i ymolchi yn y stafell ymolchi lle'r oedd tua deg cawod a tua dwsin o fyrddau yn dal basnau sinc a thua dwsin o dapiau dŵr ar gyfer pob bwrdd. Rhaid bod safon y sebon yn weddol dda gan i Michael Collins ysgrifennu mewn llythyr, 'Maen nhw'n dweud wrthyf fod y sebon *Pears* wedi gwella fy mhryd a'm gwedd.'

Am 7.30 eisteddai pawb i frecwast yn y ffreutur. Byddai'r swn yn fyddarol wrth i'r dynion – 935 ohonynt – greu cynnwrf drwy weiddi a tharo'u platiau a'u mygiau ar wynebau'r byrddau. Yr un fyddai'r ddarpariaeth â'r noson cynt – bara, margarîn a the.

Am 9.00 byddai carcharorion penodedig yn glanhau'r gwahanol adeiladau. Yna, am 9.30, câi'r rheiny ymuno â'r gweddill a oedd eisoes yn y cae ymarfer.

Am 11.00 cynhelid yr archwiliad. Ar ganiad yr hwter gelwid y dynion i ymgynnull. O flaen Pennaeth y Gwersyll a'i Ddirprwy, rhaid fyddai dinoethi eu pennau a sefyll yn unionsyth. Câi arweinydd y carcharorion wedyn y cyfle i dynnu sylw at gŵynion neu ofynion.

Am hanner dydd câi cinio ei weini. Disgrifiodd M.J. O'Connor y ddarpariaeth fel un 'israddol' o gig gwael ei ansawdd wedi'i ferwi, cawl o safon isel eto, hanner pwys o fara gwael, ychydig o ffa a thaten fechan. O ran y cig, câi'r dynion ddogn o wyth owns y dydd, yn cynnwys esgyrn a braster. Cig o Awstralia neu Seland Newydd wedi'i rewi oedd y ddarpariaeth fel arfer. Y dogn rheolaidd o lysiau oedd dwy owns y dydd i bob dyn.

Roedd Desmond Ryan wedi brwydro ochr yn ochr â Collins yn y Swyddfa Bost ac fe âi ymlaen i ysgrifennu cofiannau ar Pearse, Connolly a Collins. Yn ei nofel ffeithiol *Michael Collins and the Secret Army* ceir ganddo ddisgrifiad byw o ddiwrnod ym mywyd y gwersyll drwy lygaid cymeriad dychmygol o'r enw Harding. Dyma gyfieithiad.

'Clywid sgrech yr hwter bob bore a rholiai cannoedd o ddynion o fewn tai cysgu ysguborol allan o'u blancedi milwrol gan frysio tua'r cyfrif, yn rhesi o bedwar mewn gwahanol raddau o wisg a diosg. Roedd Iwerddon gyfan yno, rhyw Iwerddon newydd, ryfedd a ailesgorwyd o goelcerthi'r Pasg, yn ddilyw, yn aflonydd, ond eto'n rhyw led-ymwybodol na fyddai dim byd fyth eto fel y bu.

Cannoedd o ddynion, eu llygaid wedi eu hamgylchynu â chrychau mân, yn ddisgwylgar a thawel eu hymarweddiad, yn gwylio'r giât haearn hyd nes y deuai'r Rhingyll o Gymro drwyddi i wneud y cyfrif.

Sgrechia ac oernada'r hwter. Mae Iwerddon gyfan yn gwrando, pob math a gradd o Wyddel – trefol, gwladol, alltud, cartref, call, ynfyd, diddosbarth – wedi eu gwisgo mewn amrywiol ddiwyg Gwyddelig ac yn siarad â gwahanol acenion Iwerddon . . . '

Ar ôl disgrifio mân ddefodau'r dydd, aiff ymlaen i ddisgrifio'r awyrgylch gyda'r nos.

'Yna mae'r cannoedd yn yfed te cryf o fygiau enamel ac yn sgwrsio nes diffodd y golau yn y stafelloedd cysgu am chwarter i ddeg. Mae plismon alltud a chylch gwyrdd am ei fraich yn gofalu, fwy neu lai, nad yw'r dynion dan ei ofal yn anhrefnus nac yn smygu. Ond mae'r tanau bach coch a'r sibrwd isel yn para am hydoedd. Islaw'r holl ddefodau cyffredin roedd rhyw gyffro ar gerdded. Teimlai Harding hyn wrth wrando yn ei wely cist am weithredoedd a chanlyniadau'r Pum Niwrnod yn cael eu hailadrodd yn iaith gyffredin y bobl – yn llachar, yn Rabelaisaidd, yn enbyd. Murmur ar ôl murmur, cwestiwn ar ôl cwestiwn, stori ar ôl stori . . . '

Disgrifiad llenor a gafwyd gan Desmond Ryan. Ceir darlun manylach mewn iaith fwy cyffredin gan M.J. O'Connor. Pan gyrhaeddodd ef, a'i gofrestru fel rhif 940, fe'i gosodwyd yn Stafell 6 yng Ngwersyll y De lle'r oedd dau wely wedi eu llunio o dair astell bren tua chwe throedfedd wrth dair yr un yn gorffwys ar goesau tua dwy droedfedd o uchder. Ar y byrddau gorweddai math ar fatras wedi'i stwffio â gwellt, ynghyd â gobennydd bychan llawn gwellt. Dros y gwely ceid tair blanced garw, dywyll.

Derbyniai pob carcharor blât a mwg enamel, cyllell, fforc a llwy, tywel a darn o sebon. Hen stordy oedd y ffreutur gyda llawr o slabiau cerrig a waliau noeth o gerrig wedi'u gwyngalchu gyda tho sinc. Roedd y stolion a'r byrddau yn sylfaenol a phlaen.

'Yn wir, nid y lle mwyaf calonnog na chroesawgar i fwyta ynddo,' meddai O'Connor. 'Ond dyna fe, "rebeliaid" oedden ni, neu, o leiaf (yn ôl y Gorchymyn Caethiwo) yn cael ein hamau o fod yn bobl benboeth, ac, wrth gwrs, roedd unrhyw beth yn ddigon da i ni.'

Roedd y te, o leiaf, ychydig yn well na'r hyn a geid mewn carchar. Fe'i harllwysid allan o fwced mawr a châi pob carcharor chwarter torth o fara diflas a margarîn 'o'r ddegfed radd.'

Pymtheg oed oedd Robert J. Roberts, neu Johnnie Roberts o Heol y Castell, y Bala, pan gafodd waith yn y gwersyll y tu ôl i gownter siop y ffreutur. Mynnai ef, mewn cyfweliad teledu ar raglen ddogfen Ffilmiau'r Nant mai'r rheiny yng Ngwersyll y De oedd â'r gŵyn fwyaf, yn enwedig y rheiny yn y prif adeilad. 'Doedd o ddim yn lle i fod fel jêl i'r carcharorion o gwbl,' meddai. 'Roedd yna ddwy lofft yno fo. Roedd y *malt house* yn y gwaelod a'r *granary* yn y top. Wedyn roedden nhw wedi rhoi gwelâu iddyn nhw i orwedd ac i gysgu yn y nos. Ond roedd y lle mor wlyb ac mor damp, roedd o'n bechod. Roedd o'n arw iawn gen i fod y Gwyddelod yn gorfod cysgu yn y gwlybaniaeth.'

Fe recordiwyd atgofion Johnnie Roberts ar dâp yn 1987 pan oedd yn 88 mlwydd oed ac mae copi ym meddiant Archifau Meirionnydd yn Nolgellau. Arno mae'n ategu'r ffaith fod tamprwydd yn treiddio drwy'r muriau, a'r lle yn heigiog o lygod mawr. Beirniadai Johnnie ansawdd y bwyd a dderbyniai'r dynion hefyd. 'Ddim bwyd iawn oeddan nhw'n gael. Bara du a thatws fyddai'r rhan fwyaf o'u bwyd nhw,' meddai. Cofiai'n dda am y pysgod a gâi'r dynion, penwaig coch wedi'u rhewi. Roedd ansawdd yr arlwy mor wael, yn ôl Johnnie, fel y byddai'r dynion ar adegau yn peltio'i gilydd â'r bwyd.

Roedd Johnnie Roberts wedi bod yn Lerpwl, a phan ddaeth adre, o fewn wythnos roedd ei dad wedi cael gwaith iddo yn y Gwersyll. Cysgai mewn caban yn y rhan uchaf o Wersyll y Gogledd, barics a neilltuwyd ar gyfer y gwarchodwyr a'r gweithwyr sifil. Roedd yno 'gantîn gwlyb', neu far, ond ni châi unrhyw un o'r tu allan fynd ar gyfyl y lle hwnnw. Adeilad mawr, hir oedd y rhan o'r cantîn lle'r oedd Roberts yn gweithio ac roedd ef yn un o ddau, meddai, a fyddai'n gwerthu cacennau a bara ac ati. Fe fyddai'r carcharorion yn cael ychydig o bres at eu bwyd ac fe fyddent yn medru prynu bwyd ychwanegol neu nwyddau yn y cantîn, nwyddau fel papur ysgrifennu, baco a matsus. Câi'r dynion brynu o'r siop allan o'r uchafswm o £1 y caent ei gadw. Sefydlwyd hefyd Gronfa'r Cantîn ar gyfer darparu cysur ychwanegol i'r dynion. Derbynnid yn ogystal barseli bwyd oddi wrth deuluoedd a chefnogwyr ond câi'r rheiny eu hagor gan y Sensor felly byddai'n rhaid bwyta'r cynnwys ar unwaith, neu ei daflu i ffwrdd.

Gan i M.J. O'Connor, yn gynnar iawn, gael ei symud ar draws y ffordd i Wersyll y Gogledd cawn ddarlun manwl ganddo o'r gwersyll hwnnw hefyd. Roedd yno 35 o gytiau pren ar gae rhwng y Swyddfa Bost a'r orsaf, a phennwyd ef ar gyfer Cwt 1. Byddai'n un o ddeg ar hugain yn y cwt hwnnw. Penodwyd ef yn Arweinydd y Cwt.

'Gorweddai'r gwersyll ar godiad tir . . . Roedd y cytiau wedi eu gosod mewn ffurf hirgrwn tra oedd y toiledau, y stafelloedd ymolchi, y baddondai a'r stafell sychu dillad mewn un llinell ar draws y canol. Safai'r cwt bwyd, adeilad newydd, ar y pen isaf.'

Rhedai dwy ffordd rhwng cytiau'r carcharorion a'r adeiladau ar draws y canol. Fe'u bedyddiwyd yn Stryd Pearse a Stryd Connolly. Câi'r cyfan ei oleuo drwy'r nos. Ar y mwyaf, ni chedwid mwy nag wyth gant o garcharorion yno ar y tro.

Rhywbeth tebyg oedd y bwyd yma eto, meddai O'Connor: te, siwgr, bara a margarîn ynghyd â llaeth cyddwys heb ei felysu mewn tuniau, digon ar gyfer 104 o'r dynion a fyddai ymhlith y garfan gyntaf i gyrraedd Gwersyll y Gogledd. Gorchwyl cyntaf O'Connor a naw cydgarcharor oedd paratoi'r bwyd; gwaith anodd, meddai, i ddynion a oedd yn cynnwys ffermwr, gof, gyrrwr injan trên, gweithiwr dociau, athro a phobydd.

Cwyn fwyaf M.J. O'Connor ar y cychwyn oedd y tywydd. Glawiai'n drwm yn ddyddiol. Gan nad oedd ffyrdd go iawn yno, ar wahân i ffordd arw a arweiniai o'r fynedfa i'r gegin, roedd y ddaear yn troi'n goch.

'Roedd y pridd yn arbennig o feddal, ac wrth i'r borfa ddiflannu, dim ond llaid oedd o dan draed. Ble bynnag wnâi rhywun gamu, yr un oedd y stori – llaid dwfn a gwlyb a fyddai'n glynu wrth esgidiau ac yn baeddu lloriau'r cytiau.'

Byddai'r rheiny a wisgai sgidiau gwael yn cwyno am eu traed gwlyb a llwyddodd rhai i sicrhau sgidiau trymion addas o'r Storfa Filwrol. Doedd y dillad, chwaith, ddim yn addas ar gyfer y tywydd, meddai. Roeddent o ansawdd israddol a chaent eu hadnabod fel *Martin Henrys*.

Roedd Collins hefyd wedi cwyno am y tywydd yn ogystal â'i ymateb at gŵynion ei gyd-garcharorion mewn llythyr at ei gariad, Susan Killeen, yn union wedi iddo gyrraedd. Ar ôl canmol y lleoliad ar godiad tir ynghanol bryniau prydferth Cymreig, nid oedd yn rhy frwdfrydig wrth ddisgrifio'i gartref newydd. 'Hyd yma ni wnaeth gyfleu unrhyw nodweddion da i mi gan iddi fod yn glawio gydol yr amser . . . fel bod yr holl dir o gwmpas a rhwng y cytiau yn fôr o laid llithrig, symudol. Cysgwn yn ddeg ar hugain mewn cwt . . . 60 o hyd, 16 o led a 10 o uchder yn y canol. Dim llawer o le yn sbâr! Wrth gwrs, pan fyddwn wedi llunio ffyrdd ac ati, fe fydd y lle yn llawer gwell. Ond mae'r oerfel ar hyn o bryd – wel, ddim yn bleserus hyd yn oed nawr, ond fe fyddaf yn eu calonogi oll drwy ofyn iddynt – beth wnân nhw pan ddaw'r gaeaf?'

Os oedd O'Connor a Collins yn ddiflas, doedd eu hiselder yn ddim o'i gymharu â'r hyn a brofodd Brian O'Higgins. Ysgrifennydd Coleg Gwyddelig Carrigaholt yn Swydd Clare oedd O'Higgins a ysgrifennai, fel arfer, gerdd bob dydd o dan y ffugenw Brian na Banban. Yn 1918 fe'i hetholwyd yn *TD* dros Orllewin Clare a pharhaodd yn

104

Wirfoddolwr digyfaddawd gydol ei fywyd. Ond doedd ganddo fawr o feddwl o Wersyll y Fron-goch, a oedd, meddai, yn heigio o lygod mawr. Cwynodd na fedrai ganolbwyntio ar ddim byd yno.

'Does dim cosbedigaeth yn fwy creulon na "rhyddid" carchar-wersyll. Does yna ddim preifatrwydd,' meddai. 'All dyn ddim dweud wrtho'i hun y gwnaiff fynd i ffwrdd a bod ar ei ben ei hun am bum munud. Aiff nerfau yn yfflon, tymherau allan o reolaeth, a daw holl waeleddau bychain dyn i'r wyneb. Mae'r meddwl yn pylu, y corff yn ddideimlad a'r galon yn ddiobaith neu'n galed, a hunanoldeb yn amlygu ei hun yn ddigywilydd ymhob cyfeiriad a phob awr o'r dydd.

'Aiff dynion yn ddrwgdybus, yn bitw, yn sinigaidd neu'n hurt, eu teimladau gorau wedi eu boddi'n llwyr. Wedi'r Fron-goch, pryd bynnag y cymerwyd fi i'r ddalfa, byddwn yn deisyf ac yn gweddïo y cawn fy nal dan glo mewn cell yn hytrach na derbyn "rhyddid" a chyfathrach fy nghymdeithion mewn cwt neu ddortur carchar-wersylloedd. Pryd bynnag y byddwn am gosbi neu ffrwyno gwrthwynebydd neu elyn, a minnau â'r grym i wneud hynny, ni chredaf y medrwn berswadio fy hun i'w gondemnio i garchar-wersyll heb ei ganiatâd ei hun. I mi, dyma'r mwyaf erchyll oll o gosbedigaethau "dynol".'

Dim rhyfedd i *that tired Fron-goch feeling* ddod yn rhan o ieithwedd Gwyddelod.

Y nifer mwyaf i gael eu dal oedd 936 yng Ngwersyll y De a 896 yng Ngwersyll y Gogledd. Ar y cyfan, yn wahanol i O'Higgins, croesawai'r Gwyddelod eu cartref newydd gan fod mwy o ryddid yno nag a geid mewn carchar. Mewn llythyr nododd Michael Collins mai ei agwedd ef fyddai gwneud y gorau o'r sefyllfa o gofio mai gwersyll caethiwo oedd yn y Fron-goch wedi'r cyfan.

Ond i Brennan-Whitmore, doedd dim byd wedi newid. Yn y gwahanol garchardai roedd y gofalwyr wedi addo y byddai mwy o ryddid yn y Gwersyll. 'Daethom i'r casgliad,' meddai, 'fod addewidion y gofalwyr – fel holl addewidion Saeson i Wyddelod – wedi eu gwneud ddim ond i'n twyllo a'n rhwydo ni.'

5

Profiadau Prifysgol

Yr Aelod Seneddol Gwyddelig, Tim Healy mae'n debyg, oedd y cyntaf i ddisgrifio'r Fron-goch fel Prifysgol *Sinn Féin*. Yr hyn oedd Sandhurst yn ei wneud i filwyr Prydain, roedd y Fron-goch yn ei wneud i Fyddin Weriniaethol Iwerddon, meddai mewn araith yn Nhŷ'r Cyffredin.

O'r dechrau bu gwrthdaro rhwng y carcharorion a'u gofalwyr. Ac o'r dechrau hefyd lluniwyd trefn ymhlith y Gwyddelod alltud i sicrhau nad y gwarchodwyr Prydeinig fyddai'n rhedeg y gwersyll ond y Gwirfoddolwyr.

Ffurfiwyd Cyngor Cyffredinol o 54 o'r carcharorion. Yn eu plith roedd Tomás MacCurtain a W.J. Brennan-Whitmore. Y llywydd cyntaf oedd William Ganley o'r Skerries ger Dulyn. Fe'i penodwyd mewn cyfarfod o'r Cyngor ar 11eg Mehefin, mewn stafell a enwyd yn Neuadd Tara. Penodwyd hefyd ddau Is-Lywydd, Joseph Murray a Thomas F. Burke, y ddau o Ddulyn. Yn Drysorydd penodwyd Sean O'Mahony, Dulyn, ac yn Ysgrifennydd, Edward Martin, Athlone. Etholwyd hefyd Bwyllgor Gwaith a nifer o Is-Bwyllgorau. Roedd Tomás MacCurtain, Terence MacSwiney a Brennan-Whitmore ymhlith deg Comandant a benodwyd. Yn ogystal, etholwyd 13 Capten a 15 Lefftenant. Ymhlith y rheiny roedd Richard Mulcahy.

Ymhlith y gwarchodwyr roedd swyddogion a ddaeth yn rhan o chwedloniaeth y Gwersyll. Y Pennaeth oedd y Cyrnol F.A. Heygate-Lambert, dyn oedrannus a phiwis a siaradai'n floesg, yn ôl M.J. O'Connor. Yn dilyn ei fygythiad y câi unrhyw un a geisiai ffoi ddos o *Buckshot* dyna fu ei lysenw o'r diwrnod cyntaf. Ei Ddirprwy oedd y Lefftenant Burns, Albanwr 'craff a slei' yn ôl Brennan-Whitmore. Hwn oedd y swyddog a gâi ei ofni fwyaf gan y Gwyddelod. Yr Uwch Sarsiant oedd Cymro o'r enw Newstead neu *Jack-knives*, a ddisgrifiwyd gan O'Connor fel dyn brwnt ei dymer a'i iaith – 'dyn tal, tenau gyda thraed mawr a mwstás milain'. Disgrifiwyd ef gan Johnnie Roberts fel dyn ofnadwy gyda iaith yr un mor ofnadwy a rhegwr difrifol. Enillodd ei lysenw drwy rybuddio'r dynion y câi unrhyw lythyron, papurau, dogfennau neu gyllyll poced na fyddent wedi eu trosglwyddo iddo eu rhwygo. Achosodd y syniad o rwygo cyllell boced gryn hwyl i'r carcharorion, a dyna sut gafodd Newstead ei lysenw *Jack-knives*. Llysenwyd swyddog arall yn *Brimstone* oherwydd ei dymer wyllt. Mae lle i gredu mai enw go iawn hwnnw oedd y Lefftenant Grimston, ac mai llygriad o'i gyfenw oedd ei lysenw.

I bob pwrpas, Burns a Newstead oedd yn rheoli'r Gwersyll ond yn raddol fe dyfodd dealltwriaeth rhyngddynt a'r carcharorion. Disgrifiodd Séamus Ó Maoileóin y gwarchodwyr cyffredin fel 'Hen filwyr oedd yn rhy oedrannus i fynd i ymladd . . . Pan ddaethon ni i adnabod ein gilydd, roedden nhw'n ddigon cyfeillgar'.

Roedd i fyny at 400 o warchodwyr yn y Gwersyll. Fe'u henwyd gan fwy nag un hanesydd fel aelodau o'r *Royal Defence Corps*. Ond ni ffurfiwyd y corfflu hwnnw tan 1917 felly mae'n debygol mai aelodau o'r *Home Service Garrison Battalions* oedd yno. Yn ôl Johnnie Roberts, roedd aelodau o'r *West Lancashire Regiment* yno hefyd. Yn ddiweddarach atgyfnerthwyd hwy gan drigain o filwyr o'r *Cheshire Regiment*. Mae llun ar gael sy'n dangos criw o'r *Scottish Regimental Guards* ar ddyletswydd yno.

Byddai'r Gwyddelod yn chwarae triciau ar eu ceidwaid yn aml adeg y cyfrif. Weithiau, meddai Ó Maoileóin, byddai dynion yn symud yn slei o un llinell i'r llall. Aeth hynny ymlaen am bythefnos cyn i'r awdurdodau sylweddoli. O ganlyniad symudwyd y llinellau ddegllath oddi wrth ei gilydd gyda milwyr arfog yn sefyll rhyngddynt.

Byddai'r gwarchodwyr yn talu'r hen chwech yn ôl, yn arbennig mewn tywydd gwlyb, drwy ddrysu'r cyfrif yn fwriadol a chynnal ail a thrydydd cyfrif yn y glaw. Y gwaethaf am hyn oedd swyddog a lysenwyd *Rubberjaws* oherwydd odrwydd ffurf ei wyneb. Ond roedd un swyddog yn arbennig yn codi braw ar y Gwyddelod. Pan âi rhywbeth o'i le, meddai Ó Maoileóin, byddai hwn yn tanio ergydion i'r awyr. Teimlid ei fod o dan straen fel sgil-effaith y Rhyfel. Y llysenw ar hwn oedd y 'Swyddog Crynedig'. Yn raddol fe dderbyniodd y sefyllfa fel croes oedd ganddo i'w chario.

Yn raddol hefyd dechreuodd y carcharorion gael y gorau ar eu gwarchodwyr. Un tro yn y cyfrif fe wnaeth *Brimstone* orchymyn un o'r Gwyddelod i roi taw ar beswch. O ganlyniad fe dorrodd y cyfan allan i beswch mewn côr. Ceisiwyd hefyd atal rhai o'r dynion rhag gwisgo bathodynnau *Sinn Féin*. Y diwrnod wedyn roedd llawer mwy yn eu gwisgo. Blinodd y gwarchodwyr ar hyn yn y diwedd a chaniatáu gwisgo'r bathodynnau. Adroddir un stori gan Brennan-Whitmore am Heygate-Lambert yn rhoi gorchymyn i garcharor dynnu ei fathodyn. Cafodd ateb a'i synnodd. 'Wna i ddim diosg fy lliwiau, ac os wnei di neu unrhyw un arall geisio fy ngorfodi i wneud hynny, fe fydd gofyn i ti fod yn well dyn na fi. Gwell i ti roi'r gorau iddi. Peth neis i ti yw dod yma i'n gorfodi ni i dynnu ein darnau bach o wyrdd a melyn tra bod ein gwragedd, druain, a'n plant yn marw gartre. Dos o 'ma nawr a chwilia am rywbeth gwell i'w wneud.' Gwelwodd wyneb *Buckshot* a throdd ar ei sawdl.

Fe wnaeth y dynion dderbyn eu sefyllfa mor stoicaidd fel na fedrai eu gwarchodwyr ddeall eu hagwedd, yn ôl Tom Sinnott o Enniscorthy mewn llythyr sydd ymhlith ei bapurau. Pan gyhoeddodd y Lefftenant Burns wrthynt y caent eu caethiwo am weddill eu hoes, cododd rhywun ynghanol y neuadd, meddai, a gweiddi 'Hip-hip . . . ' cyn i'r lle gael ei siglo gan floedd soniarus o 'Hwrê!' 'Syllodd y Lefftenant Burns arnynt yn dawel am ennyd cyn dweud, "Rwy'n rhoi'r gorau iddi", a gadael,' meddai Sinnott.

Problem fawr i'r carcharorion oedd sensoriaeth. Penodwyd Sensor gan y Swyddfa Gartref, cyn-filwr Piwritanaidd o'r enw Armstrong. Hwn fyddai'n sensro pob llythyr a ddeuai i mewn. Câi'r llythyron a ddanfonai'r carcharorion allan eu dargyfeirio i Lundain i'w sensro. Clowyd un carcharor ar ei ben ei hun am wythnos am ddefnyddio'r gair *'blast'*. Roedd y carcharor, Tierney, yn dioddef o nam meddyliol ac effeithiodd y gosb gymaint arno fel iddo orfod cael ei ddanfon i ysbyty'r meddwl.

Yna penodwyd Sensor arall, y Lefftenant Bevan, a gawsai ei anafu yn y Rhyfel. Fe'i cynorthwywyd gan rai o'r carcharorion, yn arbennig Tom Pugh, un o ddynion Collins. Câi'r dynion ysgrifennu dau lythyr bob wythnos ond câi llythyron eu gwrthod am yr esgus lleiaf.

Cafwyd hanesyn diddorol iawn gan Ó Maoileóin am y Swyddog Crynedig un dydd yn dod ato yn dal llythyr na ddeallai am iddo gael ei ysgrifennu mewn Gwyddeleg. 'Llythyr oddi wrth dy fam,' meddai'r swyddog. 'Dwi'n siŵr na fyddai unrhyw beth amheus mewn llythyr oddi wrth dy fam. Mae'n siŵr ei bod hi'n dy annog di i ofyn yn ufudd am faddeuant am dy droseddau a gaddo bod yn driw i dy Frenin o hyn allan a dod 'nôl adre i Iwerddon.'

Petai ond yn gwybod, roedd y fam yn ddynes ffyrnig. Roedd Ó Maoileóin yn un o dri brawd o Westmeath a oedd wedi brwydro yng Ngwrthryfel y Pasg, ond roedd y fam yn fwy milwriaethus na'r un o'r meibion.

'Doedd e ddim yn adnabod mam annwyl,' meddai Ó Maoileóin. 'Roedd e'n gyndyn o gadw llythyr fy mam oddi wrtha i. Roedd ganddo fe fam ei hun . . . Ond roedd yna reolau a doedd ganddo fe'r un cyfieithydd.'

Ymateb cellweirus Ó Maoileóin oedd cynnig cyfieithu'r llythyr ei hun. Er mawr syndod iddo, derbyniodd y swyddog y cynnig a chyfieithwyd y llythyr yn onest. Bob tro y ceid brawddeg nad oedd yn unol â'r rheolau, fe wnâi Ó Maoileóin bwyntio ati ac yna byddai'r swyddog yn torri'r darn allan â siswrn. Yn y diwedd roedd ganddo lond poced o doriadau. Digwyddodd hyn i bob llythyr i mewn ac allan a phan ryddhawyd Ó Maoileóin, fe gafodd y darnau yn anrheg gan y swyddog. Ar yr amlen roedd wedi ysgrifennu, *'Clippings from the letters of a she-wolf.'*

Yn fuan collodd y dynion yr hawl i ddanfon eu llythyron mewn amlenni wedi eu hargraffu â'r geiriau *'Prisoners of War'*. Gwelwyd hyn fel methiant ar ran y Cyngor Cyffredinol ac arweiniodd yn uniongyrchol at rwyg, gyda galwad gan un ar ddeg o'r carcharorion mwyaf milwriaethus, Brennan-Whitmore, MacCurtain a MacSwiney yn eu plith, am sefydlu trefn filwrol. Dyma oedd genedigaeth Prifysgol Gwrthryfel, neu, fel y dywedodd Dorothy Macardle, ysgol meddylfryd *Sinn Féin*.

Etholwyd swyddogion ar gyfer y ddau wersyll ar wahân. Yn Bennaeth Gwersyll y De etholwyd y Comandant J.J. O'Connell gyda Brennan-Whitmore yn Ddirprwy, y Capten James T. Kavanagh yn *Aide de Camp*, y Capten George Geraghty yn Brofost Milwrol, y Capten Hugh McCrory yn Swyddog Cyflenwi gyda'r Capten William Hughes yn Ddirprwy iddo, a'r Capten Ddoctor Thomas Walsh yn Swyddog Meddygol. Yng ngofal y stafelloedd cysgu penodwyd y Capten Leo Henderson, y Comandant Tomás MacCurtain, y Comandant Denis McCullough, y Comandant

Terence MacSwiney a'r Capten Joseph O'Connor, gyda'r Capten Michael Staines yn gyfrifol am y cytiau.

Penododd Gwersyll y Gogledd ei swyddogion ei hun gyda'r Comandant M.W. O'Reilly yn Bennaeth a'r capteiniaid J. Connolly, Liam O'Brien, Richard Mulcahy, R. Balfe, J. Guilfoyle, Frank Drohan, Simon Donnelly, un o'r enw Quinn ac Eamon Price a'r Comandant Alf Cotton.

Byddai llawer o'r swyddogion hyn yn eu hamlygu eu hunain yn ddiweddarach yn y Rhyfel Annibyniaeth ac yn y Rhyfel Cartref. J.J. O'Connell oedd y Dirprwy Gyfarwyddwr Hyfforddi yn 1920 cyn olynu Dick McKee fel Cyfarwyddwr. Adeg y Cadoediad yn 1921, roedd yn Ddirprwy Bennaeth Staff yr *IRA* ac yna fe'i penodwyd i swydd gyfatebol ym myddin y Llywodraeth.

Ar ôl cael ei ryddhau o'r Fron-goch fe ailarestiwyd George Geraghty a'i garcharu ym Mrynbuga. Llwyddodd i ddianc oddi yno ym mis Ionawr 1919. Yn ddiweddarach ymunodd â byddin y Llywodraeth.

Roedd Joseph O'Connor, a oedd yn ail i de Valera yn Boland's Mill yng Ngwrthryfel y Pasg yn Gomandant gyda'r *IRA* yn Nulyn adeg rhyfel y *Tans*. Câi ei adnabod fel *Holy Joe*.

Bu Leo Henderson yntau yn flaenllaw yn Nulyn yn Rhyfel y Tans. Adeg y Rhyfel Cartref, glynodd yn glòs wrth y Gweriniaethwyr. Michael Staines oedd un o gludwyr James Connolly pan gariwyd ef, wedi'i anafu, allan o'r Swyddfa Bost. Dau o'i gyd-gludwyr a ddanfonwyd i'r Fron-goch oedd Liam Tannam a Séamus Devoy. Wedi ei gyfnod yn y Fron-goch fe etholwyd Staines ar Uwch Gyngor yr *IRB*. Etholwyd ef yn Henadur ar Gyngor Dinas Dulyn ac yna yn *TD*. Yn dilyn y Cytundeb fe'i penodwyd yn Brif Gomisiynydd y Gwarchodwyr Sifil, yn ddiweddarach y *Garda Síochána*, sef Heddlu Iwerddon, neu Warchodwyr Heddwch.

Roedd M.W. O'Reilly yn Gyfarwyddwr Hyfforddi'r *IRA*

yn 1918. Cenedlaetholwr pybyr o Belfast oedd Joe Connolly a phenodwyd ef yn Seneddwr ar ran *Fianna Fáil* ac yna etholwyd ef ar ail Gabinet de Valera yn 1933 fel Gweinidog Tir a Physgodfeydd. Brodor o Belfast oedd Alf Cotton hefyd, un o'r ychydig Brotestaniaid yn y Gwersyll. Ymddangosodd yn ei gapel yn Tralee unwaith mewn lifrai milwrol Gweriniaethol gan fynnu os câi milwyr Prydeinig yr hawl i wisgo lifrai milwrol, yna roedd ganddo yntau'r un hawl. Aeth John Guilfoyle ymlaen i fod yn Uwchgapten ym myddin y Llywodraeth. Ar ôl gadael y Fron-goch, ailarestiwyd Frank Drohän o Irishtown, Clonmel, fel rhan o'r Cynllwyn Almaenig. Bu'n Gomandant ar Bedwaredd Bataliwn Brigâd De Tipperary. Penodwyd ef yn *TD* dros ei sir ond ymddiswyddodd yn dilyn y bleidlais dros y Cytundeb.

Bu Simon Donnelly yn flaenllaw yn Rhyfel y Tans a daeth yn enwog am ei lwyddiant i ddianc o Garchar Kilmainham gydag Ernie O'Malley a Frank Teeling yn 1921. Ymunodd ag ochr y Gweriniaethwyr yn y Rhyfel Cartref. Penodwyd Eamon Price o Ddulyn yn Gyfarwyddwr Trefniant Staff Pencadlys Cyffredinol yr *IRA* yn 1921. Yn aelod o deulu o Weriniaethwyr, fe briododd ei chwaer â'r chwedlonol Tom Barry, Arweinydd Trydedd Frigâd Gorllewin Corc.

O hyn ymlaen roedd y Gwersyll yn nwylo'r Gwirfoddolwyr. O dan drwynau'r gwarchodwyr, cynhelid ymarferion milwrol ynghyd â darlithoedd ar dactegau milwrol. Yn allweddol yn hyn o beth roedd Brennan-Whitmore, a luniodd lawlyfr ar dactegau ymladd *guerrilla*.

'Yn sylfaenol, meddai Maryann Gialanella Valiulis yn ei bywgraffiad o Richard Mulcahy, *Portrait of a Revolutionary*, 'y carcharorion Gwyddelig oedd yn gyfrifol am drefnu eu hamodau bywyd eu hunain – bwyd, glanhau, adloniant a disgyblaeth gyffredinol. Ac wrth iddynt eu hystyried eu hunain yn filwyr, gwnaethant hynny ar batrwm milwrol . . .

Roedd bywyd carchar yn adeiladu sgiliau milwrol ac yn cynyddu ymwybyddiaeth ideolegol.'

Profodd hanes gymaint fu'r camgymeriad o gorlannu'r holl Weriniaethwyr gyda'i gilydd. Ffrwyth adolwg oedd hynny. Ond teimlai Joe Good, hyd yn oed yn ystod y fordaith i gaethiwed, fod Prydain yn caniatáu i'r dynion mwyaf peryglus gael dianc. Y rhain, meddai, yn ei gyfrol *Enchanted by Dreams*, oedd hufen y goroeswyr o blith y Gwirfoddolwyr Gwyddelig.

'Gellid eu cymharu'n ffafriol â swyddogion proffesiynol byddin Prydain, gyda'u cefndir a'u haddysg, os rhywbeth, yn well na'r swyddogion cyfatebol Prydeinig,' meddai. 'Byddent yn dod yn arianwyr, yn fargyfreithwyr, yn beirianwyr ac yn ddiwydianwyr gan ennill enwogrwydd yn y Dalaith Wyddelig Rydd. Roedd y bobl ifainc abl hyn a fyddai, fel arfer, wedi dilyn gyrfa neu broffesiwn, yn bopeth ond rhamantwyr, a byddent yn dod yn aelodau staff pencadlys ein hymgyrch weithredol o 1917 hyd 1921.'

Peth gwych, meddai Séamas Ó Maoileóin, oedd derbyn addysg filwrol ar gost Lloegr. A mynnai Eoin Neeson yn ei gyfrol ar Michael Collins mai sefydliadau fel y Fron-goch oedd yr eingionau y ffurfiwyd arnynt yr amalgam cenedlaethol.

Cadarnhawyd hyn gan Joseph Sweeney: 'Fe wnaethom sefydlu ein prifysgol ein hunain yno, addysgol a chwyldroadol, ac o'r gwersyll hwnnw y daeth y cnewyllyn caled o'r bobl a wnaeth arwain yr ymgyrch rhyfel *guerrilla* a ddigwyddodd wedyn yn Iwerddon.'

Crynhowyd canlyniadau'r penderfyniad i gorlannu'r Gweriniaethwyr yn y Fron-goch yn berffaith gan Margery Forester yn ei chyfrol, *Michael Collins the Lost Leader*, lle disgrifiodd Wersyll y Fron-goch fel canolfan ricriwtio cenedlaetholdeb Gwyddelig. 'Cawsant eu cymryd o'u carchardai a'u tywallt gyda'i gilydd i un cynulliad anferth o'r Gogledd, De, Dwyrain a Gorllewin yn y fath fodd fel na allai hyd yn oed y mwyaf eithafol ymhlith cenedlaetholwyr ddim bod wedi ei ddychmygu yn eu breuddwydion mwyaf gobeithiol,' meddai.

O'r cychwyn bu'r cysylltiad Almaenig yn destun dyfalu a chwilfrydedd i'r gwarchodwyr. Gwyddent am ymdrechion Syr Roger Casement ac eraill i geisio cymorth arfau Almaenig ar gyfer y Gwrthryfel. Gwnaeth gwleidyddion Prydain yn fawr o'r cysylltiad er mwyn amddifadu'r Gwyddelod o unrhyw gydymdeimlad mewn cyfnod o ryfel rhwng Prydain a'r Almaen. Yn y Fron-goch roedd si ar led fod aur Almaenig yn nwylo'r Gwirfoddolwyr. Naturiol, felly, oedd i'r gwarchodwyr gredu y byddai cydweithredu cyfrinachol â'r carcharorion yn denu ambell gil-dwrn fel llwgrwobr.

Sylweddolodd Collins o'r dechrau y gellid elwa o hyrwyddo'r fath syniad. Cofiai ei chwaer Hannie fel y gwnâi un gofalwr yn arbennig yng Ngharchar Stafford fynd allan o'i ffordd i'w gynorthwyo, rhywbeth a wnaeth iddi feddwl, ymhen blynyddoedd, ai hwn oedd y cyntaf o'r gelyn iddo lwyddo i'w droi yn aelod o'r fyddin gudd danddaearol. A cheir mewnwelediad diddorol i'w gyfrwystra a'i grafftter gan Joe Good, a fynnodd fod twyllo'r gwarchodwyr y peth hawsaf yn y byd i Collins. Un dydd, wrth eistedd allan yn yr haul yn gwylio'r gwarchodwyr dywedodd wrth Good, 'Y peth gorau am y milwr Prydeinig yw ei natur lygradwy'. *corruptable*

Cytunodd Good, gan ddweud, 'Ie, ef yw blodyn perffeithiaf y gwareiddiad Seisnig.'

'Dyna'r union beth,' meddai Collins, 'mae pob *Tommy* yn cymryd at lwgrwobr fel gŵr bonheddig.'

'Yr hyn rwyt ti'n feddwl yw eu bod nhw'n fradwyr i'w gwlad?' gofynnodd Good.

'I'r gwrthwyneb,' meddai Collins, gan chwerthin, 'mae gan *Tommy* gymaint o ffydd yn natur anorchfygol ei ail-baradwys fel nad oes ganddo unrhyw gydwybod wrth werthu ychydig o'i diogelwch er mwyn ei gynnal ei hun dros-dro.'

Daeth prif swyddogion y Gwersyll i sylweddoli fod rhai o'r gwarchodwyr yn derbyn llwgrwobr. Yr ateb oedd newid y gwarchodwyr yn rheolaidd. Ond, yn ôl Joe Good, byddai Collins yn llwyddo i lwgrwobrwyo gwarchodwyr pa mor aml bynnag y'u newidid. Byddai'r Comandant Prydeinig yn pwysleisio wrth bob criw newydd i'w rhagflaenwyr gael eu llygru gan y carcharorion. Ar unwaith, cwestiwn y gwarchodwyr newydd fyddai, 'Pwy yw'r boi yma sy'n rhannu llwgrwobrwyon?'

Bu Padraig O'Keefe yn dyst uniongyrchol i hyn pan gyfeiriwyd ef yn gyfrinachol at warchodwr a fyddai'n barod i gymryd cil-dwrn. Adroddodd O'Keefe y stori'n gellweirus wrth ffrindiau. Yn fuan fe'i galwyd o flaen Collins a thri arall. Ailadroddodd yr hanes wrthynt. Ar yr union noson llwyddwyd i smyglo allan lythyron dirgel. Roedd doniau cudd-wybodaeth Collins ar waith.

Ond, meddai Joe Good, yr elfen fwyaf nodedig o Collins oedd y ffaith, wrth iddo drafod â Saeson, na fyddai fyth yn eu casáu. 'Os rhywbeth, fe wnâi eu gwerthfawrogi a'u mwynhau. Byddai yn eu gorchfygu mewn rhyfel, ac i raddau helaeth o gwmpas y bwrdd trafod yn ddiweddarach, *am* ei fod yn eu deall; gallai gystadlu â'u tactegau twyllodrus. Tyfodd tra oedd yn gweithio yn eu canol, o'i gyfnod fel gwas sifil ifanc neu arbenigwr mewn yswiriant yn Llundain. Gystal oedd ei addysg a'i feddwl llachar dadansoddol fel mai ef oedd y Gwyddel modern mawr cyntaf a allai gystadlu ag arweinwyr milwrol a gwleidyddol Prydain.'

Parhaodd y cysylltiad Almaenig i fod yn esgus dros i Brydain ailarestio nifer o garcharorion a gawsai, yn gynharach, eu rhyddhau. Ymhlith dwsinau a arestiwyd ym 1918 roedd nifer a fu yn y Fron-goch yn cynnwys Brennan-

Whitmore, Denis Mac Con Uladh, Frank Drohan ac M.J. O'Connor.

Nid y gwarchodwyr oedd yr unig rai i Collins lwyddo i ennill eu hymddiriedaeth. Yr un mor bwysig oedd ennill cydymdeimlad y gweithwyr lleol yn y Gwersyll. Dywedodd Johnnie Roberts iddo wneud nifer fawr o gymwynasau dros Collins. Pwysleisiodd mor fanwl oedd y mesurau diogelwch wrth iddo orfod dangos tocyn enamel wrth fynd i mewn ac allan ar gyfer gwneud y cymwynasau hynny er gwaethaf y ffaith fod pawb yn ei adnabod.

'Mae'n rhaid iddo fod wedi dweud wrth ei fam amdanaf,' meddai Roberts, 'gan iddi ddanfon i mi rodd fechan o bìn tei o batrwm shamrog wedi ei frithaddurno â charreg werdd Conemara oherwydd fy ngharedigrwydd tuag at ei mab.'

Ond fel y dywed Tim Pat Coogan, roedd mam Collins wedi marw naw mlynedd yn gynharach. Ond yn amlwg, meddai, roedd Collins wedi defnyddio'i henw er mwyn gwneud argraff ar Roberts. Câi ddylanwad tebyg ar ddegau o bobl yn ystod y blynyddoedd i ddod.

Ar un adeg fe wnaeth swyddogion y Gwersyll amau fod pobl fel Brennan-Whitmore a Collins yn defnyddio ffermwr lleol a alwai'n ddyddiol i gasglu golchion ar gyfer y moch, i smyglo gwybodaeth allan i'r byd mawr. Mae'n debyg fod y ffermwr dan sylw ar delerau da â'r carcharorion. Ond doedd ganddo ddim i'w wneud â'r smyglo. 'Fyddwn i ddim wedi breuddwydio am ddefnyddio ffermwr o Gymro hollol ddiniwed,' meddai Brennan-Whitmore. Un o'r ffermwyr a gasglai olchion o'r gwersyll i'w foch oedd Bob Tai'r Felin.

Llwyddodd Collins hefyd i drefnu rhwydwaith o gysylltiadau o fewn y Gwersyll a rhwng y Gwersyll a'r byd mawr y tu allan. 'Trefnwyd yr *IRB* ar gynllun cell, a oedd yn golygu mai dim ond arweinydd y gell neu'r cylch oedd yn gwybod pwy oedd yr aelodau neu sut i gysylltu â rhywun uwch,' meddai Tîm Pat Coogan. 'Y rheolwr oedd Llywydd yr Uwch Gyngor. Yn y Fron-goch, y prif ddyn oedd Michael Collins.'

Cadarnheir gan Tîm Pat Coogan mai'r Fron-goch wnaeth esgor ar fath newydd o ryfela, y dull taro-a-chilio a anogwyd gan Collins yn hytrach na'r dulliau statig a fabwysiadwyd yng Ngwrthryfel y Pasg. Collins, meddai, oedd pensaer y dull newydd.

A meddai Marjery Forester, 'Byddai swyddogion uwch yn y Gwirfoddolwyr yn y Fron-goch yn cyfarfod yn gyfrinachol i dderbyn cyfarwyddyd ac i astudio sut i gymhwyso strategaeth filitaraidd addas a thactegau ar gyfer gofynion tirwedd Iwerddon. Mewn unrhyw frwydro yn y dyfodol ni fyddai adeiladau tal i'w dal gan ddynion balch, lleiafrifol mewn lifrai; dim ond yr ymosodiad melltennaidd, y cilio anweledig a'r ailffurfio cyn y trawiad nesaf mewn man arall, annisgwyl. Dim ond syniad a dyfai ym meddwl dynion oedd y rhyfela *guerrilla*. Dim ond anghenion gwirioneddol o amser a lleoliad a roddai iddo wir ffurf. Rhaid, yn y cyfamser, oedd perffeithio'r egwyddorion. Paratowyd ar gyfer sefydlu gwersylloedd ymarfer ledled Iwerddon wedi iddynt gael eu rhyddhau.'

Dywed Forester na châi Collins fod yn rhan o'r paratoadau hyn ar y cychwyn, ond gyda dyfalbarhad nodweddiadol, mynnodd yr hawl i fynychu'r cyrsiau.

Yn y Fron-goch hefyd y clustnododd Collins y rhai a fyddai o werth yn y dyfodol. Pan ffurfiodd ei garfan o ddwsin o ddienyddwyr ar gyfer lladd ysbiwyr Prydeinig, carfan a lysenwyd yn 'Y Deuddeg Apostol', roedd pump ohonynt wedi bwrw'u prentisiaeth yn y Fron-goch.

Doedd pawb o'r carcharorion, o bell ffordd, ddim yn filwrol eu natur. Roedd rhai yno ar gam, heb erioed gydio mewn dryll. Roedd eraill yn llugoer. Ond doedd gan Collins fawr o amser i'r rheiny. Ei ddisgrifiad ohonynt oedd *'cowards, bloody lousers, oul' cods'*. Hawdd deall, felly, farn ddirmygus y rheiny a'i disgrifiai fel 'Y Boi Mawr'.

Ail gartref Collins oedd Cwt 32 gerllaw'r ffreutur, ac yn ôl Johnnie Roberts a weithiai yn siop y ffreutur, hwn oedd y cwt mwyaf swnllyd gyda gweithgaredd diddiwedd. 'Byddai Collins wedi ei wisgo mewn dillad o ansawdd da bob amser, ond yn anaml y gwelid ef mewn coler a thei, a'i sgidiau yn rhai milwrol di-sglein.'

Cadarnhawyd disgrifiad Roberts o Collins gan Rex Taylor, er i hwnnw fynnu iddo dreulio cyfnod hefyd yng Nghwt 10. Gwnâi ymdrech barhaol i edrych yn dda, meddai.

'Yn ei hanfod roedd yn ddyn crys glân, bob amser yn gysetlyd o daclus a thwt, ei wyneb fyth yn arddangos unrhyw arlliw o'r ên las na hyd yn oed unrhyw addewid o farf. O ganlyniad i'r ymdrechion bron yn oruwchddynol hyn o lanweithdra o dan amodau o gaethiwed daeth yn gyff i lawer i jôc, hynny er mawr ddicter a chynddaredd ar ei ran.'

Cofiai Johnnie Roberts hefyd gyflwr ofnadwy'r cae lle safai Gwersyll y Gogledd. Ceisiwyd, meddai, wella cyflwr y ffyrdd drwy gael y carcharorion i gludo lludw a chols mewn wagen o gwt y boiler a'u taenu dros wyneb y ffyrdd gan dalu'r carcharorion dair ceiniog yr awr am eu gwaith. Roedd y wagen chwe-olwyn wedi goroesi o gyfnod y gwaith wisgi a chymerai i fyny at chwech o ddynion i'w thynnu â rhaffau.

'Dyna pan gwrddais i gyntaf â Michael Collins wrth iddo ddod i mewn i'r ffreutur wedi ei orchuddio â llaid ynghanol y carcharorion eraill. Fe wnaethon ni gwyno a dweud wrthynt am olchi eu sgidiau o dan y tapiau'r tu allan. Ni wnaeth ddim byd ond chwerthin. Roedd ganddo synnwyr digrifwch ond roedd o'n ddisgyblydd llym iawn.'

Câi Johnnie Roberts fod y Gwyddelod 'yn hynod o ffeind – ar wahân i'r ffaith eu bod nhw'n lladrata'. Roedd y carcharorion yn or-hoff o'r cetynnau pren ceirios a gedwid mewn bocs o dan y cownter. Byddent yn gofyn am gael gweld y cetynnau, a thra byddent yn chwilio drwy'r bocs byddai eraill yn tynnu sylw Roberts. Yna byddai'r cetynnau'n dueddol o ddiflannu.

Cwynodd Johnnie wrth y 'manijar', meddai. Doedd ganddo ddim dewis. Fel arall byddai'n rhaid iddo ef wneud iawn am y golled. Gwrthododd y Cyrnol ag ymyrryd gan fod gan y Gwyddelod eu trefn eu hunain i ddelio â materion tebyg. Felly fe aeth Roberts at Collins a dweud ei gŵyn. Ymateb Collins fu cloi'r drysau a chwilio drwy bocedi'r dynion am y cetynnau coll. Câi'r rheiny gydag ond un cetyn yn eu meddiant faddeuant ond rhaid oedd i'r rheiny gyda mwy nag un cetyn yn eu meddiant eu dychwelyd. Hwn oedd y tro cyntaf i Roberts ddod i adnabod Collins ar delerau personol.

Yng nghofiant Tîm Pat Coogan, dyfynnir Johnnie Roberts ymhellach. 'Roedd Michael Collins yn uchel ei barch,' meddai, 'yn arbennig ymhlith gweithwyr sifil y ffreutur. Byddai'r rheolwr yn arfer dweud y gwnâi ef [Collins] wrando'n rhesymegol bob tro y byddem yn mynd â phroblem ato. Ef fyddai'r cyntaf i'r Offeren foreol ac un o'r rhai cyntaf wrth y bwrdd brecwast, pryd gorau'r dydd.'

Nododd Roberts hefyd fod Collins yn smociwr trwm, ond yn barod i hepgor sigaréts i'w rhoi i eraill, hynny yn profi ei fod yn fwy hunan-ddisgybledig na'r rhelyw. Roedd e'n rhyfeddol o ffit, meddai Roberts, a gallai gerdded yn well na neb ar yr ymdeithiau ymarfer gan gyrraedd yn ôl heb fod fawr gwaeth tra oedd rhai o'r gwarchodwyr yn gorfod gorffwys yn achlysurol.

Roedd yr ymdeithiau hyn yn rhoi cyfle i Collins fyfyrio ar fethiant y gorffennol ac ar yr angen i baratoi ar gyfer y dyfodol. Mewn llythyr at Kevin O'Brien o'r Fron-goch ar 6 Hydref, mynegodd ei deimladau am Wrthryfel y Pasg. Ni allai, meddai, amau gwrhydri'r rhai fu farw. Ond fe wnâi amau'r amseriad. Nid honno oedd yr adeg iawn i gyhoeddi datganiadau wedi eu geirio mewn iaith farddonllyd, nac ar gyfer gweithredu mewn dulliau cyffelyb. O'r tu mewn i'r Swyddfa Bost roedd y cyfan wedi ymdebygu i drychineb

Roegaidd. Cyfaddefodd iddo edmygu Connolly yn fwy na Pearse gan fod hwnnw, yn gwbl wahanol i Pearse, yn realydd. Byddai wedi bod yn barod i ddilyn Connolly drwy uffern. Ond nid felly yn achos Pearse heb, o leiaf, dipyn o ystyriaeth. Edmygai hefyd Tom Clarke, ac yn arbennig MacDiarmada.

'Mae'r rhain yn adlewyrchiadau clir. Ar y cyfan credaf i'r Gwrthryfel gael ei fwnglera yn arw, gan gostio llawer i fywyd gwerthfawr. Ymddangosai ar y cychwyn fel iddo gael ei drefnu'n dda, ond yn ddiweddarach dioddefodd o benderfyniadau gwyllt a diffyg dybryd o drefnyddiaeth a chydweithrediad hanfodol.'

Yn y cyfamser, sylweddolodd yr awdurdodau fod ysbryd newydd yn y Gwersyll. Er mwyn chwynnu'r Gweriniaethwyr mwyaf dylanwadol, danfonwyd criw o 30 o'r arweinwyr i Garchar Reading ar 30 Mehefin. Yn eu plith roedd O'Connell, MacSwiney a MacCurtain. Trefnwyd gwledd ffarwél i'r dynion y noson cynt.

Ddechrau mis Awst gorweddai'r Gwersyll dan gwmwl o dristwch wrth i'r newydd gyrraedd fod Syr Roger Casement wedi'i ddienyddio. Daliwyd Casement ar y dechrau yn Nhŵr Llundain o dan amodau llym. Nid oedd i gael gwybod unrhyw beth am ddigwyddiadau Gwrthryfel y Pasg. Yn ôl Brian Inglis yn ei gyfrol ar Casement, oni bai am un aelod Cymreig o'r Corfflu, a sibrydodd wrtho'r newyddion, ni fyddai'r teyrnfradwr honedig wedi bod yn ymwybodol i'r Gwrthryfel ddigwydd heb sôn am glywed am ddienyddio'r arweinwyr. Croesawyd dienyddiad Casement yn *Cymru* gan Owen M. Edwards yng ngholofn 'Cronicl y Misoedd' fis Medi: 'Awst 3. Crogwyd Syr Roger Casement, y bradwr, yn Pentonville bore heddyw. Cred llawer mai gwell fuasai ei arbed, ond y mae bradwriaeth yn bechod anfaddeuol pan fydd bywyd cenedl mewn perygl.'

Ond rhaid oedd symud ymlaen. Yn y Fron-goch olynwyd O'Connell fel Comandant Gwersyll y De gan

121

Michael Staines. A phan symudwyd M.W. O'Reilly i Garchar Reading yn ddiweddarach, yn dilyn adolygiad o'i sefyllfa yn Llundain, fe'i holynwyd ef fel Comandant Gwersyll y Gogledd gan Eamon Morkan o Kildare. Credir mai Morkan oedd yr unig weithiwr banc i ymladd yng Ngwrthryfel y Pasg. Amlygodd ei hun yn Rhyfel y Tans a chefnogodd y Cytundeb gan godi i safle Cyrnol yn y fyddin. Yn ei dro, symudwyd Morkan yntau ac arweinwyr eraill. Ond am bob un a symudid, deuai un arall i lenwi ei sgidiau.

Nid paratoi ar gyfer brwydro yn unig a wnaeth y carcharorion yn y Fron-goch. Aethpwyd ati hefyd i baratoi ar gyfer dyfodol mwy materol. Roedd M.W. O'Reilly wedi bod yn gweithio ym maes yswiriant yn Nulyn a thra oedd yn Gomandant yn y Fron-goch aeth ati i drafod gydag eraill y syniad o sefydlu cwmni yswiriant Gwyddelig. Yn Iwerddon, cwmnïau Prydeinig oedd yn rheoli'r farchnad arian. Un o sylfaenwyr y cwmni a anwyd yn y Fron-goch oedd Denis McCullough, neu Mac Con Uladh, o Belffast. Aeth ymlaen i fod yn *TD* dros Donegal rhwng 1924 a 1927. Y syniad, meddai, oedd sefydlu corff a wnâi gystadlu â sefydliadau tramor a oedd yn rheoli mewn ymron bob maes yn Iwerddon, gyda Phrydain yn berchen ar ymron bob adran o fywyd cenedlaethol y wlad. Roedd am weld sefydliadau brodorol wedi eu hysgogi gan ysbryd cenedlaethol ac yn cael eu rheoli gan Wyddelod gyda'r bwriad a'r penderfyniad i ryddhau Iwerddon yn economaidd yn ogystal ag yn wleidyddol.

Roedd *Sinn Féin* wedi pwysleisio'r angen dros hyn er mwyn atal cwmnïau tramor rhag elwa ar gefn Gwyddelod gan fuddsoddi eu helw y tu allan i Iwerddon. Roedd y monopoli yswiriant Prydeinig, teimlai *Sinn Féin*, yn gwaedu Iwerddon yn sych.

Cefnogwyd O'Reilly gan Michael Collins a James Ryan yn y fenter. Tyfodd y syniad i fod yn gwmni sylweddol, y *New Ireland Assurance Collecting Society* a sefydlwyd ym

1918. Trodd wedyn yn *New Ireland Assurance Co. Ltd*. ac yna yn *plc* sydd bellach o dan adain Banc Cenedlaethol Iwerddon gyda'i bencadlys yn Dawson Street, Dulyn, ynghyd â 19 o ganghennau ledled Iwerddon. Ymhlith y sylfaenwyr roedd pump o 'raddedigion' y Fron-goch, sef O'Reilly a McCullough, yn ogystal â James Ryan, Tomás Ó Nualláin a Michael Staines.

Cynhaliwyd cyfarfod cyntaf y fenter yng nghartref un arall a fu yn y Fron-goch, Tom Sinnott. Cefnogwyr pybyr eraill oedd Richard Coleman, a fu farw yng Ngharchar Brynbuga ddiwedd 1918, Frank Thornton a Liam Tobin. Adeg Rhyfel y Tans, defnyddiwyd swyddfeydd y cwmni yn Nulyn fel pencadlys Sinn Féin. Roedd pob aelod o'r staff yn swyddogion gyda'r *IRA*. Aelodau eraill o'r cwmni a fu'n gaeth yn y Fron-goch oedd F.X. Coughlan, Michael Lynch, Joe Doherty a Hugh Thornton. Erbyn 1965, yn ôl M.J. O'Connor, roedd gan y cwmni asedau o £26,328,000 gydag incwm blynyddol o £3,816,000.

Dyma'r math ar fenter a groesawyd gan Collins. Nid rhyddid gwleidyddol yn unig oedd ei nod ond rhyddid i fyw bywyd llawn fel Gwyddelod. O dan y drefn Brydeinig roedd pobl Iwerddon, meddai mewn nodiadau a gofnododd fis Awst 1922, wedi eu gadael yn agored i wenwyn arferion tramor. Ei bregeth fawr byth a hefyd oedd i'r Gwyddelod ddad-Seisnigo'u hunain. 'Y dasg o'n blaen,' meddai yn ei nodiadau, 'o gael gwared o'r Saeson yw cael gwared ar y dylanwad Seisnig.'

Dyna wers arall a ddysgwyd yn y Fron-goch.

6

Dyddiau difyr

Er mwyn ysgafnhau'r diflastod yn y Fron-goch, roedd creu adloniant a threfnu gweithgareddau amrywiol yn holl bwysig er mwyn iechyd corff a meddwl. Ymhlith y gwahanol weithgareddau trefnwyd gwersi ar fyrdd o wahanol bynciau ynghyd â chynnal chwaraeon a chyngherddau.

Cafodd Gwrthryfel y Pasg ei ddisgrifio gan rai fel Gwrthryfel yr Athrawon gan fod cynifer o'r rhai wnaeth gymryd rhan yn athrawon prifysgol, coleg ac ysgol. Wedi iddynt gyrraedd y Fron-goch, cychwynnwyd dosbarthiadau ar unwaith, ond golygodd y mynd a dod rhwng y Gwersyll, y gwrandawiadau ar gyfer y carcharorion yn Llundain a'r rhyddhau graddol na fedrwyd cychwyn o ddifrif tan fis Awst.

Cynhelid y dosbarthiadau yn ystod y prynhawniau a chyda'r nos rhwng 2.00 ac 8.00. Nid oedd prinder hyfforddwyr. Trefnwyd amrywiaeth o bynciau yn cynnwys Gwyddeleg, Ffrangeg, Sbaeneg, Lladin, Hanes Iwerddon, Mathemateg, Cadw Cyfrifon, Llaw-fer a Thelegraffio. Trefnwyd hefyd wersi mewn actio, canu, dawnsio step a siarad cyhoeddus. Ac yn ôl M.J. O'Connor roedd Cymraeg yn rhan o'r cwricwlwm.

Cadarnheir hyn gan Rex Taylor yn ei gofiant i Collins. Dywed ef mai clywed y Gymraeg yn cael ei harfer gan weithwyr lleol ac ymwelwyr masnachol ac amaethyddol bob dydd a symbylodd Michael Collins i ailddarganfod gwerth y Wyddeleg.

'Ymddiddorodd yn fawr yn y masnachwyr Cymraeg a ddeuai i'r Gwersyll ac a siaradai eu hiaith frodorol gyda balchder yr anorchfygedig. Eu clywed yn siarad, eu gweld wrth eu gwaith, hynny a roddodd iddo'r penderfyniad i geisio eto wir werth ei iaith frodorol,' meddai Taylor. 'Roedd hynny yn rhywbeth y gwnaeth gwladgarwyr eraill weithio drosto yn y gorffennol: y syniad o iaith frodorol fel cyfrwng i'w symbylu tuag at ryddid. A hyd yn oed nawr, yn y Fron-goch a mannau eraill o gaethiwed a charchariad, câi'r syniad o iaith frodorol ei feithrin yn gyflym. Mewn mannau fel hynny y cychwynnwyd yr ymchwydd aruthrol o genedlaetholdeb a wnâi, yn ddiweddarach, ysgubo tuag at fuddugoliaeth wleidyddol dros y Prydeinwyr . . .'

Ac meddai Marjery Forester yn ei chofiant i Collins, 'I'r gogledd ym mhrydferthwch gwyllt y cefn gwlad Cymreig codai copaon gweundirol gydag enwau fel Carnedd-y-filast a Cader Benllyn gan atgoffa'r alltudion Gwyddelig y trigai yma bobl yr oedd eu gwlad a'u hiaith mor bellennig oddi wrth Loegr ag yr oedd Iwerddon ei hun.'

Cadarnhawyd hyn gan Batt O'Connor, un o gyfeillion agosaf Michael Collins adeg Rhyfel y Tans ac a aeth ymlaen i fod yn *TD* dros y *Cumann na nGaedheal* yn ddiweddarach. Roedd pob gweithiwr a ddeuai i'r Gwersyll, meddai yn ei gyfrol *With Michael Collins in the Fight for Irish Independence*, yn siarad Cymraeg. 'Bu hyn yn syndod mawr i'r mwyafrif ohonom,' meddai. 'Rhyfeddem at natur genedlatholgar fawr y dynion hyn a'u cariad at eu hiaith frodorol, y ffaith iddynt lwyddo i'w chadw er gwaetha'r ffaith eu bod yn byw ochr yn ochr â'r Saeson heb hyd yn oed fae i'w gwahanu. Creodd hyn ynom deimlad o wyleidd-dra mawr tra oeddem yn eu cwmni wrth eu clywed yn sgwrsio â'i gilydd heb air o Saesneg, tra oeddem ni wrthi'n llafurus yn ailddysgu iaith ein tadau. Ni chollasom y wers honno ac fe aethom ati i astudio'n galetach fyth yn ein dosbarthiadau.'

Fel y cyfeiriwyd eisoes, un o'r ymwelwyr rheiny a ymwelai â'r Gwersyll fyddai Bob Tai'r Felin a ffermiai lai na milltir i ffwrdd. Byddai Bob yn gwerthu cynnyrch i'r Gwersyll yn ogystal â chasglu golchion i'w foch.

Tystia Gwilym Griffith o Lwyndyrys fod carcharor a aeth ymlaen i fod yn Arglwydd Faer Corc wedi bod yn sgwrsio â'i dad, John Moses Griffith o Lithfaen, un o warchodwyr y Gwersyll am yr iaith Gymraeg. Hwyrach mai MacCurtain oedd hwn gan fod hwnnw'n siaradwr Gwyddelig pybyr.

Cafwyd tystiolaeth gan Johnnie Roberts, y cynorthwy-ydd 15 oed yn siop y ffreutur, iddo sicrhau deunydd dysgu Cymraeg i'r carcharorion ar gais y Cyrnol yn dilyn pwysau gan Collins. 'Fe ddaru mi fynd i'r Bala, ac yn siop Llewelyn Edwards mi ddaru fi gael cardiau oedd o wedi'u hordro i'r babanod yn y Capel Methodist yn y Bala,' meddai. 'Hefyd fe wnaeth yr hen Mr Llewelyn Edwards ddeud, "Wel, y peth doethaf iddyn nhw, os oedden nhw am ddechrau dosbarth, oedd ceisio cael *Spurrells Dictionary*, lle byddai'r cyfan yn Saesneg ac yn Gymraeg." A mi ddaru addo, tasa Capel Tegid ddim isio'r cardiau, y caem ni nhw. A hefyd y basa'n rhoi y *Spurrells Dictionary* yma ar yr amod ei fod o'n cael ordor o ragor – hanner-dwsin – o'r *Spurrells Dictionary* o Gaerdydd. Ac mi ddaru. Mi gafodd ordor o wyth, a mi wnaeth yr hen ddyn yn dda allan ohono fo.'

Nid Llywelyn Edwards oedd yr unig siopwr lleol i elwa. Cwmni lleol oedd â siop yn y dref, Melias, oedd â'r cytundeb i redeg y cantîn. A'r Badell Aur, o dan berchnogaeth W.D. Williams, oedd yn darparu pysgod a gwahanol fwydydd eraill. Yn ôl Johnnie Roberts, Collins ei hun wnaeth dalu am yr holl ddeunydd dysgu Cymraeg, yn cynnwys y geiriaduron, cardiau'r wyddor, gwahanol daflenni a sialc. Ni fanylodd ai arian personol Collins oedd hwn neu arian o gronfa ganolog y carcharorion. Ond cofiai fel y câi'r gegin ei defnyddio fel stafell ddosbarth am ei bod hi'n gynnes yno ac fel y byddai'r athrawon a gymerai'r gwahanol wersi yn defnyddio'r popty fel bwrdd du gan ysgrifennu arno â sialc. Yn ôl tystiolaeth Johnnie Roberts eto, roedd y Caplan, y Tad Stafford, yn un o'r tiwtoriaid Cymraeg gan fod ganddo grap ar yr iaith 'Geltaidd'.

Ymhlith yr athrawon Gwyddeleg roedd Tomás McCurtain, Richard Mulcahy, Cathal O'Shannon a Séamus Ó Maoileoin. A Micheál Ó Cuill wedyn, a gerddodd dros 30 milltir i Ddulyn i frwydro yn y Gwrthryfel.

Dywed Rex Taylor mai yng Ngharchar Stafford y cychwynnodd Collins ailddysgu ei iaith frodorol o ddifrif. Dywed ymhellach na lwyddodd Collins i'w meistroli i safon siaradwyr naturiol. Ac adeg trafodaethau'r Cytundeb âi Lloyd George allan o'i ffordd i siarad Cymraeg â'i Ysgrifennydd Personol, Thomas Jones, yng ngŵydd Collins er mwyn gwneud i hwnnw deimlo'n anniddig ac yn euog oherwydd ei ddiffyg rhuglder yn yr Wyddeleg.

Ceir tystiolaeth gan Thomas Jones ei hun am un o gastiau Lloyd George wrth ddefnyddio'r Gymraeg fel arf. Ar 9 Gorffennaf 1921, adeg y trafodaethau ar gadoediad, cyflwynodd de Valera ddogfen i'r Prif Weinidog o dan y teitl *Saorstat Eireann*, sef cyfieithiad Dev o 'Talaith Rydd'. Trodd Lloyd George i sgwrsio'n Gymraeg â Thomas Jones cyn troi'n ôl at y Gwyddel a dweud nad oedd hwn yn gyfieithiad da ac y dylid cytuno nad oedd y Celtiaid erioed wedi bod yn Weriniaethwyr ac nad oedd ganddynt eiriau brodorol am y fath syniad.

Er mwyn atgyfnerthu'r gwersi Gwyddeleg yn y Frongoch, ffurfiwyd cangen o'r Gynghrair Geltaidd o dan yr enw *Craobh na Sroíne Deirge*, neu Gymdeithas y Trwyn Coch.

Credai'r dynion, yn anghywir wrth gwrs, mai cyfieithiad o 'Fron-goch' oedd *'Red Nose'*. Ffurfiwyd hefyd gymdeithas a elwid yn *Black Hand Gang*. Ceir dwy farn wahanol am y mudiad hwn. I rai, tipyn o hwyl oedd y cyfan ond aeth rhai mor bell â dweud mai'r rhain oedd cynsail Collins ar gyfer sefydlu ei griw bach cyfrin ei hun i ddienyddio ysbiwyr. Un o'r aelodau mwyaf blaenllaw oedd Domhnall Ó Buachalla. Yn ddiweddarach fe'i hetholwyd yn *TD* dros Kildare. Gwrthwynebodd y Cytundeb ond aeth ymlaen i gael ei benodi'n Llywdraethwr Cyffredinol olaf Iwerddon Rydd.

Roedd y carcharorion ymron gant y cant yn Gatholigion. Dim ond pum Protestant a restrir fel carcharorion gan Sean O Mahony, sef Arthur Shields, Harry Nichols ac Ellet Elmes o Ddulyn, Sam Ruttle o Tralee ac Adair ac Alf Cotton, Tralee a Belfast. Dylai fod wedi ychwanegu James McGowan o Drumcondra, Dulyn. Cymerodd hwnnw ran yn y frwydr yn y Swyddfa Bost a dywedir mai arno ef y gwnaeth Seán O'Casey seilio'r prif gymeriad yn ei ddrama *Shadow of a Gunman*.

Ar gyfer anghenion ysbrydol y Catholigion, penodwyd Offeiriad, y cyntaf o Awstria. Mae lle i gredu iddo gael ei benodi'n wreiddiol ar gyfer y carcharorion Almaenig oedd yn y Gwersyll. Olynwyd hwn gan Sais. Am gyfnod cafwyd ymweliadau gan Offeiriad o Wrecsam. Wedyn y penodwyd y Tad Laurence Stafford, y cyfeiriwyd ato eisoes wedi i Seán T. O'Kelly lwyddo i smyglo llythyr at Ysgrifennydd Archesgob Dulyn yn mynegi ei ofidiau am absenoldeb Caplan. Aeth O'Kelly ymlaen i fod yn *TD* ac yn aelod o'r pwyllgor a sefydlodd gyfansoddiad cyntaf y *Dail*. Bu O'Kelly yn Swyddog Staff i Pearse yn y Swyddfa Bost. Wedi'i ryddhau, plediodd achos Iwerddon ym Mharis, Rhufain a'r Taleithiau Unedig yn 1919. Gwrthwynebodd y Cytundeb ac yn 1926 ymunodd â *Fianna Fáil*, neu Filwyr Ffawd, a sefydlwyd gan de Valera. Fe'i penodwyd yn Weinidog dros Lywodraeth Leol ac yna yn Arlywydd

Iwerddon rhwng 1945 a 1959. Roedd ei frawd, Michael, yn y Fron-goch hefyd.

O fewn dyddiau i'r llythyr gyrraedd Dulyn, danfonwyd y Tad Stafford i wasanaethu ar ran y dynion. Cyrhaeddodd mewn lifrai milwrol a gwnaeth hyn ef yn gyff gwawd i'r Gwyddelod. Fe'i perswadiwyd gan O'Kelly i wisgo lifrai offeiriadol. Ond credai Brennan-Whitmore ei fod yn cuddio'i lifrai milwrol o dan ei wisg offeiriadol.

O'r dechrau, ochrodd y Tad Stafford gyda'r awdurdodau gan edliw i'r dynion eu pechod am gymryd rhan yn y Gwrthryfel. Cyhuddwyd ef hyd yn oed o ddweud anwiredd am agwedd y carcharorion tuag at streic newyn. Oherwydd hyn, amrywiodd yr ymateb iddo wrth i'r dynion naill ai ei heclan neu ei anwybyddu'n llwyr. Ond yn ôl M.J. O'Connor roedd i'r 'dyn bach twt' hwn ei fendithion. Yn ddiarwybod iddo, defnyddid ei fag Offeren i smyglo tybaco a negeseuon cudd.

Eto i gyd teimlai O'Kelly fod y Tad yn ddyn da yn y bôn. Neilltuwyd cwt yng Ngwersyll y Gogledd ar gyfer cynnal yr Offeren bob dydd Sul a phob yn eilddydd yn ystod yr wythnos.

Câi'r carcharorion yr hawl i dderbyn ymwelwyr unwaith y mis am chwarter awr ar y tro. Caniateid yr ymweliadau hyn ar ddydd Mawrth ac ar ddydd Iau. Defnyddid y trefniant i drosglwyddo gwybodaeth a newyddion wrth i ymwelwyr dydd Mawrth weithiau aros yn y Bala tan y dydd Iau er mwyn hysbysu'r criw nesaf o ymwelwyr o unrhyw ddatblygiadau pwysig i'w trosglwyddo i'r byd mawr y tu allan.

Câi gwybodaeth gudd ei throsglwyddo hefyd i arweinwyr y Gwirfoddolwyr yn ôl yn Iwerddon, yn eu plith rai oedd wedi eu rhyddhau o'r Fron-goch. Yn eu plith roedd Diarmuid O'Hegarty, a oedd wedi ei ryddhau yn gynnar. Chwaraeodd ran flaenllaw yng ngwasanaeth gwybodaeth gudd Collins gan ddringo i fod yn Gadfridog ym myddin y Dalaith Rydd.

Ymhlith yr ymwelwyr mwyaf nodedig â'r Fron-goch roedd yr Hybarch Miss Albina Broderick, chwaer y tirfeddiannwr Unoliaethol Arglwydd Midleton. Gwnaeth hon lawer i hybu'r achos Gwyddelig gan newid ei henw i Gobnait Ní Bhruadair. Ymwelwyr enwog eraill oedd Margaret Pearse, Margaret Gavan Duffy a Mary MacSwiney, un yn chwaer i Padraig a William Pearse, un arall yn chwaer i'r twrnai Gavan Duffy a ymddangosai mewn gwrandawiadau ar ran Gweriniaethwyr, a'r drydedd yn chwaer i ddarpar Arglwydd Faer Corc, Terence McSwiney, a oedd yno i ymweld â'i brawd. Credir i fam Pearse ymweld â'r gwersyll hefyd gyda'i merch.

Diddorol yw nodi honiad Joe Good am y modd y defnyddid y drefn ddeintyddol yn y Gwersyll er mwyn lledaenu cyhoeddusrwydd. Câi'r rhai oedd angen triniaeth ddeintyddol eu hebrwng gan warchodwyr arfog i'r Bala at ddeintydd lleol. Llwyddai'r cleifion deintyddol hyn i smyglo allan bob math o ddeunydd propaganda.

Roedd gan y carcharorion eu Pwyllgor Adloniant eu hunain. Ymhlith yr aelodau roedd Joe O'Doherty, a swynwyd gymaint ar ei ffordd drosodd i Gaergybi gan berfformiad byrfyfyr un o'i gyd-garcharorion ar y llong y *Slieve Bloom*. Aelod arall oedd Henry Dixon, un o'r hynaf ymhlith y carcharorion a gŵr blaenllaw iawn ymhlith aelodau'r *IRB*.

Hwyrach mai'r aelod mwyaf diddorol o'r Pwyllgor Adloniant oedd Arthur Shields, aelod o'r *Abbey Theatre* a oedd i fod i berfformio ar nos Lun y Pasg 1916. Yn hytrach, fe'i cafodd ei hun yn brwydro yn y Swyddfa Bost. Y ddrama i'w pherfformio oedd *The Spancell of Death* gan T.H. Nally. Yn anffodus i'r dramodydd, druan, ni welodd ei ddrama fyth olau dydd.

Yn dilyn ei ryddhau o'r Fron-goch, bu Shields yn actio

mewn tua dau ddwsin o ffilmiau Hollywood yn cynnwys y ffilm Gymreig *How Green Was My Valley* yn 1941 fel 'Mr Parry', y blaenor cul. Ymddangosodd hefyd yn 1945 yn y ffilm a seiliwyd ar ddrama Emlyn Williams *The Corn is Green* fel 'William Davies'. Roedd Shields yn frawd i'r actor Barry Fitzgerald, a ddaeth yn enwocach na'i frawd iau. Ymddangosodd hwnnw hefyd yn *How Green Was My Valley* fel Dai Cyfarthfa. Bu farw Shields yn Santa Barbara, California, ar 27 Ebrill 1970 o emffysema yn 74 mlwydd oed.

Ar y prynhawn dydd Mawrth, ac am weddill yr wythnos, y ddrama i'w pherfformio oedd clasur Yeats, *Cathleen ni Houlihan*. Creodd gynnwrf o'i pherfformio gyntaf ym 1902 gyda'i phropaganda cignoeth yn galw Gwyddelod ifainc i'r gad. Maude Gonne a chwaraeai ran yr hen wraig yn wreiddiol. Roedd yr hen wraig yn ymgnawdoliad o Iwerddon. Ar ei wely angau gofynnodd Yeats yn ei gerdd *The Man and the Echo* y cwestiwn rhethregol:

Did that play of mine send out
Certain men the English shot?

Yr ateb i'r cwestiwn, yn ôl Connor Cruise O'Brien, oedd 'do' diamwys. Yr actor oedd i fod i chwarae rhan Peter Gillane yn y perfformiadau yn ystod Wythnos y Pasg 1916 oedd Seán Connolly. Yn aelod o fyddin James Connolly, fe'i saethwyd yn farw ar yr union adeg pan ddylai fod ar y llwyfan ar y prynhawn dydd Mawrth. O leiaf bu Arthur Shields yn ddigon ffodus i gael byw.

Un arall o fyd y theatr yn y Fron-goch oedd John MacDonagh, brawd Thomas, a ddienyddiwyd yn dilyn Gwrthryfel y Pasg. Yn 1916 roedd yn Rheolwr Theatr. Yn dilyn ei ryddhau aeth ymlaen i wneud gwaith radio a phenodwyd ef yn Bennaeth Cynyrchiadau Radio Athlone, rhagflaenydd Radio Éireann. Cyhoeddodd hefyd nifer o lyfrau plant ynghyd â drama lwyfan lwyddiannus, *The Irish*

Jew. Roedd yno drydydd brawd, Joseph, a etholwyd yn *TD* dros Dde a Chanol Tipperary ac a wrthwynebodd y Cytundeb.

Yn y Fron-goch y poblogeiddiwyd anthem genedlaethol Iwerddon, *A Soldier's Song*, a gyfansoddwyd gan Peadar Kearney, brawd i fam Brendan Behan. Fe'i gosodwyd i gerddoriaeth gan Paddy Heeney yn 1907. Cofiai Batt O'Connor iddo ef a'i griw gyrraedd y Gwersyll yn canu'r gân. Haerodd Séamus de Búrca yn *The Soldier's Song: The Story of Peadar Kearney* mai'r Fron-goch wnaeth 'wneud' y gân. Erbyn diwedd 1916 roedd hi wedi disodli *God Save Ireland*. Roedd Kearney, gyda llaw, wedi brwydro yn Jacob's yng Ngwrthryfel y Pasg a chafodd ei gaethiwo yn 1920 yng Ngwersyll Ballykinlar.

Cynhelid cyngherddau ar nos Sul neu ar achlysuron arbennig. Ymdebygent i'r nosweithiau hynny a gynhelid ledled Cymru ar ddechrau'r pedwardegau i groesawu milwyr adref o'r fyddin. Fe'u cynhelid yn y ffreutur a cheid talentau arbennig ymhlith y perfformwyr. Un o'r prif ffigurau yn y gweithgareddau hyn oedd Douglas ffrench-Mullen, a oedd, medd Sean O Mahony, yn ffefryn mawr gyda'r Cymry oedd yn gweithio yn y gwersyll.

Ceir manylion am gyngerdd i nodi pen-blwydd Wolf Tone ar 25 Mehefin, gydag ugain o artistiaid yn perfformio, yn cynnwys solo ar y ffidil gan Tomás McCurtain a datganiad o *Easter Week* gan Joe O'Doherty.

Yn rhifyn 26 Awst o'r *Kerryman* ceir adroddiad ar un o'r cyngherddau achlysurol. Y Cadeirydd oedd Jimmy Mulkerns o Ddulyn, a gâi ei adnabod fel *The Rajah of Fron-goch* wedi iddo wneud ei ymddangosiad cyntaf mewn gwisg Arab. Cyn y Gwrthryfel roedd wedi bod yn aelod o griw o ddiddanwyr teithiol, Palmer and Rimlock. Parhaodd i berfformio wedi iddo gael ei ryddhau gan godi arian at achosion gwladgarol. Roedd ei fab, o'r un enw, yn un o arloeswyr ffilm Iwerddon gan greu dros 400 o ffilmiau dogfen yn cynnwys *An t-Oileánach a d'Fill*, neu 'Dychweliad yr Ynyswr', a enwebwyd am wobr *Oscar*.

Y perfformiwr cyntaf ar y llwyfan oedd carcharor o Ddulyn, a gyflwynwyd fel 'Signor Toomey' wedi'i wisgo fel heliwr o Ganol Affrica. Canodd *My Old Howth Gun* tra adroddodd Michael Collins *Kelly, Burke and Shea*. Fe'i henwir fel Michael Collins o Ddulyn. Ond gan na restrir yr un Michael Collins o Ddulyn yng nghyfrol Sean O Mahony, mae lle i gredu mai'r Boi Mawr ei hun oedd hwn. Canodd Brian O'Higgins *Fried Frogs' Legs* ac adroddodd *The Man from God Knows Where*. Ymhlith caneuon eraill cafwyd *The West's Awake, Clare's Dragoons* a *Join the British Army*. Cafwyd unawd o *The South Down Militia* gan Barney Mellows, brawd i Liam Mellows, gweriniaethwr digymrodedd a oedd yn un o bedwar a ddienyddiwyd gan y Dalaith Rydd yng Ngharchar Mountjoy fis Rhagfyr 1922 am ddienyddio Seán Hales, un o garcharorion y Fron-goch. Gorffennwyd y noson drwy gydganu *A Nation Once Again*.

Ar Noswyl Calan Gaeaf trefnwyd noson o ddawnsio Gwyddelig yng nghwt y *YMCA*. Uchafbwynt y noson oedd cystadleuaeth gwisg ffansi. Anerchwyd y dynion gan J.K. O'Reilly o Ddulyn, cyfansoddwr y gân rebel enwog *Wrap the Green Flag Round Me Boys*.

Ceid nifer o feirdd yn y Fron-goch. Yn ogystal â Jimmy Mulkerns a Brian O'Higgins roedd Joseph Stanley, a gyfansoddodd, ymhlith nifer o gerddi eraill, *The Fron-goch Roll Call*. Cyfansoddodd hefyd *The Flag of Freedom, The Prison Grave of Kevin Barry* a *The Shoals of Galway Grey*.

Nid oedd y lle yn brin o arlunwyr chwaith ac mae nifer helaeth o luniau o'r Gwersyll gan Micheal O. Ceallaigh, Patrick Ronan, Nicholas Murray, F. O'Kelly, Cathal MacDowell, Eoghan Ó Briain, Liam O'Ryan a G. Purcell wedi goroesi. Artistiaid eraill yno oedd T. Kain, Patrick Lawlor, J. Healy, A. de Courcy, P. Ua Ceallaigh, Samuel Hall a James O'Neill.

Cafodd y crefftau le amlwg hefyd gyda chroesau o

esgyrn anifeiliaid, tlysau metel, cetynnau clai, bagiau a gwahanol ddillad wedi goroesi. Roedd teulu John Faller o Ddinas Galway yn berchen ar fusnes tlysau a gemwaith a bu ef yn allweddol yn dysgu'r dynion. Mae'r cwmni yn dal i ffynnu gyda'i gynnyrch yn cynnwys modrwyau *Claddah*, sef modrwyau ar ffurf dwy law yn dal calon a choron uwch ei phen. Cyflwynwyd nifer o greiriau i Amgueddfa Genedlaethol Iwerddon gan Domhnall Ó Buachalla. Yn yr Amgueddfa Genedlaethol hefyd ceir tlws wedi ei wneud o asgwrn ynghyd â stand inc wedi ei llunio allan o bren derw hen gasgen wisgi gan Joseph Duffy. Tybed ai un o weddillion yr hen waith wisgi oedd y deunydd crai? Yno hefyd mae bag llaw i fenyw gan James Sexton, cetyn clai gan John Madden, bag *macramé* gan Peter Coates a phâr o goesrwymau gwyrdd gan Patrick Keegan. Gellir gweld hefyd groes Geltaidd sy'n droedfedd o uchder wedi'i cherfio o asgwrn, modrwyau wedi'u llunio o esgyrn a darnau o arian, gwregys plentyn gyda bwcl o asgwrn a gwahanol fagiau.

Gellir gweld mwy o greiriau yn Amgueddfa Ysgol O'Connell yn Nulyn yn cynnwys telyn wedi'i cherfio o asgwrn gan John P. Kerr, cetyn clai yn arddangos telyn gan James O'Leary a bag gan Peter Coates.

Yng Ngharchar Kilmainham ceir bedyddfan gyda chroes Geltaidd fel addurn arni wedi'i cherfio o asgwrn yn y Frongoch. Yno hefyd gwelir dau becyn o fwyd o Wersyll y Frongoch.

Roedd yna lyfrgell yn y Gwersyll hefyd gyda Collins mewn un o'i lythyron at Hannie yn canmol yr arlwy – Robert Service, Swinburne, Shaw, Kipling, Conrad a Chesterton. Ffefryn Collins oedd Thomas Hardy, yn arbennig *Jude the Obscure*. Rhaid oedd i bob cyfrol, yn naturiol, dderbyn bendith y sensor. Y llyfrgellydd oedd Henry Dixon.

Byddai llyfrau'n cael eu danfon i'r carcharorion gan

deulu a ffrindiau a châi'r rheiny eu dargyfeirio i Lundain ar gyfer eu sensro. Ar 10 Hydref, danfonodd arweinydd y carcharorion, Michael Staines, lythyr at yr Aelod Seneddol Alfie Byrne yn cwyno fod nifer o'r llyfrau'n diflannu. Mewn geiriau eraill, câi'r llyfrau eu dwyn. Ailymddangosodd nifer ohonynt mewn stondin llyfrau ail-law yn Farrington Street yn yr East End yn Llundain. Ymhlith y llyfrau na wnaeth gyrraedd y Fron-goch roedd copi o'r Testament Newydd mewn Gwyddeleg, *An Tiomna Nua* ar gyfer Brian O'Higgins, *Seríbhisí Mhicíl Breatnaigh* ar gyfer Michael Collins a *Notes of an Irish Exile* ar gyfer Brennan-Whitmore.

Derbyniai'r carcharorion rai papurau newydd o'r byd y tu allan. Fe'u rhestrir gan Sean O Mahony yn ei gyfrol ar y Fron-goch. Derbynid tri chopi o *The Times*, chwech o'r *Daily Sketch*, 18 o'r *Daily Mail*, tri o'r *Daily Chronicle*, dwsin o gopïau o'r *Daily News*, tri o'r *Yorkshire Post*, tri o'r *Manchester Guardian* ac un copi o'r *Morning Post*. Cyflenwid y rhain gan W.H. Smith a'i fab, Llundain, am 2s 5c ½d y dydd. Mynnai Johnnie Roberts mai *Foyle's* oedd yn cyflenwi'r papurau. Yn ddiweddarach caniatawyd i'r *Irish Independent* ddod i'r Gwersyll.

Ymhlith y papurau a gâi eu derbyn yn answyddogol ac yn anghyfreithlon roedd newyddiaduron o Iwerddon. Yn wir, cynhyrchai'r carcharorion eu papurau eu hunain o dan deitlau fel *The Daily Rumour*, *The Daily Wire* a'r *Fron-goch Favourite*. Cedwid y rhain yn siop y barbwr a'u harddangos yn y ffenest.

Doedd dim problem mewn cyhoeddi papurau newydd a chyhoeddiadau eraill gan fod nifer o argraffwyr, yn cynnwys Dick McKee, yn y Gwersyll a nifer o newyddiadurwyr hefyd, yn eu plith Joseph Stanley, y cyfeiriwyd ato eisoes, a ddaeth yn Gyfarwyddwr Rheoli y *Drogheda Argus*. Roedd Cathal O'Shannon yn olygydd *The Voice of Labour*. Un arall oedd Liam Ó Briain, gohebydd gyda'r *New Ireland* a aeth ymlaen i fod yn Athro Ieithoedd

Romáwns ym Mhrifysgol Galway. Roedd William Sears yn olygydd yr *Enniscorthy Echo* ar un adeg. Etholwyd ef yn *TD* dros Mayo a Roscommon. Cefnogodd y Cytundeb a gwasanaethodd hefyd fel Seneddwr. A dyna Paddy Cahill wedyn, cyn-beldroediwr dros Kerry a gohebydd rheolaidd i'r *Kerry Campion*. Ac roedd J.J. Scollan o Ddulyn yn olygydd yr *Hibernian* ac aeth ymlaen yn ddiweddarach i gyfrannu erthyglau i'r *Irish Independent*.

Un newyddiadurwr yn y Fron-goch a allasai fod wedi mynd â'i draed yn rhydd oedd Michael Knightly. Adwaenwyd ef ymhlith amddiffynwyr y *GPO* gan swyddog Prydeinig. 'Wrth gwrs, rwyt ti yma fel newyddiadurwr,' meddai'r swyddog.' 'Na,' meddai Knightly, 'rwyf yma fel milwr dros Weriniaeth Iwerddon.' Fe'i cymerwyd i'r ddalfa yn ddiymdroi.

Fel mewn unrhyw gymuned, roedd siop y barbwr yn ganolfan naturiol i'r dynion yn y Gwersyll. Yno hefyd oedd swyddfa'r wasg lle câi storïau eu hadrodd a'u lledaenu. Yno hefyd y câi storïau eu creu. Roedd yna ddau farbwr yn y Gwersyll, medd Séamus Ó Maoleoin, sef James Mallon o Ddulyn a Sweeney Newell o Galway. Ystyrid Mallon fel un o bobl bwysicaf y Gwersyll, meddai Ó Maoleoin. Nid yn unig roedd e'n farbwr da ond medrai hefyd wella clefydau'n ymwneud â'r gwallt neu'r croen a châi ei adnabod fel un a allai adnewyddu gwallt ar ben dyn moel petai'n cael potel o ddŵr y Liffey. Ar ôl gadael y Fron-goch bu'n cadw siop dorri gwallt ar Eden Quay y drws nesaf i Liberty Hall. Hysbysebai ei hun fel *The Fron-goch Barber*.

Gof oedd Newell mewn gwirionedd ond roedd yn farbwr da hefyd. 'Roedd yn ddyn mawr, craff,' medd Ó Maoleoin, 'a doedd dim byd brafiach ganddo na rhoi sioc i'r Saeson gyda straeon am bethau ofnadwy oedd yn digwydd yn Iwerddon. Un diwrnod bu'r Uwch Ringyll yn sgwrsio ag ef. Roedd yn uchel ei ganmoliaeth o'r siop oedd gan Sweeney. Roedd hi'n llawer glanach, llawer taclusach a llawer neisiach na'r un oedd gan y milwyr – ac roedd e'n dweud y gwir.

'"Fyse ots gen ti, ddyn ifanc, i fy shafio i ryw unwaith neu ddwywaith y flwyddyn?" gofynnodd.

'"Dim ots, o gwbwl," atebodd Sweeney. "Fyse'n braf gen i dy gael di yn y gadair yma. Eistedda ynddi."

'Eisteddodd yntau ac, wrth gwrs, roedd ganddo fonion blew. Drwy'r holl amser bu Sweeney'n hogi'r rasel o flaen y Rhingyll bu'n siarad am y dynion oedd wedi'u llofruddio yn Iwerddon. Dywedodd iddo ef ei hun ladd pum dyn mewn gemau hyrli, dau yn ddamweiniol ond roedd y tri arall yn gofyn amdani. Pan oedd e'n barod efo'r rasel, shafiodd un ochr i wyneb y Rhingyll mor llyfn â chledr llaw.

'"Beth am yr ochr arall?" gofynnodd y Rhingyll.

'"Fel hyn fyddwn i'n gwneud yn Iwerddon," atebodd Sweeney. "Mae'n beryglus mynd o un ochr i'r llall. Fe fedre rhywun dorri dyn." Yna, cyn gynted ag y sychodd y wyneb, gwaeddodd y barbwr, "Dwi'n casáu Saeson! Dwi'n meddwl y gwna i dorri dy wddw di!" Sgrechiodd y Rhingyll ac i ffwrdd ag ef. Galwodd ar warchodwr a dweud fod un o'r dynion wedi mynd o'i gof. Ond dyn craff oedd swyddog y gwarchodwyr. Pan welodd yr olwg ar wyneb ein cyfaill, druan, aeth i ffitiau o chwerthin. Wnaeth y Rhingyll ddim hidio cymaint am farbwyr Iwerddon ar ôl hynny.'

Gosodwyd taliadau pendant gan y Cyngor Cyffredinol am wasanaeth y barbwr – ceiniog am shafiad, dwy geiniog am dorri gwallt, tair ceiniog am dorri gwallt a defnyddio hylif gwallt a thair ceiniog am faddon.

Roedd pob math o ymarfer corff yn dderbyniol gan y Gwyddelod. Ac i ddynion ifainc, gan mwyaf, wedi eu cau y tu mewn i weiren bigog daeth yr ymdeithiau allan yn y wlad o gwmpas fel manna o'r nefoedd. Disgrifiwyd yr ymdeithiau hyn gan M.J. O'Connor fel rhai rhwng pedair a phum milltir o hyd. Trefnwyd dros ddwsin ohonynt, meddai, tua diwedd mis Awst. Roedd y tywydd o'r diwedd yn braf a chymedrol a phleser oedd cael mwynhau'r golygfeydd cefn gwlad, er gwaetha'r ffaith fod y dynion dan ofal gosgordd arfog. Roedd rhai o'r dynion wedi llwyddo i gael hyd i bibau rhyfel fel y câi'r carcharorion orymdeithio i nodau alawon Gwyddelig ac i gyfeiliant caneuon gwladgarol.

'Roeddem mor wan yn gorfforol fel i ni deimlo'n flinedig ar y ddwy neu dair noson gyntaf a'n gorfodi i orwedd am ychydig i adennill ein nerth,' meddai. 'Yr angen am ymarfer drwy gerdded oedd yr angen mwyaf ymhlith ein haml anghenion a châi absenoldeb hyn effaith andwyol ar y dynion, gyda nifer yn foliog ac yn dioddef o broblemau diffyg traul.'

Ond os oedd y cerdded yn broblem i'r carcharorion, roeddynt yn waeth i'r gwarchodwyr. Yn hŷn na'r rhelyw o'r Gwyddelod, câi'r gwarchodwyr hi'n anodd dygymod â'r ymdeithio egnïol. Cofiai Ambrose Byrne fel y gwnâi'r carcharorion gario drylliau'r gwarchodwyr blinedig er mwyn ysgafnhau eu baich. Ac unwaith, pan fygythiodd prinder gwarchodwyr arwain at ganslo un o'r ymdeithiau, cynigiodd un swyddog, y Lefftenant Lambert, fynd allan gyda'r carcharorion ar ei ben ei hun. Petai'r carcharorion yn gaddo na wnaent ddianc, yna byddai hynny'n ddigon da iddo, meddai. Ond gwrthod wnaeth yr awdurdodau.

Yn ôl Rex Taylor roedd yr ymdeithiau hyn yn plesio Collins yn fawr. Erbyn hyn roedd hi'n haf hwyr a'r wlad o gwmpas ar ei gorau. Atgoffai'r ardal ef o'i fro ei hun yn Swydd Corc, medd Taylor, eto i gyd ni ddioddefai o or-hiraeth am Iwerddon. Gallai droi unrhyw breswylfa, pa mor fyrhoedlog bynnag y digwyddai fod, yn gartref.

Câi'r campau le blaenllaw yn y Gwersyll. Roedd mudiad y GAA – y Gymdeithas Athletau Gaeleg – wedi ei sefydlu yn 1884 ar gyfer hyrwyddo'r campau Gwyddelig. Pan sefydlwyd y Gwirfoddolwyr, heidiodd aelodau o'r GAA i'r rhengoedd. Roedd pêl-droed Gwyddelig yn boblogaidd iawn ond gwaharddwyd hyrli gan awdurdodau'r Gwersyll am y gallai'r ffyn – y *camáni* – gael eu defnyddio fel arfau. Digwyddodd yr un peth dros hanner canrif yn ddiweddarach yn Long Kesh a Magilligan.

Gelwid y llain yn y Fron-goch yn *Croke Park*, ar ôl y maes enwog yn Nulyn. Trefnwyd gemau pêl-droed gan Dick Fitzgerald, a oedd yn gapten ar dîm Killarney pan enillwyd pencampwriaeth Iwerddon yn 1913 a 1914. Roedd dau gapten sirol arall yno hefyd ymhlith sêr fel Frank Burke, Bill Flaherty, Frank Shouldice, Brian Joyce, Paddy Cahill, Seamus Dobbyn, Stephen Jordan, Billy Mullins, M.J. Moriarty, Seán O'Duffy, Benny McAllister a Michael Collins.

Roedd Burke (Proinsias de Búrca), cyn-ddisgybl i Padraig Pearse, wedi ennill medalau pencampwriaeth Iwerddon mewn pêl-droed a hyrli. Roedd Shouldice yn aelod o dîm pêl-droed Dulyn. Yn 1919, llwyddodd i ddianc o garchar Brynbuga. Fel Burke, roedd Joyce hefyd yn gyn-ddisgybl i Pearse ac wedi chwarae pêl-droed dros Ddulyn. Roedd Cahill wedi chwarae dros swydd Kerry ac aeth ymlaen i fod yn *TD* dros *Fianna Fáil*. Hyrli oedd gêm Dobbyn, a chwaraeodd dros Antrim. Diddorol nodi i dîm cyfan Swydd Kerry, adeg y Rhyfel Cartref, gael eu caethiwo gan Lywodraeth y Dalaith Rydd yng Ngwersyll y Curragh.

Cadarnhaodd Séamus Ó Maoileoin mai pêl-droed o dan reolau Gwyddelig a chwaraeid yn y Gwersyll. Câi gemau eu chwarae ddwywaith y dydd gyda rhai o'r gwarchodwyr yn gwylio. 'A ninnau wedi bod dan glo cyhyd mewn carchar heb gyfle gennym i ymestyn ein coesau, roedden ni'n deips reit wyllt, mae'n siŵr,' meddai. "Os mai fel hyn maen nhw wrth chwarae," meddai un gwarchodwr, "mae'n rhaid eu bod nhw'n uffernol mewn ffrwgwd".'

Cadarnhaodd hefyd drefniadau'r cystadlu gyda thri thîm o Wersyll y De ac un o Wersyll y Gogledd yn ymgiprys. Enwyd y timau ar ôl arweinwyr y Gwrthryfel. Ond rhyw weddillion o Wersyll y De oedd y pedwerydd tîm wedi ei godi gan Dick Fitzgerald.

'Roedd pawb yn chwerthin am ei ben, gan mai gwaelod y gasgen go iawn oedd y rheiny oedd ar ôl, tra oedd hufen peldroedwyr Iwerddon yn y timau eraill, ond fe gafodd lonydd i wneud er mwyn hwyl. Rown i ymhlith y "gweddillion" hyn. Ar wahân i ddau neu dri o hogiau hyrli oedd heb chwarae pêl-droed o'r blaen, dynion bychain oedd ganddon ni ar y cyfan. Ond roedd Dick yn feistr corn ar y gêm, a dysgodd bob tric oedd ganddo fe i ni.'

Enw'r tîm o weddillion oedd y *Leprechauns*, hynny oherwydd diffyg taldra'r chwaraewyr, a'r trefniant oedd chwarae cynghrair dwbl gyda'r tri thîm yng Ngwersyll y De yn chwarae chwech o gemau. Testun syndod i bawb oedd i'r *Leprechauns* ennill pencampwriaeth Gwersyll y De ac yna fynd ymlaen i guro'r tîm o Wersyll y Gogledd yn ogystal â chystadleuaeth a drefnwyd yng Ngwersyll y Gogledd wedi i Wersyll y De gau.

'Ni welwyd erioed hanner cymaint o ysbryd, hwyl ac egni yn rowndiau terfynol *All Ireland* â'r hyn a gafwyd yng ngemau'r Fron-goch. Er nad oedd Dick Fitz mor egnïol ag y buasai rhyw bump neu chwe blynedd cyn hynny, dwi'n siŵr ei fod e'n chwarae'n well yn y Fron-goch nag a wnaeth erioed ar *Croke Park*. Roedd e fel llwynog o gyfrwys,' medd Ó Maoileoin.

Ym mis Gorffennaf cynhaliwyd Pencampwriaeth Wolfe Tone. Cynhelid gêm o dan yr un enw yn Nulyn yn flynyddol. Yn y Fron-goch, y ddau dîm i gyfarfod, yn ôl Billy Mullins, oedd Kerry a Louth, yr unig dro i bencampwriaeth pêl-droed Gwyddelig gael ei chynnal yng Nghymru erioed, mae'n rhaid. Dair blynedd yn gynharach roedd y ddwy sir wedi cyfarfod yn y bencampwriaeth go iawn yn y *Railway Shield Final*.

Bu peth dadlau fod rygbi wedi ei chwarae yno. Ceir pêl o'r Gwersyll yn yr Amgueddfa Genedlaethol yn Nulyn. Ond yn ôl M.J. O'Connor a Frank Burke dim ond rheolau'r *GAA* oedd yn bodoli. Dywedodd O'Connor fod gemau eraill yn cael eu chwarae, yn eu plith pêl-fas, sgitls a thaflu a chodi pwysau.

Ar 8 Awst, trefnwyd mabolgampau'r Gwersyll. Enillydd y ras ganllath oedd Michael Collins. Mae hanes y ras bellach yn chwedl wrth i M.W. O'Reilly, Comandant Gwersyll y Gogledd, gredu ei fod wedi ennill nes i Collins ei oddiweddyd yn hawdd. Wrth iddo groesi'r llinell, trodd at O'Reilly gan edliw, *'Ah, you whore, you can't run!'*

Enillodd Collins y ras mewn amser o 10.4½ eiliad, a phan gwynwyd am natur wael bwyd y carcharorion, defnyddiwyd camp Collins fel ffaith i wrthbrofi'r honiad ar lawr Tŷ'r Cyffredin. Enillwyd y taflu pwysau gan Seán Hales gyda Collins yn ail. Roedd Hales, y cyfeiriwyd ato eisoes, yn bencampwr Munster ar daflu'r 56 pwys.

Ceir golwg ddiddorol ar gymeriad penderfynol Collins gan Joe Good. 'Unwaith yn y Fron-goch fe wnes i wylio Mick am gyfnod hir heb iddo fod yn ymwybodol o hynny,' meddai. 'Yn ystod y cyfnos hwyr oedd hyn. Yno roedd Mick yn ceisio'i orau i daflu'r 56 pwys dros far uchel, uchder y llwyddodd dyn ifanc o Galway ei gyflawni gyda'r un pwysau yn hawdd yn gynharach yn y dydd. Roedd Mick wrthi yn ymdrechu ac yn ymdrechu – gan feddwl ei fod ar ei ben ei hun – ac o'r diwedd, llwyddodd i'w gael drosodd. Yna, o fy ngweld i yn edrych, holodd, "A beth wyt ti'n feddwl o hynna?" "Mae'n ddrwg gen i," meddwn innau, "ond rown i am dy weld ti yn torri dy gefn." Fe wnaeth y ddau ohonom chwerthin, ac fe wnaeth fy nghofleidio i fel arth.'

Reslo oedd hoff weithgaredd corfforol Collins. Ac yn hynny o beth doedd ennill ynddo'i hun ddim yn ddigon. Ni fyddai'n fodlon nes suddo'i ddannedd yng nghlust ei wrthwynebydd. 'Yn y Fron-goch roedd e'n llawn hwyl a drygioni,' medd Batt O'Connor. 'Ble bynnag y digwyddai fod, byddai rycsiwns a ffrygydau ffug yn digwydd.

Cynhelid brwydrau ffug rhwng dynion ei gwt ef a dynion y cwt drws nesaf. Roedd ganddon ni gae pêl-droed, a phryd bynnag y byddai yna chwarae fe fyddai ef yn ei chanol. Roedd e'n llawn egni a miri.'

Fe wnâi'r carcharorion greu eu hadloniant eu hunain, ac yn hynny o beth doedd neb yn fwy dyfeisgar na Tom Daly, neu 'Blackguard Daly' – nid am ei fod yn flagard ond am ei fod mor addfwyn. Roedd Gwersyll y De yn rhedeg o lygod mawr a thestun chwerthin i'r dynion oedd mai'r enw Gwyddelig am lygoden fawr oedd *francach*, gair nid yn annhebyg i Fron-goch. Un o hoff orchwylion Daly oedd dal llygod mawr a chofiai Johnnie Roberts yn dda sut y gwnâi Daly, a oedd dros chwe throedfedd o daldra a chanddo ddannedd 'fel rhai Dracula', fynd ati i'w dal. 'Roedd trapiau ymhob man,' medd Roberts, 'ac fe fyddai Tom, bob hyn a hyn, a hithau'n dywydd braf yn cael syrcas. Ac fe fyddan nhw'n ei alw yn "Daly's Circus". A be' fyddai Tom yn ei wneud pan ffeindiai o lygoden fawr yn y trap, fe fydda fo'n dod â'r cratsh llygod mawr ac fe fyddai ganddo fo hosan milwr . . . Clymai linyn am gynffon y llygoden fawr a'i gosod yn yr hosan. Yna gollwng y llygoden i grwydro o dan ei ddillad o gwmpas ei gorff. Wedyn fe fydda fo'n dangos ei gorff yn frathiadau llygod mawr ymhobman. Yna fe fydda fo'n tynnu'r llygoden fawr allan o'r hosan gerfydd ei gwar, ei gosod yn ei geg a brathu ei phen i ffwrdd a'r gwaed yn diferu lawr ei ên. Yna hel pres, dwy geiniog gan bawb.'

Teimlai Roberts yn freintiedig wrth gael bod yn rhan o'r gynulleidfa. Roedd hynny, meddai, yn profi pa mor gyfeillgar yr oedd â'r carcharorion.

Cadarnhawyd bodolaeth y pla llygod mawr gan Collins ei hun mewn llythyr at Susan Killeen. 'Cefais y profiad mwyaf cyffrous fy hun y noson o'r blaen – dihunais a darganfod llygoden fawr rhwng fy mlancedi – wnes i ddim dal y cythraul chwaith.'

Yn ôl Johnnie Roberts roedd *pitch and toss* yn gêm

boblogaidd iawn ymhlith y dynion. Gêm arall a gâi ei hymarfer oedd *'Dead Man'*, a ddyfeisiwyd gan Joe Good. Golygai'r gêm osod un dyn o fewn cylch o ddynion. Tra oedd y dyn yn y canol yn sefyll yn unionsyth, câi ei wthio yn ôl ac ymlaen gan y rhai yn y cylch. Byddai unrhyw un a fethai ddal y dyn a'i wthio'n ôl yn cael ei ystyried yn Ddyn Marw.

Cadwai bron bob carcharor lyfr llofnodion yn cynnwys cofnodion atgofus a sylwadau perthnasol. Fe wnâi carcharorion wahodd eu cymheiriaid i nodi sylw ar ffurf cerdd neu ddihareb neu ddywediad. Aeth Sean O Mahony ati yn ei gyfrol ar y Fron-goch i ddyfynnu rhai o'r cyfraniadau mwyaf diddorol.

'When you go to war, hit hard and hit everywhere,' meddai Michael Brennan o Swydd Clare wrth ddyfynnu Arglwydd Fisher o'r Llynges. Mae cyfraniad Richard Mulcahy yn dweud llawer am gymeriad y dyn ei hun: *'The Seed has been sown, the harvest must be reaped.'* Ac meddai Matty Neilan o Galway, a âi ymlaen i gynrychioli ei sir fel *TD*: *'The language of the conqueror on the lips of the conquered is the language of the slave.'*

Ceir dau gyfraniad gan Terence MacSwiney, darpar Arglwydd Faer Corc a wnâi farw yn dilyn streic newyn. *'No country can be conquered whose sons love her better than their lives,'* meddai un. Mae un arall yn dyfynnu o Fyfyrdod Crist gan Thomas á Kempis: *'Cease to complain, consider my passion and the suffering of my saints; you have not yet resisted unto blood.'*

A beth am gyfraniad gan Michael Collins, un sy'n adlewyrchu'r hyn a ddigwyddodd adeg Gwrthryfel y Pasg? *'Let us be judged by what we attempted rather than by what we achieved.'*

7

Dau Arglwydd Faer

Bu farw dau o Arglwydd Feiri Dinas Corc o fewn saith mis i'w gilydd. Llofruddiwyd Tomás MacCurtain yng ngŵydd ei deulu gan aelodau o Heddlu Brenhinol Iwerddon filwyr Prydeinig tra bu farw Terence MacSwiney o effaith streic newyn a barodd am ddeng wythnos.

Er i'r ddau dreulio cyfnodau yn y Fron-goch a charchardai yn Lloegr, ni chymerodd y naill na'r llall ran gorfforol yng Ngwrthryfel y Pasg. Y dryswch yn y trefniadau fu'n gyfrifol am y ffaith mai dim ond aelodau o un teulu o Swydd Corc fu'n rhan o'r digwyddiad, teulu Kent, ffermwyr yn ardal Fermoy y ceisiwyd eu cymryd i'r ddalfa oherwydd eu tueddiadau militaraidd. Costiodd hynny fywyd un plismon a bywyd un o dri brawd, Richard.

Teuluoedd eraill a oedd yn ysu i godi arfau oedd y brodyr Hales a'r brodyr O'Donoghue, ond fe'u hataliwyd gan MacCurtain a MacSwiney, y naill yn bennaeth yr *IRB* yn Swydd Corc a'r llall yn ddirprwy. Dewisodd y ddau ddilyn y gorchymyn i beidio ag ymladd, gorchymyn a gludwyd iddynt gan J.J. 'Ginger' O'Connell a garcharwyd yn ddiweddarach yn y Fron-goch, y Prif Swyddog cyntaf i'w ddanfon yno.

Bu'n rhaid i MacSwiney alw'n bersonol yng nghartref y

brodyr Hales yn Ballinadee i'w perswadio i ufuddhau i ail orchymyn Eoin Mac Néill i'r Gwirfoddolwyr beidio â chodi arfau. Erbyn i alwad Pearse i ymladd ar ddydd Llun y Pasg gyrraedd, roedd hi'n rhy hwyr. Er gwaethaf hynny cymerwyd tri aelod o deulu Hales a thri o deulu O'Donoghue yn ogystal â MacSwiney i'r ddalfa. Ar wahân i un o'r brodyr Hales, cyrhaeddodd y gweddill Wersyll y Fron-goch.

Yn wahanol i'r rhelyw o'r carcharorion a gafodd eu gyrru drwy strydoedd Dulyn tuag at y llong wartheg, cafodd MacCurtain a'i griw, ar 30 Mai yn ôl ei dystiolaeth ei hun, eu cymeradwyo gan y dorf. Danfonwyd ef a MacSwiney yn gyntaf i Garchar Richmond ac yna ymlaen i'r Fron-goch. Ar 11 Mehefin, etholwyd y ddau'n aelodau o Bwyllgor Gwaith Cyngor Cyffredinol y Gwirfoddolwyr. Cawsant hefyd eu penodi yn Gomandantiaid. Dewiswyd MacCurtain yn ogystal i fod yng ngofal y gwersi Gwyddeleg. Yn ddiweddarach bu'r ddau'n allweddol yn y symudiad i droi'r Cyngor Cyffredinol o fod yn gorff gweinyddol i fod yn gorff milwrol. O dan y drefn newydd penodwyd MacCurtain i fod yng ngofal stafell gysgu rhif 2 yng Ngwersyll y De tra oedd MacSwiney yng ngofal stafell gysgu rhif 4.

Yn ei gyfrol *Enduring the Most: The Life and Times of Terence MacSwiney* ceir hanesyn gan Francis J. Costello am MacSwiney yn dadlau â Gearoid O'Sullivan, aelod digyfaddawd o'r *IRB*, ar benderfyniad rhai o'r dynion i wrthod glanhau toiledau a bwcedi slop y milwyr. Credai MacSwiney y dylent wneud hynny ond O'Sullivan a orfu. Dywed Costello hefyd i MacSwiney, am ryw drosedd neu'i gilydd, dreulio cyfnod mewn caethiwed ar ei ben ei hun.

Datgelodd Seán T. O'Kelly gyfrwystra MacSwiney wrth iddo lwgrwobrwyo swyddogion. Llwyddodd i berswadio un swyddog i ganiatáu i'r dynion ddarllen llythyron a ddanfonid iddynt cyn i'r sensor yn Llundain gael ei ddwylo arnynt a'u sensro mor llym fel y byddai tudalennau cyfan yn eisiau weithiau. Am eu gwaith byddai'r swyddogion llwgr yn derbyn tâl o ddwy botel o gwrw'r dydd.

Tra oedd yn y Fron-goch derbyniodd MacSwiney un ymweliad gan ei chwaer, Mary, a hynny ar 27 Mehefin, am 2.00 ac am chwarter awr yn unig. Daliodd Mary hefyd ar y cyfle i ymweld â MacCurtain, eto am chwarter awr. Pan wnaeth hi gais am ymweliad arall, fe'i gwrthodwyd er gwaethaf cefnogaeth dau aelod seneddol o'r Blaid Wyddelig, J.C. Dowdall a Tim Healy. Yn wir, cododd Healy'r mater ar lawr y Tŷ ar 6 Mehefin. Ateb y Swyddfa Gartref oedd bod Gwersyll y Fron-goch wedi ei lethu gan ymwelwyr ac na ellid caniatáu ail ymweliad i Mary MacSwiney.

Gweithiodd Mary yn ddiflino dros garcharorion gweriniaethol a oedd yn y Fron-goch ac yn y gwahanol garchardai. Yn Lerpwl, er enghraifft, sefydlodd bwyllgor cefnogi a ddanfonodd i'r Fron-goch allor symudol, harmoniwm, offer golchi, sebon, dillad a phêl-droed. Llwyddodd hefyd i ennill cefnogaeth y Tad Thomas McGarvey, a fu'n weithgar iawn dros hawliau'r carcharorion.

Ymddengys nad oedd Terence MacSwiney yn dawel ei feddwl yn y Fron-goch. Mewn llythyr at ei chwaer dywedodd carcharor arall o'r enw Sheehan fod ei brawd, er yn iach ac mewn ysbryd da, yn ymddangos ychydig yn ddiflas ac yn anhapus â'i gaethiwed. Ymddangosai, meddai, fel petai yn dioddef o'r gwres neu gyda'i nerfau.

Yn y cyfamser roedd y milwr yn MacSwiney yn dal yn weithgar. Yn ôl J.J. O'Connell, a oedd gydag ef yn y Fron-goch ac yn Reading, ef oedd y prif symbylydd wrth fynnu fod yr astudiaeth ddamcaniaethol o ryfel *guerrilla* yn cael ei pharhau. Mynnai MacSwiney fod y dynion yn derbyn hyfforddiant mewn drilio a danfon signalau ynghyd ag astudio hanes a dadansoddiad y dulliau o ryfela a gâi eu hymarfer yn y Rhyfel Mawr.

Ar 11 Gorffennaf, trosglwyddwyd MacSwiney a MacCurtain

i Garchar Reading, lle cedwid y prif wrthryfelwyr. Wrth i MacCurtain adael, disgrifiwyd yr achlysur gan un o'r carcharorion, Paul Dawson Cusack o Swydd Longford, fel un anodd i ddweud ffarwél. 'Siaradasom gymaint, chwarddasom gymaint a dod yn gymaint ffrindiau fel y byddai, yn anffodus, petawn yn disgrifio'r cyfan a deimlaf yn cael ei ystyried fel gor-ddweud,' meddai.

Ysgrifennodd Thomas Boylan o Ddulyn nodyn o ffarwél iddo yn dweud, 'Heb fod yn ddyn o fynych eiriau, fedra i ddim dweud y cyfan y dymunwn ei ddweud wrthyt, ond o waelod calon dymunaf i ti rwydd hynt. Fy ngweddi barhaus fydd i ti gael dy lenwi â gwroldeb ac i oddef yn llwyddiannus ac yn ddewr beth bynnag a achosir i ti ac y cei yn fuan dy adfer i gwmni dy ffrindiau ac i ryddid.'

Rhyddhawyd y ddau o Garchar Reading yn gynnar ym 1917. Yna, yn dilyn llwyddiant Joseph Plunkett dros Sinn Féin yn is-etholiad Roscommon, penderfynodd yr awdurdodau yng Nghastell Dulyn arestio 26 o arweinwyr gwahanol fudiadau cenedlaethol, yn eu plith MacCurtain, Mac Swiney a hefyd Seán T. O'Kelly, eu cyn-gymrawd yn y Fron-goch. Alltudiwyd deg ohonynt a chyhuddwyd y mwyafrif o'r rheiny a arestiwyd o arddangos y faner drilliw, o yngan geiriau a allai achosi anniddigrwydd a chanu caneuon annheyrngar. Methodd y tactegau ac etholwyd Joseph McGuinness fel *TD* ar ran *Sinn Féin* dros Dde Longford.

Etholwyd MacCurtain yn Gynghorwr *Sinn Féin* dros ogledd-orllewin Corc cyn cael ei ethol yn Arglwydd Faer ar 30 Ionawr 1920. O'r cychwyn bu'n weithgar wrth frwydro yn erbyn llygredd mewn llywodraeth leol a derbyniodd nifer o fygythiadau. Roedd yr heddlu wedi bod yn cadw golwg fanwl arno ar hyd y blynyddoedd.

Er gwaethaf methiant milwrol Gwrthryfel y Pasg roedd MacCurtain a MacSwiney, ynghyd ag un arall o'u cynghreiriaid yn y Fron-goch, Michael Brennan o Ddwyrain

Clare, yn frwdfrydig dros gychwyn gwrthryfel arall. Eu syniad oedd ymosod yn ddidrugaredd ar farics yr heddlu mewn un ardal ac yna gwneud yr un peth ymhen ychydig amser mewn ardal arall. Gwrthodwyd hyn gan yr arweinwyr yn Nulyn a disgrifiwyd y syniad gan Richard Mulcahy fel gwrthryfel teithiol.

Awgrymir gan fwy nag un hanesydd fod MacCurtain a MacSwiney yn dal i deimlo'n euog am atal y Gwrthryfel yn ardal Corc. Câi carcharorion o Swydd Corc eu hatgoffa'n aml gan garcharorion eraill yn y Fron-goch am eu methiant i godi arfau. Teimlid y dylasai Corc, o bob ardal, fod wedi bod ynghanol y brwydro. Roedd i'r ardal hanes fel un o'r mannau mwyaf gwrthryfelgar yn Iwerddon. O leiaf roedd gan Brydain achos i gredu hynny.

Cadarnheir hyn gan Peter Hart yn ei gyfrol *The IRA and its Enemies.* 'Deuai graddedigion mwyaf pybyr Corc yn y Fron-goch a Richmond o Frigadau Macroom a Bandon a Chwmni Cobh,' meddai, 'dynion fel teuluoedd Hales, Begley, Manning a Walsh.'

Erbyn 1920 roedd Swydd Corc yn ferw gyda thraean o fyddin Prydain yn Iwerddon wedi ymsefydlu yno. Cychwynnwyd polisi didrugaredd o weithredu dialgar llygad am lygad a dant am ddant yno.

Yn ôl Richard Bennett yn *The Black and Tans* credai Lloyd George mewn polisi o wrth-lofruddio. Credai y dylai dau Weriniaethwr gael eu llofruddio am bob un teyrngarwr a gâi ei ladd. Roedd ymddygiad y *Black and Tans* a'r *Auxies* erbyn hyn yn rhemp wrth iddynt ysbeilio a lladd yn ôl eu mympwy. Gwnaed llawer o hyn fel dial yn dilyn llwyddiannau cynyddol carfanau taro-a-chilio Tom Barry ac eraill.

Ar 20 Mawrth, yn ystod oriau mân y bore, torrodd criw o blismyn arfog i mewn i gartref MacCurtain yn Thomas Davis Street. Disgrifiodd ei wraig, Elizabeth, hwy fel dynion wedi lliwio'u hwynebau yn ddu fel na ellid eu hadnabod.

Rhuthrodd rhai ohonynt i fyny'r grisiau. Wrth i MacCurtain ddod allan o'i stafell fe'i saethwyd ddwywaith, a hynny yng ngŵydd ei deulu. Bu farw funudau yn ddiweddarach, a hynny ar ddiwrnod ei ben-blwydd yn 36 oed.

Cafodd y digwyddiad effaith ddofn ar Michael Collins. Mewn llythyr at Terence MacSwiney dywedodd, 'Nid oes gen i fawr o galon yn yr hyn a wnaf heddiw wrth feddwl am Tomás, druan. Dyma yn siŵr y digwyddiad mwyaf ofnadwy hyd yma.'

Ceisiodd yr awdurdodau osod y bai ar Weriniaethwyr a oedd yn anhapus â dulliau MacCurtain o weithredu. Ond yn y cwest dygodd y crwner ddyfarniad o lofruddiaeth yn erbyn Heddlu Brenhinol Iwerddon, Llywodraeth Prydain, y Prif Weinidog Lloyd George, uwch swyddogion Byddin Prydain ac uwch swyddogion yr heddlu yn Ninas Corc, yn cynnwys yr Arolygwr Ardal, Oswald R. Swanzy. Credai llawer o Weriniaethwyr mai Swanzy oedd wedi arwain y cyrch.

Yn *Raids and Rallies* dywed Ernie O'Malley mai dienyddwyr MacCurtain oedd y giwed lofruddio gyntaf i weithredu yn Iwerddon. Caent eu hadnabod fel yr *Igoe Gang* ar ôl eu harweinydd, Eugene Igoe, Rhingyll yn Heddlu Brenhinol Iwerddon. Deuent, meddai O'Malley, o ardaloedd Dovea a Thurles. Eu polisi oedd targedu Gweriniaethwr arbennig. Ac os nad oedd hwnnw yn digwydd bod gartref, fe wnâi ei frawd y tro. Yr awgrym oedd bod y cwnstabliaid hyn yn gweithredu gyda bendith yr awdurdodau, neu o leiaf fod yr awdurdodau yn cau eu llygaid i'w gweithredoedd. Roedd MacCurtain wedi bod yn un o brif dargedau'r giwed lofruddio ers tro. Rhybuddiwyd ef fod ei fywyd mewn perygl gan ei hen gyfaill yn y Fron-goch, Michael Ó Cuill. Ond anwybyddodd MacCurtain y rhybudd.

Danfonwyd Swanzy o Ddinas Corc er mwyn ei ddiogelwch ei hun i dref Lisburn yn Swydd Antrim lle'r oedd mwyafrif teyrngarol. Ond canfu Collins ei leoliad. Pan glywodd Brigâd 1 Corc am hyn bu dadlau brwd rhwng yr aelodau pwy gâi'r fraint o ddial am farwolaeth eu Comandant. Ond gan y byddai acen Corc yn sefyll allan yn amlwg yn y gogledd, penderfynodd Collins ddanfon un yn unig yno, Seán Culhane, y Swyddog Gwybodaeth. Trosglwyddwyd iddo ddryll llaw personol MacCurtain ar gyfer y gorchwyl.

Ar ddydd Sul, 22 Awst, cyfarfu Culhane â chriw bychan o Wirfoddolwyr Belfast yn Lisburn. Allan o ffenest tacsi, adnabu Culhane ei darged wrth i Swanzy ddod allan ymhlith addolwyr o eglwys yn y dref. Gwaeddodd Culhane, 'Hei! Swanzy!' Trodd hwnnw a thaniodd Culhane gan waeddi eto, 'Mae hynna oddi wrth MacCurtain.'

Bu dial didrugaredd gan yr awdurdodau ac aelodau o fudiad Llu Gwirfoddolwyr Ulster, yr *UVF*. Bu terfysg difrifol am bedair awr ar hugain. Lladdwyd un dinesydd diniwed, llosgwyd trigain o adeiladau a gwnaed cannoedd o Gatholigion yn ddigartref.

Ni wnaeth lladd Swanzy unrhyw beth i atal polisi'r heddlu a'r milwyr o ddienyddio dinasyddion blaengar. Yn nhref Limerick y flwyddyn ganlynol llofruddiwyd tri chenedlaetholwr amlwg yn cynnwys y Maer, George Clancy, a'i ragflaenydd, Michael O'Calaghan. Saethwyd y ddau yn farw ar yr un noson, 7 Mawrth, 1921. Bwriadwyd hefyd lofruddio'r Gwir Barchedig Dr Fogarty, Esgob Killaloe, a oedd yn gefnogol i'r Gweriniaethwyr, ond methodd y cynllwyn hwnnw.

Olynwyd MacCurtain fel Comandant Brigâd Rhif 1 Corc ac fel Arglwydd Faer Dinas Corc gan ei gyfaill Terence MacSwiney. Yn y cyfamser cyhoeddodd Llywodraeth Prydain Ddeddf Adfer Trefn yn Iwerddon. Un o'r rhai cyntaf i'w dwyn i'r ddalfa o dan y Ddeddf oedd MacSwiney. Fe'i cipiwyd mewn cyfarfod o arweinwyr yr *IRA* yn Neuadd y Ddinas yng Nghorc ar 12 Awst. Danfonwyd 21 ohonynt i garchar. Aeth un ar ddeg o'r carcharorion, yn ogystal â

MacSwiney, ar streic newyn. Y Maer oedd yr unig arweinydd enwog y gallai'r awdurdodau ei adnabod felly rhyddhawyd y mwyafrif o'r gweddill. Ar drydydd diwrnod ei garchariad – roedd wedi cychwyn ar ei ympryd ar y diwrnod cyntaf – fe ddanfonwyd MacSwiney mewn llong ryfel ar ei ffordd i Garchar Brixton.

Nid yn unig roedd MacSwiney yn Arglwydd Faer Corc, roedd hefyd yn *TD* dros Corc Ganol. Roedd yn athro, bardd a dramodydd ac yn Weriniaethwr digyfaddawd. Bu'n gefnogol iawn i'r syniad o sefydlu Llysoedd Cyflafareddiadyddol yn annibynnol ar lysoedd Prydeinig.

Y cyhuddiad yn erbyn MacSwiney oedd iddo fod ym meddiant dwy ddogfen gyfrinachol o eiddo'r heddlu ynghyd â nodiadau ar gyfer araith yn galw am frwydr ddigymrodedd yn erbyn awdurdod Prydain. Fe'i cafwyd yn euog a'i ddedfrydu i ddwy flynedd o garchar. Yn ei araith i'r llys, cyhoeddodd y deuai'n rhydd naill ai yn fyw neu'n farw gan na wnâi gymryd bwyd tra byddai yng ngharchar.

Cymwys yma fyddai olrhain y traddodiad Gwyddelig o ymprydio. Mae'r ympryd defodol, neu'r *troscad*, yn mynd yn ôl i oes y seintiau cynnar a cheir hanes am Sant Padrig ei hun yn ymprydio fel dull o ennill cyfiawnder dros ei elynion. Yn ôl y traddodiad, meddai Peter Bereford Ellis yn *The Druids*, byddai rhywun a gafodd gam yn cael yr hawl i eistedd y tu allan i ddrws tŷ unrhyw un a wnaethai'r cam hwnnw iddo gan ymprydio yno nes y gwnâi'r drwgweithredwr gydnabod y cam. Byddai unrhyw elyn a wnâi anwybyddu ympryd o'r fath yn dioddef cosbedigaeth oruwchnaturiol. Doedd dim ffiniau dosbarth i'r *troscad*. Câi cardotyn orfodi cyfiawnder yn erbyn brenin drwy ymprydio yn ei bresenoldeb.

Aeth rhai haneswyr mor bell â dweud i weithred MacSwiney gael dylanwad yn ddiweddarach ar Gandhi wrth i hwnnw ddefnyddio streic newyn fel arf gwleidyddol. Ond y gwir amdani yw bod gan yr Hindŵiaid eu traddodiad eu hunain o ymprydio, y *dbarna*, neu 'ddisgwyl am farwolaeth'.

Yng Ngharchar Brixton, ac yntau'n treulio'i chweched tymor o garchariad ers 1916, parhaodd MacSwiney â'r ympryd a gychwynnodd ar ddiwrnod ei arestio. Erbyn iddo gael ei ddanfon o'r llys i'r carchar roedd eisoes yn rhy wan i gael ei fwydo drwy orfodaeth.

Bwriad MacSwiney oedd para'n fyw mor hir â phosibl er mwyn tynnu'r sylw mwyaf eang at achos Iwerddon ac, wrth gwrs, er mwyn gorfodi'r awdurdodau i'w ryddhau. Wrth i'w iechyd waethygu, daliai'r byd ei anadl mewn arswyd ac yn y gobaith y gwnâi'r awdurdodau ddangos trugaredd. Bygythiodd docwyr yn Efrog Newydd fynd ar streic a galwodd Maer y ddinas honno am ei ryddhau. Galwodd 300,000 o Gatholigion ym Mrasil am i'r Pab ymyrryd. Yn Lloegr galwodd y Blaid Lafur am i'r Llywodraeth ddangos trugaredd.

Yn Jullundur yn y Punjab ar 25 Mehefin, aeth 250 o Wyddelod ym Mataliwn Gyntaf y *Connaught Rangers* ar streic anufudd-dod yn erbyn yr hyn oedd yn digwydd yn Iwerddon. Gwrthodasant ymladd ac o ganlyniad dedfrydodd llys milwrol 62 ohonynt i'w dienyddio. Yn achos James Daly, gweithredwyd y ddedfryd wrth iddo orfod wynebu gynnau ei gyd-filwyr.

Parhaodd y protestiadau yn fyd-eang. Yn ôl dogfennau na ryddhawyd tan 2003 fe geisiodd y Brenin ei hun, Siôr y Pumed, ymyrryd. Ond cyhoeddodd Lloyd George, ar 25 Awst, y byddai rhyddhau MacSwiney yn medru arwain at ryddhau pob streiciwr newyn, beth bynnag fyddai ei drosedd. Byddai'n sicr o arwain at chwalu cyfraith a threfn ac ni allai dderbyn y cyfrifoldeb hwnnw.

Yn y cyfamser bu farw un o'r ymprydwyr eraill, Michael Fitzgerald, yng Ngharchar Corc ar 17 Hydref. Ac ar saith degfed diwrnod ei ympryd, aeth MacSwiney yn anymwybodol. Ond cymaint oedd ei benderfyniad fel iddo hyd yn oed wedyn, wrthod agor ei geg yn wyneb unrhyw ymdrechion i orfodi bwyd arno. Bu farw am 5.40 y bore ar 25 Hydref, 74 diwrnod ar ôl cychwyn ei ympryd, y streic newyn hwyaf yn hanes gwleidyddol Iwerddon. Roedd yn 40 mlwydd oed. Oriau yn ddiweddarach bu farw un arall o ymprydwyr Carchar Corc, Joseph Murphy, yn 17eg oed. Ildiodd y gweddill yn dilyn ymyrraeth Arthur Griffith.

Roedd gŵr ifanc o Fiet-nam yn gweithio fel golchwr llestri mewn gwesty yn Llundain ar y pryd. Ei sylw ef am aberth Arglwydd Faer Corc oedd, 'Ni wnaiff unrhyw genedl sy'n meddu ar y fath ddinasyddion fyth ildio.' Ei enw oedd Ho Chi Minh.

Ysgydwyd pobl gyffredin gan farwolaeth MacSwiney. Trodd tua 30,000 allan i weld yr arch yn gorffwys yn Eglwys Gadeiriol Southwark. Yn eu plith roedd swyddog ifanc o Fyddin Prydain. Ei enw oedd Clement Attlee, a fyddai ymhen chwarter canrif yn disodli Winston Churchill fel Prif Weinidog.

Wrth i'r corff gael ei gludo drwy strydoedd Llundain, fe'i dilynwyd gan filoedd o drigolion Llundain, llawer iawn ohonynt yn Wyddelod, ar eu ffordd i Orsaf Euston lle gosodwyd yr arch ar y trên am Gaergybi. Dros yr arch taenwyd y faner drilliw Weriniaethol. Dilynwyd y corff gan osgordd o Wirfoddolwyr yn eu lifrai gwaharddedig. Nid pawb a gafodd y cyfle i dalu gwrogaeth. Ar ei ffordd ar y llong bost i Gaergybi i gyfarfod â chorff MacSwiney roedd ei hen gyfaill o'r Fron-goch, Micheál Ó Cuill, sef y gŵr a gerddodd i Ddulyn i frwydro yng Ngwrthryfel y Pasg. Ni chyrhaeddodd ben ei daith y tro hwn gan iddo gael ei arestio ar y llong.

Wrth i'r trên yn cario'r arch basio drwy orsaf Bangor, ymgasglodd nifer o fyfyrwyr Cymraeg, o dan arweiniad Lewis Valentine, ar y platfform i dalu gwrogaeth. Y bwriad oedd i frodyr a chwiorydd MacSwiney gludo arch eu brawd o Gaergybi i Ddulyn. Ond cafwyd ymyrraeth munud olaf gan y Llywodraeth. Ni châi'r corff ei gludo i Ddulyn. Penderfyniad y Cadfridog Syr Henry Wilson oedd hyn.

Wrth i'r trên gyrraedd Gorsaf Crewe trosglwyddodd Arolygwr o'r heddlu lythyr oddi wrth Syr Hamar Greenwood, yr Uwch Ysgrifennydd dros Iwerddon, i Peter, brawd MacSwiney, yn datgan na fedrai'r Llywodraeth ganiatáu i'r corff gael ei gludo i Ddulyn oherwydd yr ofnau o derfysg ac mai'r unig ddewis oedd cludo'r corff yn uniongyrchol i Ddinas Corc.

Yng Ngorsaf Caergybi gorfodwyd y teithwyr gan y 300 o blismyn oedd ar y trên a llu o *Auxilliaries* a *Tans* ar y platfform i gerdded tua'r llong. Ceisiodd rhai amgylchynu'r cerbyd lle gorweddai'r arch ond llwyddwyd i drosglwyddo'r corff ar graen i'r stemar *Rathmore*. Gwrthododd y galarwyr ymuno â'r corff ar y llong. Felly gadawodd gweddillion MacSwiney borthladd Caergybi gydag aelodau o'i deulu a'i ffrindiau yn gweddïo ar y doc. Ar 31 Hydref, galwyd am ddiwrnod o alar yn Ninas Corc a thrwy Iwerddon gyfan wrth i'r angladd gael ei gynnal.

Bu ymateb y wasg Brydeinig yn rhyfeddol o gydymdeimladol. Meddai'r *Daily Herald*, 'Mae iddo ei wobr – gwobr o wasanaeth fel un Crist i ryddid, yr uchaf o ddelfrydau dynoliaeth.' Ac meddai'r *Daily Telegraph*, 'Condemniodd Arglwydd Faer Corc ei hun i farwolaeth dros achos y credai ynddo'n angerddol, ac amhosib i bobl o reddfau daionus yw meddwl am y peth heb gael eu cyffroi.' Ar ddudalen flaen papur yn Ffrainc cafwyd y geiriau, *L'Irlande heroique – Bravo Le Lord Mayor de Cork*. Ac meddai'r *New York Times* am ei farwolaeth, 'galwch e'n ynfydrwydd, galwch e'n wallgofrwydd, fe erys yr hyn ydyw – arwydd o drychineb ddofn ar lwyfan yr oedd dynoliaeth gyfan yn ei wylio.'

Aeth Asquith mor bell â dweud mai'r penderfyniad i ganiatáu i MacSwiney farw oedd y camgymeriad gwleidyddol mwyaf y gellid ei gyflawni. A gwir y proffwydodd MacSwiney ei hun y gwnâi ei farwolaeth fwy i chwalu'r Ymerodraeth Brydeinig nag y gwnâi ei ryddhau.

Ddim ond yn gymharol ddiweddar yr agorwyd y ffeiliau ar farwolaeth MacSwiney. Dengys nodiadau Swyddog Meddygol y carchar, W.D. Higson, mor arteithiol oedd effaith y streic newyn ar y carcharor hyd yn oed ddau fis llawn cyn iddo farw.

'Mae'r carcharor yn awr yn mynd yn gynyddol wannach. Bu'n aflonydd eto yn ystod y nos ac ni chafodd unrhyw gwsg tan dri o'r gloch y bore. Dywed ei fod yn teimlo fel petai "yn sychu i fyny". Tymheredd 97.4, Pwls Gradd 60. Symudiad y galon yn wannach gyda churiad coll weithiau. Esboniais wrth y carcharor fore heddiw, ym mhresenoldeb ei offeiriad, y Tad Dominic, wedi i'w wrthwynebiad corfforol i fwyd dorri lawr, y dylwn wneud pob ymdrech i gyflwyno maetholion i'w system er mwyn ymestyn, os nad achub, ei fywyd.'

Wrth gymryd penderfyniad i fynd ar streic newyn roedd MacSwiney yn ymwybodol o'r effaith a gafodd marwolaeth Thomas Ashe yn llygaid y byd wedi i hwnnw ymprydio hyd angau yn ôl ym mis Medi 1917. Fe wnaeth hynny ddylanwadu ar y rhai oedd i ddilyn. Yn ystod Hydref 1923, galwyd ar i 300 o Weriniaethwyr fynd ar streic newyn. O fewn wythnos roedd 7,033 wedi ateb yr alwad. Ar 2 Medi 1923, bu farw Joseph Whitty o Wexford yng Ngwersyll y Curragh. Ar 28 Tachwedd, bu farw Denis Barry o Blackrock, Swydd Corc. Yn ôl erthygl gan Wayne Sugg yn *An Phoblacht* ym 1998 roedd Barry wedi bod yn y Fron-goch. Yn achos Barry, gwrthododd Esgob Corc, y Tad Cohalan, yr hawl iddo dderbyn y defodau Cristnogol llawn yn ei angladd. Ddau ddiwrnod wedi marwolaeth Barry bu farw streiciwr newyn arall, Andy Sullivan o Mallow, Swydd Corc, yn dilyn ympryd o 40 niwrnod ym Mountjoy. Bu farw rhai yn ddiweddarach o effeithiau'r ymprydio, yn cynnwys Dan

Downey, May Zambra, a aeth ar streic newyn yn un ar bymtheg oed, a Joe Lacey.

Ac ar hyd y blynyddoedd, bu'r streic newyn yn arf gwleidyddol gan Weriniaethwyr Gwyddelig. Ymhlith cyn-garcharorion o'r Fron-goch a fu ar streic newyn adeg Rhyfel y *Tans* roedd Billy Mullins, ffigwr amlwg ym Mrigâd Rhif 1 Swydd Kerry, Tomás Ó Maioileoin, Sam O'Reilly, Seán T. O'Kelly a Phil Shanahan.

Yn ystod y Rhyfel Cartref, ym mis Mawrth 1923, aeth cyfanswm o 91 o ferched ifainc a menywod ar streic newyn. Yn ystod Hydref yr un flwyddyn galwyd am 300 o wirfoddolwyr i wneud yr un peth. O fewn yr wythnos gyntaf roedd 1,033 wedi ateb yr alwad. Ar 23 Hydref bu farw Joseph Whitty o Wexford yn y Curragh. Ar 23 Tachwedd bu farw Denis Barry o Blackrock, Corc, gynt o'r Fron-goch. Yn ei angladd gwrthododd Esgob Corc, y Tad Cohalan a gweinyddu'r defodau llawn am yr ystyriai fod streic newyn yn drosedd. Ddeuddydd ar ôl Barry bu farw Andy Sullivan o Mallow ar ddeugeinfed diwrnod ei brotest. Ym Mountjoy bu farw Dan Downey. Fe'i dilynwyd gan May Zambra, 16 oed a Joe Lacey.

Cafwyd ymgyrchoedd tebyg yn ystod y tri a'r pedwardegau. Un o streicwyr newyn amlycaf diwedd y tridegau oedd Pat McGrath, cyn-garcharor yn y Fron-goch a ddienyddiwyd yn 1940 ar orchymyn de Valera.

Yn gynnar yn 1940 aeth saith o aelodau'r *IRA* ar streic newyn yn erbyn amodau Diwygiad Mesur Troseddau yn Erbyn y Wladwriaeth a luniwyd gan un arall o ddynion y Fron-goch, y Gweinidog Cyfiawnder, Gerry Boland. Ymhlith y saith roedd Tomás MacCurtain Iau, mab cyn-Arglwydd Faer Corc. Bu farw Tony D'Arcy a Seán McNeela. Roedd MacCurtain wedi'i ddedfrydu i'w ddienyddio am saethu ditectif yn farw. Ond byddai dienyddio dyn a oedd yn fab i un o arwyr Rhyfel y *Tans* wedi achosi trafferthion o'r mwyaf i lywodraeth de Valera. Newidiwyd y gosb i un o garchar am oes.

Yng Ngharchar Belfast ym mis Mehefin 1943 efelychodd 22 o garcharorion Gweriniaethol brotest a welwyd gyntaf yn y Fron-goch wrth iddynt wrthod gwisgo'u lifrai carchar a 'mynd ar y blanced'. Yna, ym mis Ebrill 1946, bu farw Seán McCaughey yn dilyn streic newyn yng Ngharchar Portlaoighise. Yn ei achos ef, gwrthododd nid yn unig fwyd ond hefyd ddiod. Yn ystod y pedair blynedd a hanner y bu yng ngharchar ni chafodd unwaith fynd allan i'r awyr agored na chael gweld golau dydd.

Erbyn y saithdegau, ailgydiwyd yn y streic newyn fel arf. Daeth y chwiorydd Dolours a Marion Price yn enwau cyfarwydd. Ar 12 Chwefror 1976, bu farw Frank Stagg yng Ngharchar Wakefield yn dilyn streic newyn a barhaodd am 66 niwrnod fel protest dros adfer statws arbennig. Yna, yn 1980, aeth saith o garcharorion Gweriniaethol – tair ohonynt yn fenywod – ar streic newyn fel protest dros sicrhau statws gwleidyddol. Yna, rhwng 5 Mai ac 20 Awst y flwyddyn ganlynol, cyrhaeddodd y protestiadau eu penllanw gyda deg carcharor Gweriniaethol yn marw ar ôl treulio rhwng 46 a 73 diwrnod ar streic newyn, tri ohonynt ar yr un diwrnod. Yr enwocaf oedd Bobby Sands, a fu farw ar ôl 66 niwrnod o wrthod bwyd. Y lleill oedd Francis Hughes (59 diwrnod), Patsy O'Hara (59), Raymond McCreesh (61), Joe McDonnell (61), Martin Huson (46), Kevin Lynch (71), Kieran Doherty (73), Thomas McElwee (62) a Michael Devine (60).

Yn ei gyfrol ar y Fron-goch dywed Sean O Mahony na fyddai hanes y frwydr Weriniaethol yn gyfan heb streic newyn, ac yn y Fron-goch cafwyd nifer ohonynt. Y nifer uchaf i wneud hynny ar yr un pryd oedd 200. Gorfodaeth filwrol oedd prif asgwrn y gynnen bryd hynny. Parhaodd am ddau ddiwrnod cyn i'r awdurdodau ildio.

Ceisiodd Caplan y Gwersyll, y Tad Stafford, eu perswadio i roi'r gorau i'w gweithred ar sail foesol a chrefyddol Gatholig, rhywbeth a ailadroddwyd yn y Blociau 'H' yn 1981 pan wnaeth y Cardinal Basil Hume bregethu'r un neges. Aeth Patrick Daly ar streic newyn yn y Fron-goch am bedwar diwrnod am iddo gael ei wahardd rhag gorffen ysgrifennu llythyr at ei wraig. Ar ymyrraeth meddyg y Gwersyll, Dr Peters, ildiodd Heygate-Lambert. Ond carcharwyd Daly yn Lerpwl am 56 niwrnod am anufudd-dod.

Aeth dau arall, Matthew Kent a Hubert Cahill Wilson, ar streic newyn am i'w llythyron gael eu hatal. Ar ôl pedwar diwrnod addawyd y caent yr hawl i dderbyn eu llythyron. Ond twyll fu hyn i geisio'u cael i ddatgelu manylion am eu hunain.

Ond erys y cwestiwn a yw streic newyn yn ddull di-drais o brotestio? Yn ei gyfrol ar hanes MacSwiney, *Enduring the Most*, dywed Francis J. Costello fod yr Arglwydd Faer wedi pwysleisio ei fod yn marw fel milwr dros Iwerddon. 'Defnyddiodd MacSwiney ei gorff fel arf yn erbyn yr ymerodraeth,' medd Costello. 'Gweithred o brotest oedd ei streic newyn, ond nid oedd yn weithred ddi-drais. Drwy achosi trais iddo'i hun, ceisiodd MacSwiney achosi mwy o drais i Brydain.'

Mynnodd Costello hefyd i dynged MacSwiney gael ei phenderfynu o'r diwrnod cyntaf iddo fynd ar streic newyn. Drwy hynny, meddai, aeth yn garcharor i burdeb ei brotest ei hun. 'Erbyn canol mis Medi, gan sylweddoli na wnâi'r Llywodraeth Brydeinig ildio, cafodd ei hun wedi ei gaethiwo'n anobeithiol o fewn parhad ei brotest. Ni fedrai droi'n ôl. I ddyn a wnaeth ysgrifennu gymaint am wroldeb a gwladgarwch, gwyddai y byddai hynny'n dynged waeth na marwolaeth.'

Deil marwolaeth MacSwiney i ysbrydoli ymladdwyr dros gyfiawnder ledled y byd. Ym 1990 rhyddhawyd o garchar yn Tiblisi aelod o fudiad annibyniaeth Georgia, sef Gamsa Kurdia. Dywedir i dad Kurdia unwaith ddweud wrth Lenin, 'Un dydd fe gawn ni ein MacSwineys a'n Casements ein hunain'.

Na, does dim byd yn newid nac yn newydd. Yn hanes y ddau Arglwydd Faer daw eironi, fel sy'n digwydd mor aml yn hanes Iwerddon, i'r amlwg. Yn 1938, yn dilyn deddfwriaethau llym yn erbyn gweithgareddau gweriniaethol gan de Valera, carcharwyd Seán MacSwiney, brawd Terence, a Tomás MacCurtain Iau. Ymddangosodd y ddau yn y llys wedi eu cyffio wrth ei gilydd.

8

McKee a Mulcahy

Os Michael Collins fyddai'r ffigwr amlycaf – a'r mwyaf rhamantus a dadleuol – i ddod allan o'r Fron-goch, nid ef oedd yr unig ddarpar-arweinydd yno o bell ffordd. Dylid cysylltu Collins â dau arall a fu'n allweddol yn yr ymdrech i baratoi'r Gwirfoddolwyr ar gyfer y brwydrau oedd i ddod.

Marwolaeth Thomas Ashe, yn dilyn streic newyn yn 1917, a arweiniodd yn uniongyrchol at sefydlu cnewyllyn Staff Pencadlys Cyffredinol y mudiad Gweriniaethol ym mis Mawrth 1918. Thomas Ashe oedd un o arwyr Gwrthryfel y Pasg 1916, yn ail mewn pwysigrwydd i de Valera ymhlith yr arweinwyr a wnaeth oroesi. Fe'i dedfrydwyd i'w ddienyddio, ond diddymwyd hyn i gosb o garchariad. O'i ryddhau ym mis Gorffennaf 1917 roedd yn dal yn gwbl ddiedifar.

Fel Llywydd yr *IRB* aeth ati ar unwaith i ad-drefnu'r mudiad hwnnw ledled Iwerddon. Yn dilyn araith danllyd yn Longford fe'i harestiwyd ar gyhuddiad o dorri deddf *DORA*, sef Deddf Amddiffyniad y Deyrnas, am annog gwrthryfel. Fe'i danfonwyd i garchar am flwyddyn gyda llafur caled. Mynnodd statws gwleidyddol a'r hawl i wisgo'i ddillad ei hun ac i gael cymysgu â'i gyd-garcharorion. Ymwrthododd ag unrhyw waith carchar ac ar 15 Medi, fel ymateb i ystyfnigrwydd yr awdurdodau, fe aeth Ashe, ynghyd â chwech o'i gyd-garcharorion, ar streic newyn. Un o'r chwech oedd Tomás Ó Maioleoin, cyn-garcharor yn y Fron-goch. Defnyddiai Maioleoin y llysenw Seán Forde a bu'n weithgar iawn fel arweinydd Brigâd Gorllewin Limerick. Fe'i carcharwyd ar Ynys Beara ac ar Ynys Spike. Llwyddodd i ddianc o Spike gydag un o frodyr Terence MacSwiney. Adeg y Rhyfel Cartref fe'i carcharwyd fel Gweriniaethwr ond llwyddodd i ddianc eto, y tro hwn o Wersyll y Curragh. Roedd ei frawd, Séamus, hefyd yn y Fron-goch.

Ymateb awdurdodau'r carchar i benderfyniad Ashe i fynd ar streic newyn fu ei osod mewn gwasgod gaethiwo a gorfodi bwyd arno drwy biben a wthiwyd i lawr i'w stumog. Arweiniodd y gamdriniaeth hon at salwch a bu farw ymhen pum niwrnod. Yn y cwest cafwyd yr awdurdodau'n euog o fod yn annynol ac o weithredu dulliau peryglus, dideimlad a barbaraidd.

I'r Gwirfoddolwyr, trodd marwolaeth Ashe i fod yn bropaganda a wnâi dynnu sylw'r byd at yr hyn a ddigwyddai yn Iwerddon ac aeth Collins ati i drefnu a chydlynu'r angladd. Fel rhan o'r orymdaith gwelwyd 18,000 o undebwyr llafur a 9,000 o Wirfoddolwyr. Cyd-drefnydd yr angladd oedd Richard Mulcahy, dirprwy Ashe yng Ngwrthryfel y Pasg ac un o 'raddedigion' y Fron-goch.

Ar noswyl y Gwrthryfel roedd Mulcahy wedi ei ddanfon i Howth gan Connolly i dorri'r llinellau ffôn oedd yn cysylltu Dulyn a Llundain. Gan iddo'i chael hi'n amhosibl dychwelyd i'r ddinas, anelodd am Ashbourne i ymuno ag Ashe, a oedd yn paratoi i ymosod ar farics yr heddlu yno yng ngogledd Swydd Dulyn.

Cipiwyd y barics ond cyrhaeddodd trigain aelod o'r heddlu wrth gefn, gan adael dynion Ashe mewn sefyllfa amhosibl nes i Mulcahy dwyllo'r plismyn fod ganddo nifer sylweddol o ddynion. Mewn gwirionedd, doedd ganddo ond saith. Rhuthrodd y criw bychan ar yr heddlu a ffodd y rheiny ar unwaith.

Tasg fawr nesaf Mulcahy oedd teithio i Garchar Kilmainham i gael cadarnhad fod Pearse wedi ildio'n ddiamod ar y dydd Sadwrn. Clywodd y geiriau o enau Pearse ei hun.

Danfonwyd Mulcahy i'r Fron-goch o Garchar Knutsford ar 17 Mehefin. Gosodwyd ef yng ngofal *Company D* ac yna'n Swyddog yng Ngofal stafell gysgu rhif 3. Fe'i penodwyd hefyd yn gynnar yn Lefftenant. Yn fuan wedi iddo gael ei ryddhau fe'i penodwyd yn Arweinydd Ail Frigâd Dulyn ac yna yn Gyfarwyddwr Hyfforddi. Oherwydd ei ran yn y Gwrthryfel, collodd ei swydd fel peiriannwr yn y Swyddfa Bost. Aeth ati, felly, i astudio meddygaeth yng Ngholeg Prifysgol Dulyn.

Fe'i hetholwyd yn *TD* dros Clontarf yn 1918 ac ef oedd Gweinidog Amddiffyn cyntaf *Dáil Éirann*, Senedd Iwerddon. Gyda chymorth Cathal Brugha, gelyn mawr i Collins, llwyddodd i berswadio'r Gwirfoddolwyr i fynd o dan adain Llywodraeth y Weriniaeth Rydd. Yn dilyn y Rhyfel Cartref fe'i penodwyd yn Weinidog Amddiffyn yn y Llywodraeth ac yn Bennaeth Staff y Fyddin. Bu ei swyddogion yn gyfrifol am ddienyddio nifer o gyn-gymheiriaid yn ystod y Rhyfel Cartref ac wedyn. Yn hwyrach yn ei fywyd fe'i penodwyd yn Weinidog dros Addysg ac yn arweinydd plaid *Fine Gael*.

Diddorol nodi i Mulcahy a Seán T. O'Kelly briodi dwy chwaer, a'r rheiny'n chwiorydd i un arall o garcharorion y Fron-goch, Dr James Ryan. Siariai Ryan, a oedd wedi ymgeleddu James Connolly yn y Gwrthryfel, yr un cwt â Collins ond gwrthwynebodd y Cytundeb cyn cael ei benodi'n Weinidog Cyllid gan de Valera.

Fel Mulcahy, roedd Dick McKee yntau wedi chwarae rhan flaenllaw ym mrwydr Wythnos y Pasg. Yn argraffydd o ran crefft gyda chwmni cyhoeddwyr Gill a'i Feibion, roedd o dan arweiniad MacDonagh yn y Gwrthryfel. Yn llanc tair ar hugain oed, profodd ei aeddfedrwydd yn gynnar pan ymgasglodd torf elyniaethus y tu allan i ffatri Jacob's i brotestio'n chwyrn. Wynebodd McKee y dorf ar ei ben ei hun gan ymresymu â hwy a llwyddo i ennill eu cefnogaeth. Ef a'i ddynion yn ffatri Jacob's oedd ymhlith y rhai olaf i ildio. Gymaint oedd yr argraff a wnaeth ef a'i griw fel iddynt, wrth gael eu hebrwng gan filwyr Prydeinig i'r ddalfa, ddenu banllefau o gymeradwyaeth gan drigolion Dulyn – ymateb gwahanol iawn i'r hyn a gawsai mwyafrif mawr y Gwirfoddolwyr. Y Fron-goch fyddai pen y daith iddo yntau.

Pan aethpwyd ati i ddewis arweinwyr Staff y Pencadlys Cyffredinol, etholwyd Mulcahy o flaen Collins yn Bennaeth Staff. Dywedodd McKee wrth Collins ei hun ei fod yn rhy fyrbwyll i fod yn Bennaeth Staff. Dewiswyd Collins yn Gyfarwyddwr Trefniant a Dirprwy Cyffredinol. Oherwydd ei natur fyrbwyll, teimlwyd mai doeth fyddai ei osod o dan adain rhywun mwy sefydlog ei dymer fel Mulcahy. Dewiswyd Dick McKee yn Gyfarwyddwr Hyfforddi. Y ddau brif swyddog arall oedd Seán McMahon, y Prif Swyddog Cyflenwadau, un arall a fu yn y Fron-goch, a Rory O'Connor, y Cyfarwyddwr Cynllunio. Ond y tri mawr oedd Collins, McKee a Mulcahy.

'Roedd i'r tri ryw bresenoldeb corfforol sy'n creu arweinyddiaeth,' medd Ulick O'Connor. 'Fe ddisgrifiwyd Collins gan y bardd a'r llawfeddyg Oliver St John Gogarty fel rhywun "Napoleanaidd", ond yn fwy o faint ac yn fwy gwrywaidd na Napoleon. Ymddangosai Mulcahy, gyda'i gorff bychan, ystwyth, ei olygon myfyrgar a'i awgrym o egni mewnol, pwerus yn debyg i T.E. Lawrence, arweinydd y gwrthryfel Arabaidd. McKee oedd y talaf o'r tri, dros chwe throedfedd, yn llydan ei ysgwyddau a chyda cherddediad rhydd athletwr.'

Felly, tri o'r Pump Mawr, Mulcahy, Collins a McKee,

oedd â'r cyfrifoldeb pennaf dros ailwampio'r fyddin Weriniaethol a'i throi'n beiriant effeithiol a wnâi gario'r frwydr at y gelyn. Yr hyn a'u clymai yn bennaf oedd y frawdoliaeth a brofwyd yn y Fron-goch.

Nid rhamantu mo hyn. Yn ei gyfrol *Michael Collins and the Troubles* dywed Ulick O'Connor, 'Fe wnâi partneriaeth y tri brofi i fod yn ddeinamig. Yn ddiweddarach fe wnâi Collins, fel Cyfarwyddwr Gwybodaeth, greu rhwydwaith unigryw a wnâi ddarparu patrwm i grwpiau *guerrilla* gydol gweddill y ganrif. Fe wnâi McKee, fel cadfridog yn y maes, weithredu ar y wybodaeth a dderbyniai drwy'r fyddin gyfrinachol a hyfforddai gyda'r un effeithlonrwydd ffyrnig ag a wnâi ei gynghreiriaid ei arddangos yn eu meysydd eu hunain. Fe greodd Mulcahy, yn dawel, yr amodau a alluogai i'r cyfuniad o'r tri weithio orau. O hyn allan, roedd yr *IRB* ar delerau rhyfel – yn disgwyl y cyfle y gwyddent a ddeuai pan wnaent ollwng y Gwirfoddolwyr yn erbyn y grymoedd a wnâi eu gwrthwynebu.'

Yma, hwyrach, dylid esbonio'r cysylltiad rhwng yr *IRB*, sef yr *Irish Republican Brotherhood*, y Gwirfoddolwyr a'r *IRA*, sef yr *Irish Republican Army*. Nid esblygu o un i'r llall a wnaeth y mudiadau hyn. Am gyfnod bu'r tri mudiad yn bodoli yn fwy fel uned yn hytrach na thri mudiad ar wahân.

Yr *IRB* oedd y cyntaf o'r tri i ymddangos, a hynny yn ôl yn nyddiau'r Ffeniaid. Mudiad cyfrin gyda'r aelodau yn ymuno drwy dyngu llw oedd yr *IRB*, y fyddin gryfaf o bell ffordd yng Ngwrthryfel y Pasg gyda Tom Clarke, un o Lofnodwyr y Cyhoeddiad Annibyniaeth yn aelod selog.

Atgyfnerthwyd yr *IRB* gan fudiadau diwylliannol a mudiadau iaith, cymdeithasau chwaraeon Gwyddelig a chlybiau Gwyddelig. Roedd W.B. Yeats yn aelod. Gwelai rhai, fel W.J. Brennan-Whitmore, yr *IRB* fel mudiad rhy elitaidd. Ni wyddai mai o dan gochl yr *IRB* y recriwtiwyd ef tra oedd yn ffermwr ifanc yn Wexford. Pe gwyddai, meddai yn ddiweddarach, ni fyddai wedi ymuno. Ni wyddai tan fore dydd Llun y Pasg mai'r *IRB* oedd yn gyfrifol am drefnu'r Gwrthryfel.

Sefydlwyd y Gwirfoddolwyr fel ymateb i arfogi Gwirfoddolwyr Protestannaidd Ulster, a ffurfiwyd fel gwrthwynebiad i unrhyw fath o fesur hunanlywodraethol. I'r *IRB* roedd hwn yn ddatblygiad i'w groesawu gan i'r Gwirfoddolwyr weithredu yn fwriadol – ac yn anfwriadol – fel mudiad y gallai'r *IRB* guddio yn ei gysgod.

Llawer mwy anodd yw rhoi dyddiad i sefydlu'r *IRA*. Hyd yn oed yn ystod Gwrthryfel y Pasg, câi'r enw ei arddel. A cheir mwy nag un o garcharorion y Fron-goch – yn cynnwys brawd Thomas MacDonagh, sef John – yn arddel yr acronym. Ond enw yn unig oedd y fyddin bryd hynny. Ymdoddodd y Gwirfoddolwyr a'r *IRB* yn naturiol, gydag amser, i fod yn rhan o'r un fyddin.

Am yr enw *Irish Republican Army*, credir iddo gael ei ddefnyddio gyntaf mor bell yn ôl â Gwrthryfel 1867 pan gynlluniodd y Ffeniaid yn y Taleithiau Unedig gyrch ar Ganada. Ond cred Sean O Mahony yn ei gyfrol ar y Fron-goch mai'r foment ddiffiniol oedd honno adeg Gwrthryfel y Pasg pan gyhoeddodd James Connolly na fyddai bellach na Gwirfoddolwyr Gwyddelig na Byddin Dinasyddion Gwyddelig, neu'r *ICA*. Ni fyddai ond un fyddin, sef Byddin Gweriniaeth Iwerddon, neu'r *IRA*. Mae'n debyg iddo, mewn gorchymyn ysgrifenedig, hefyd gyfeirio'n benodol at yr *IRA*.

Yn ôl Liam Deasy yn *Brother Against Brother*, mabwysiadwyd yr enw *IRA* yn swyddogol yn dilyn cyfarfod o Staff y Pencadlys fis Hydref 1919. Cytunai Piaras Béaslaí i raddau helaeth yn ei gyfrol *With the IRA in the Fight for Freedom*. Ond yn raddol, meddai, y cydiodd yr enw a chymerodd tan 1919 cyn iddo gael ei dderbyn yn gyffredinol. Ond yn *An t-Oglach* (Y Rhyfelwr Ifanc), sef papur newydd y Gwirfoddolwyr, ym mis Rhagfyr 1918 nodir fod y Gwirfoddolwyr bellach yn cael eu hadnabod fel Byddin Gweriniaeth Iwerddon, sef yr *Irish Republican Army*.

Erbyn hynny, roedd y Gweriniaethwyr yn ei hystyried nid fel byddin o wrthryfelwyr ond fel byddin swyddogol gwladwriaeth newydd yr oedd ei bodolaeth wedi'i datgan oddi ar risiau'r GPO adeg Gwrthryfel y Pasg ac a gadarnhawyd yn ddemocrataidd yn ddiweddarach pan enillodd Sinn Fein fwyafrif llethol yn yr etholiad cyffredinol.

Aiff gwreiddiau'r *IRA* sy'n gyfarwydd i ni heddiw yn ôl i'r Cytundeb yn 1921 pan rannwyd y fyddin, gyda'r Fyddin Barhaol, y *Regulars*, yn cynrychioli Llywodraeth y Dalaith Rydd a'r Fyddin Afreolaidd, yr *Irregulars*, yn cynrychioli'r Gweriniaethwyr a wrthwynebai'r Cytundeb. Y Fyddin Afreolaidd oedd gwraidd yr *IRA* a ddilynodd cyn i honno hollti rhwng y Swyddogol a'r Darpariaethol ar ddiwedd y chwedegau. Yna arweiniodd chwilfriwiadau eraill at sefydlu Byddin Rhyddid Cenedlaethol Iwerddon (*INLA*) a Mudiad Rhyddid Pobl Iwerddon (*IPLO*) a mân fudiadau eraill. Erbyn y nawdegau gwelwyd mwy o raniadau gyda sefydlu'r *IRA* Parhaol a'r Gwir *IRA*. Y cyfan sy'n gyffredin rhwng y mân garfanau hyn yw eu bod oll yn hawlio mai hwy yw gwir etifeddwyr Gwrthryfelwyr y Pasg 1916.

Pan gododd Gwrthryfelwyr y Pasg, gosodwyd hwy i gyd yn yr un fasged gan eu gelynion a'u galw yn *Shinners*, sef *Sinn Féin*. Adain wleidyddol oedd *Sinn Féin*, plaid a sefydlwyd gan Arthur Griffith yn 1905 a aeth ymlaen wedi'r Gwrthryfel i ethol Aelodau Seneddol a wrthodai gymryd eu seddi yn San Steffan. Aelod o *Sinn Féin*, sef Iarlles Markievicz, oedd y fenyw gyntaf erioed i'w hethol i San Steffan.

Fel y Gwirfoddolwyr y câi aelodau'r fyddin eu hadnabod yng ngwanwyn 1918 wrth i Collins a McKee drefnu adrannau mewn gwahanol siroedd ar draws Iwerddon. Y trefnu hwn a'r ymarferiadau a ddilynodd, medd Ulick O'Connor, a roddodd fod i arweinwyr fel Tom Barry o Drydedd Frigâd Gorllewin Corc, Liam Lynch yng ngogledd Corc, y Brodyr Brennan yn Clare – roedd Michael a Patrick Brennan yn 'raddedigion' o'r Fron-goch – Seán McKeon yn

Longford, Seán Moylan yn Waterford ac Eoin O'Duffy ym Monahan. Fe drodd y rhain yn arwyr chwedlonol yng ngolwg y bobl, yn arbennig Barry, a gâi ei adnabod hyd ei fedd fel *The General*. Pan gwrddais ag ef ym 1979 roedd Tom yn hen a musgrell, yn ddall ac yn fyddar ond eto i gyd roedd ei ysgydwad llaw yn gadarn fel dur. Disgrifiad Barry, a hyfforddwyd yn filwrol ym myddin Prydain, o'r gatrawd symudol neu'r *Flying Column* oedd 'blaenbicell byddin y bobl'.

Yn yr ad-drefnu hwn roedd Dick McKee yn gwbl allweddol. Ef, medd Ulick O'Connor, oedd pensaer y math yma o frwydro a ddisgrifiwyd gan yr awdurdodau Prydeinig fel *ditch murder*. Yn ddiweddarach, medd O'Connor, byddai Mao Tse Tung yn Tseina, Tito yn Iwgoslafia, General Giap yn Fietnam, Che Guevara yn Ne America a Nelson Mandela yn Ne Affrica yn mabwysiadu'r union dactegau. Gallasai fod wedi ychwanegu Menachem Begin a Yitzak Shamir, dau o arweinwyr byddin gudd Iddewig yr *Irgun* ym Mhalesteina yn y pedwardegau. Aeth y ddau hynny ymlaen i fod yn Brif Weinidogion eu gwlad. Yn wir, dywed Tim Pat Coogan i Shamir, tra oedd yn aelod o'r *Irgun*, fabwysiadu'r llysenw 'Micail' fel teyrnged i Collins tra oedd Begin hefyd yn edmygydd mawr ohono fel y datgelodd yn ei hunangofiant *The Revolt*. Gallasai O'Connor hefyd fod wedi ychwanegu enw George Grivas, arweinydd y mudiad *EOKA* a fu'n brwydro dros Gyprus unedig ganol pumdegau'r ganrif ddiwethaf.

Byddai llwyddiant y colofnau bach symudol a'u tactegau hitio a ffoi, ac yn arbennig y chwalfa a gafodd yr *Auxiliaries* gan Tom Barry a'i griw yn Kilmichael ar 28 Tachwedd 1920 yn atseinio o gwmpas y byd. Daeth yn bwnc gosod mewn colegau milwrol fel Sandhurst a West Point. Dywedir i dactegau Barry gael eu hastudio gan yr Almaenwyr adeg yr Ail Ryfel Byd. Ac yn ei gyfrol *The IRA and its Enemies* dywed Peter Hart fod sail i'r chwedl fod y Siapaneaid, ar ôl cymryd Singapore, ym mis Ionawr 1942, wedi gorymdeithio i mewn yn canu *The Boys of Kilmichael*. A phwy oedd wedi ildio Singapore mor gachgïaidd i'r gelyn? Neb llai nag arweinydd Catrawd yr Essex yng Ngorllewin Corc adeg y Rhyfel Annibyniaeth, yr Uwchgapten Arthur Percival, un a ddisgrifiwyd gan Tom Barry fel y ffyrnicaf ei atgasedd tuag at y Gwyddelod o'r un swyddog Prydeinig arall yn Iwerddon. Rhaid bod geiriau'r gân a ganai'r Siapaneaid wedi merwino'i glustiau wrth iddynt ei atgoffa o'i fethiant cynharach.

Yn wir, mor ddiweddar â Ionawr 2004, fe wnaeth Golygydd Amddiffyn y *Daily Telegraph* olrhain tactegau brawychwyr Irac wrth lofruddio recriwtiaid i'r heddlu yn ôl yn uniongyrchol i Iwerddon 1916-1921. Dyfeisiwyd y tactegau gan yr *IRA*, meddai. 'Aeth yr *IRA* ati i wneud Iwerddon yn anrheoladwy gan ddewis Heddlu Brenhinol Iwerddon, neu'r *RIC* fel y prif darged. Achosodd hyn gryn gasineb ar y cychwyn gan fod yr *RIC* yn Gatholigion bron yn llwyr.

'Roedd listio yn ddihangfa gyffredin i feibion ieuengaf ffermwyr Catholig a oedd yn faich ar incwm y ffermydd bychain. Cychwynnodd yr *IRA* ymosod ar y swyddfeydd heddlu diarffordd gwledig lle trigai'r cwnstabliaid gyda'u teuluoedd gan eu gyrru i'r trefi.

'Trodd hyn yn frawychu wedi ei atgyfnerthu gan ddienyddiadau. Ffodd llawer o'r cwnstabliaid i Loegr, yn cynnwys y mwyafrif o Heddlu Dulyn, llu a oedd ar wahân.

'Gorfodwyd Llywodraeth Prydain i ddisodli'r plismyn coll gan recriwtiaid Prydeinig. Gwisgai'r mwyafrif o'r rhain gymysgedd o *khaki* a lifrai heddlu gan ddod i gael eu hadnabod fel y *Black and Tans*. Erbyn 1921 roedd Iwerddon, yn wir, yn anrheoladwy ac ildiodd Prydeinwyr y de i'r drefn genedlaethol newydd.'

Dyma, felly, sylwebydd papur newydd, ymron 90 mlynedd wedi Gwrthryfel y Pasg, yn olrhain tactegau *guerrilla* yn Irac yn ôl yn uniongyrchol at Collins, Mulcahy a McKee, ac – er na sylweddolai hynny – i'r Fron-goch. Yn ystod 1919-1922 llofruddiwyd 618 o blismyn yn Iwerddon, ymron ddeng gwaith yn fwy na'r nifer o filwyr Prydeinig a laddwyd yn yr un cyfnod.

Roedd McKee, yn arbennig, yn ddraenen yn ystlys yr awdurdodau Prydeinig. Bu'n gyfrifol am yr ymosodiad aflwyddiannus ar Arglwydd French, Llywodraethwr Prydain yn Iwerddon, yn Dame Street. Roedd ganddo gysylltiad agos hefyd â'r Pedwar Mawr yn y Rhyfel Annibyniaeth: Seán Treacy, Dan Breen, Seán Hogan a Seamus Robinson. Roedd Robinson, fel McKee, wedi bod yn y Fron-goch. Pan anafwyd Breen a'i adael ar wely angau, arweiniodd McKee ymgyrch i'w gludo i'r Mater Hospital a'i warchod yno tra oedd milwyr Prydeinig yn chwilio y tu allan. Fel y tyfodd ac y datblygodd y fyddin, felly hefyd wasanaeth cudd Prydain. Roedd gan Collins ei wasanaeth cudd ei hun, ynghlwm wrth adran bropaganda. Desmond Fitzgerald oedd y swyddog propaganda cyntaf gyda'r newyddiadurwr Piaras Béaslaí yn ei gynorthwyo.

Ar 20 Tachwedd 1920, cyfarfu Collins a Mulcahy â McKee a Peadar Clancy er mwyn cwblhau'r trefniadau ar gyfer taro yn erbyn y swyddogion cudd y bore wedyn – bore a gâi ei gofio fel *Bloody Sunday*. Gadawodd McKee a Clancy am dafarn Phil Shanahan yn y Gloucester Diamond. Roedd Phil yn hen gymrawd o'r Fron-goch a ffurfiodd griw o fechgyn dosbarthu papurau newydd i weithio fel ysbiwyr. Bu ar streic newyn dros ei ddaliadau. Fe wnâi fynd ymlaen i wrthwynebu'r Cytundeb ac i fod yn *TD*. Yn Nulyn cafodd bloc o fflatiau ei enwi ar ei ôl.

Yn nhafarn Shanahan y noson honno roedd un o ysbiwyr byddin Prydain. Dilynodd yr ysbïwr y ddau i dŷ diogel, cartref Seán Fitzpatrick yn Gloucester Street. Yna fe drosglwyddodd ei wybodaeth dros y ffôn i Gastell Dulyn. Cael a chael fu hi i McKee lwyddo mewn pryd i losgi'r papur a restrai enwau'r ysbiwyr oedd i'w saethu'r noson honno. Cymerwyd McKee a Clancy i Gastell Dulyn a'u taflu i gell lle'r oedd carcharor arall, Conor Clune, nad oedd ag unrhyw gysylltiad â'r Gwirfoddolwyr. Wedi dod i Ddulyn ar gyfer y gêm fawr yn Croke Park trannoeth yr oedd hwnnw.

Cymerwyd y carcharorion i'w holi gan y Capteniaid Hardy a King, dau a oedd yn enwog am eu dulliau creulon. Poenydiwyd y tri drwy eu trywanu droeon â bidogau ond gwrthododd McKee a Clancy ddatgelu unrhyw wybodaeth. Doedd Clune, druan, yn gwybod dim beth bynnag. Ar ôl eu hir boenydio, drwy eu trywanu droeon a thrwy dynnu eu hewinedd o'r gwraidd, saethwyd y tri yn farw. Esboniad yr awdurdodau oedd iddynt gael eu saethu wrth geisio dianc. Mae'r ffaith i Clune gael ei saethu 13 o weithiau yn awgrymu'n wahanol.

Pan glywodd Collins y newydd, aeth allan o'i gof. Roedd McKee, yn arbennig, yn gyfaill agos iddo. Gyda'r cyrff yn gorwedd yn y Pro Cathedral, arddangosodd Collins ei fyrbwylledd nodweddiadol drwy gerdded drwy ganol y milwyr i arwisgo'r ddau filwr mewn lifrai milwrol. Yn y gwasanaeth angladdol, o dan drwyn y gelyn, camodd ymlaen a gadawodd nodyn ar yr eirch yn darllen, 'Er cof am ddau gyfaill cywir, Dick a Peadar, dau o filwyr gorau Iwerddon, Miceal O'Coilleann, 25/11/1920.' Yna gosododd ei ysgwydd o dan yr eirch wrth iddynt gael eu cario at yr hers i'w cludo i Fynwent Glasnevin. Wrth ysgwydd McKee bob cam o'r siwrnai roedd ei hen gyfaill o'r Fron-goch, Batt O'Connor.

Ni fu haneswyr yn ddigon hael eu clod i bwysigrwydd McKee yn y frwydr dros ryddid Iwerddon. Ond gwyddai Collins ei bwysigrwydd. Yn dilyn angladd McKee arllwysodd Collins ei galon wrth Batt O'Connor. 'Fe fydd hi bron yn amhosib canfod dyn i gymryd ei le,' meddai. 'Doedd neb yn debyg iddo am y trylwyredd a ddefnyddiai wrth wneud trefniadau ar gyfer menter anodd neu beryglus. Ni wnâi esgeuluso'r manylyn lleiaf. A wyddost ti, Batt, yn ein brwydr, gall methiant i rag-weld popeth, ac i drefnu ar gyfer popeth, olygu trychineb. Fe wnawn i bob amser ymgynghori ag ef ynglŷn â'm cynlluniau fy hun cyn eu gweithredu. Ef oedd fy llaw ddehau wrth drefnu'r manylion ar gyfer cynlluniau ein dynion i ddianc o garchardai. Yn gyntaf fe wnawn awgrymu wrtho fy nhrefniadau ar gyfer unrhyw weithredu y gwnawn ei ystyried, ac os gwnaen nhw sefyll prawf cydsyniad Dick ymhob manylyn, yna ddim ond wedyn y gwnawn i fynd ymlaen â'r dasg.'

Olynwyd McKee fel Prif Swyddog Brigâd Dulyn gan un arall o gyn-garcharorion y Fron-goch, Oscar Traynor. Ef oedd yn gyfrifol am arwain y cyrch ar y Custom House ar 25 Mai 1921. Fel aelod o *Fianna Fáil*, gwasanaethodd fel Gweinidog Amddiffin.

Nid dyna oedd diwedd y stori am McKee a Clancy. Llwyddodd Phil Shanahan i ddarganfod yr ysbïwr a fradychodd y ddau. Galwyd ar Bill Stapleton, un o ddynion Collins ers dyddiau'r Fron-goch. Cymerwyd yr ysbïwr yn nhafarn gyfagos Hynes yn Gloucester Place a'i saethu, a gadawyd ei gorff ger y *Five Lamps* gerllaw.

'Roedd e'n ddyn cydnerth, a cheisiodd wadu ei ran,' meddai Stapleton wrth Ulick O'Connor. 'Ond fe aethom ag ef allan a'i saethu.'

Diddorol nodi mai cyn-heddwas milwrol oedd y bradwr, James Ryan, a mab (neu frawd, yn ôl Dan Breen) i un o geidwaid puteindy enwocaf Dulyn, Becky Cooper a anfarwolwyd yn un o ganeuon Dominic Behan, *'Dicey Riley'*. Roedd y nofelydd Liam O'Flaherty yn un o gwsmeriaid y lle, ac ar y digwyddiad hwn y seiliodd ei nofel enwog, *The Informer*, a drowyd yn ddiweddarach yn ffilm.

Dyma'r lle, hwyrach, i fanylu ar ran y garfan elitaidd a ffurfiwyd gan Collins i ddienyddio ysbiwyr Prydain, syniad arall a anwyd yn y Fron-goch. Roedd enwau'r Pedwar Mawr, y cyfeiriwyd atynt eisoes, yn wybyddus i'r awdurdodau. Dyma'r pedwar, i bob pwrpas, a symbylodd y Rhyfel Annibyniaeth wedi iddynt ymosod ar chwarel

Soloheadbeg yn Swydd Tipperary er mwyn dwyn ffrwydron ar 21 Ionawr 1919. Daeth enwogrwydd chwedlonol iddynt yn dilyn cipio Seán Hogan o dan drwyn ei warchodwyr ar drên yng Ngorsaf Knocklong. Hwy oedd prif filwyr Collins yn Nulyn ac roedd pris ar bennau'r pedwar. O'r pedwar, dim ond Treacy a gollodd ei fywyd yn ystod y rhyfel. Aeth Robinson ymlaen i wrthwynebu'r Cytundeb ac i fod yn *TD* ac yna'n Seneddwr.

Tra oedd enwau ac wynebau'r Pedwar Mawr yn hysbys, roedd angen rhwydwaith gudd ar Collins. Dyna pam yr aeth ati i sefydlu'r Garfan, neu'r Deuddeg Apostol. Dewisodd fel arweinydd Mick McDonnell, cyn-garcharor o'r Fron-goch a olynwyd wedyn gan un arall o 'raddedigion' y Gwersyll, Paddy Daly. Yn y Fron-goch bu Daly yn ddraenen barhaol yn ystlys yr awdurdodau. Bu'n rhan o streic newyn fel protest wedi iddo gael ei atal rhag ysgrifennu at ei wraig. Fe'i carcharwyd am 56 niwrnod gyda llafur caled yn Lerpwl. Ymladdodd ar ochr y Llywodraeth yn y Rhyfel Cartref a bu ef a'i ddynion yn rhan o nifer o erchyllterau yn erbyn milwyr Gweriniaethol.

Aelod arall o'r Apostolion i fod yn y Fron-goch oedd Jim Slattery, a gollodd un fraich wrth ymosod ar y Custom House yn Nulyn ym mis Mai 1921. Aeth ymlaen i fod yn Gyrnol ym Myddin y Dalaith Rydd. Un arall o'r Fron-goch oedd Martin Savage, a gollodd ei fywyd yn y cyrch ar Arglwydd French yn Ashdown Road ar 19 Rhagfyr 1919.

Yr enwocaf o'r Apostolion o'r Fron-goch oedd Bill Stapleton. Mabwysiadodd yr enw ffug George Moreland am ei fod yn swnio'n Brotestannaidd ac yn Iddewig, meddai wrth Ulick O'Connor. Roedd gan yr Apostolion ganolfan mewn hen siop yn Abbey Street lle byddent yn cymryd arnynt fod yn beintwyr. Yn awr ac yn y man, deuai neges i ddweud fod ysbïwr a ddanfonwyd o Brydain i saethu Collins wedi ei nodi, neu fod aelod o'r *Igoe Gang* i fod yn darged. Fe âi dau neu dri o'r Apostolion allan gyda swyddog gwybodaeth yn cerdded ychydig o'u blaen. Hwnnw wedyn fyddai'n rhoi arwydd i nodi pwy oedd y targed.

'Weithiau fe gymerai drwy'r dydd i ni ganfod y targed,' meddai Stapleton. 'Bryd arall byddai gennym wybodaeth bendant, gyda'r targed mewn man arbennig lle byddem yn disgwyl ei weld. Yna fe wnâi'r swyddog gwybodaeth dynnu ei het, hwyrach, a chyfarch y dyn. Byddai hyn yn arwydd i ni ddechrau saethu.'

Doedd canolfan yr Apostolion ddim ymhell o Gastell Dulyn, a olygai y medrai'r dienyddwyr bicio allan mewn oferôls, tanio at y targed, a rhuthro'n ôl o fewn munudau. Cyfaddefai Stapleton fod angen i'r wybodaeth fod yn gywir rhag saethu rhywun diniwed. 'Câi gofal mawr ei gymryd i sicrhau hynny. O ganlyniad doedden ni ddim yn teimlo fod angen i ni boeni. Wedi'r cyfan, milwyr oeddem ni yn gwneud ein dyletswydd. Wedyn, yn aml, fe fyddwn i'n troi i mewn i'r eglwys i offrymu gweddi dros y rhai wnes i saethu.'

Câi'r dienyddiadau hyn eu portreadu yn y wasg fel llofruddiaethau ciaidd. Un tro fe gymerodd Stapleton a Dolan deithiwr oddi ar dram rhif 8 yn Landsdown Road a'i saethu. Ynad lleol oedd hwn, Alan Bell. Ond yn ôl Dick Mulcahy, roedd y dienyddiad o'r pwysigrwydd mwyaf gan mai gwaith Bell oedd canfod y banciau lle'r oedd Collins wedi gosod cyllid Sinn Féin. Byddai gwybodaeth Bell wedi perygly holl fodolaeth Sinn Féin a'r Gwirfoddolwyr. Ar ben hynny roedd Bell wedi gweithredu fel ysbïwr i'r heddlu ers yr 1880au ac wedi gweithredu'n gudd hefyd yng ngorllewin Iwerddon. Yn ôl Piaras Béaslaí, ystyrid Bell gan Collins fel prif ddyn Gwasanaeth Cudd Prydain yn Iwerddon.

Un dydd danfonwyd Stapleton a Dolan – y ddau yn cario bagiau – mewn tacsi i Westy'r Wicklow i saethu porter a oedd wedi bradychu nifer o Weriniaethwyr. O gyrraedd y gwesty, cerddodd y porter draw at Stapleton a Dolan a chydio yn eu bagiau. Yno, yn llwythog gyda bagiau ymhob llaw, fe'i saethwyd yn farw.

Bryd arall danfonwyd ysbïwr, y Rhingyll Roche, draw o Tipperary i Ddulyn i adnabod Seán Treacy. Saethwyd Treacy yn farw yn Talbot Street, a'r diwrnod wedyn danfonwyd Stapleton i Parliament Street lle gwelodd ddau ddyn yn dynesu, y ddau yn sgwrsio'n gyfeillgar. Gwnaeth un ohonynt, a oedd yn un o ysbiwyr Collins, arwydd arbennig. Taniodd Stapleton at y llall tra trodd asiant Collins ar ei sawdl yn ôl i Gastell Dulyn.

Nodwyd eisoes yrfa lwyddiannus Richard Mulcahy. Roedd wedi dangos deunydd darpar arweinydd yn ystod ei fisoedd yn y Fron-goch. Cofiai Séamus Ó Maoileóin un digwyddiad yn dda yn ystod dadl am yr hyn a ddylai ddigwydd wedi i'r carcharorion gael eu rhyddhau. Cofiai yn arbennig ymateb Mulcahy.

'Ni ddaw rhyddid byth heb chwyldro,' meddai. 'Ond dwi'n ofni y bydd y Gwyddelod yn rhy feddal ar gyfer chwyldro. Er mwyn dwyn chwyldro i fodolaeth, bydd yn rhaid i ni gael dynion ffyrnig ag awydd am waed ynddyn nhw, dynion na fydd ots ganddynt am farw, lladd na thywallt gwaed. Nid chwarae plant 'mo chwyldro. Nid gwaith ar gyfer saint nac ysgolheigion 'mo chwyldro. Yn ystod chwyldro, bydd unrhyw ddyn, dynes neu blentyn nad yw o dy blaid yn dy erbyn di.' Gorffennodd gyda'r geiriau, *'Shoot them and be damned to them.'*

'Agorodd fy nghalon ato'n syth,' meddai Ó Maoileóin. 'Ymddangosai i mi mai Mulcahy fyddai'r arwr a wnâi ein harwain ni tuag at ryddid.'

Er gwaetha'i ymrwymiad i'r achos, doedd Mulcahy ddim yn aelod o'r *IRB*, a phrin fu'r cysylltiad fu rhyngddo ef a Collins tra oeddent yn y Gwersyll, yn ôl Maryann Gialanella Valiulis yn ei chyfrol *Portrait of a Revolutionary*. Tueddai, meddai, i ystyried ei hun fel un o bobl yr ymylon ac ni wahoddid ef i gyfarfodydd yr *IRB*. Ond cawn stori wahanol mewn dadl ar y Cyfansoddiad yn y *Dáil* ar 16 Hydref 1931. Yno cyhuddwyd Mulcahy, ynghyd â Collins a Gearóid O'Sullivan, gan Gerry Boland o ddwyn yr *IRB* i mewn i fyddin Iwerddon.

'Roeddwn i yno yn y cyfarfod hwnnw yn y Fron-goch pan wnaethost ti ad-drefnu [y fyddin] a phan ddes i allan o'r Fron-goch fe wnaethost ti a Mick Collins fy ngwahodd i [i fod yn rhan ohoni]. Ond wnawn i ddim,' meddai. 'Gwn mai ti yw un o'r bobl a gychwynnodd yr holl beth diawledig yma yn y Fron-goch, ti a'r giwed o'th gwmpas. Fe wnaethost ti greu cytundebau ffug yno. Fe wnes i drefnu criw o ddynion geirwir na wnaent arwyddo datganiad ffug. Ti ac ychydig o rai eraill wnaeth drefnu hyn oll a phasio'r Cytundeb diawledig.'

Ar y pryd roedd Mulcahy yn Weinidog dros Lywodraeth Leol ac Iechyd tra oedd Boland yn *TD* dros *Fianna Fáil*. Cyn hir byddai Boland yn Weinidog Cyfiawnder ac yn arwyddo gwarantau dienyddio Gweriniaethwyr, un ohonynt yn gyngarcharor gydag ef yn y Fron-goch.

O leiaf cytuna Valiulis mai yn y Fron-goch y gwnaeth Mulcahy brofi'r math o drefniant ac undod a wnaeth garchar yn brofiad mor bwysig a radicalaidd i gynifer o garcharorion. Ochr yn ochr â'i lwyddiannau milwrol a gwleidyddol, a'r ffaith iddo drin Gweriniaethwyr adeg y Rhyfel Cartref gyda'r union ddulliau didrugaredd ag a ddefnyddiodd Llywodraeth Prydain yn erbyn y Gweriniaethwyr, fe gofir Mulcahy hefyd am ei folawd angladdol ar lan bedd ei hen gyfaill, Michael Collins.

'Plygwn dros fedd dyn nad oedd yn hŷn na deg ar hugain oed, un a gymerodd arno'i hun yr efengyl o lafurio dros Iwerddon, yr efengyl o weithio ar ran pobl Iwerddon ac o aberthu ar eu rhan . . . Heb i'r grawn gwenith a ddisgyn i'r ddaear farw, does dim byd ynddo ond ei hun. Ond o farw, fe rydd i ni ffrwyth lawer.

'Tom Ashe, Tomás MacCurtain, Traolach MacSuibhne,

Dick McKee, Michael O'Coileain, a phawb ohonoch chi sy'n gorwedd yma wedi'ch claddu, disgyblion ein Pennaeth mawr. Y rheiny ohonom y gwnaethost ein gadael ar ôl hefyd, grawn ydym o'r un dyrnaid, wedi ein gwasgaru gan yr Heuwr Mawr dros bridd ffrwythlon Iwerddon. Fe wnawn ninnau hefyd esgor ar ein ffrwythau ein hunain.

'Bobl Iwerddon, rydym oll yn forwyr uwch y dwfn, yn hwylio tuag at hafan nas gwelir eto ond drwy storm ac ewyn; hwylio ymlaen ar gefnfor llawn peryglon a dioddefaint a llafur chwerw. Ond mae'r Cysgadur Mawr yn gorwedd gan wenu yng nghefn y llong, a chawn ein llenwi gan yr ysbryd hwnnw a wna droedio'n ddewr ar wyneb y llanw . . . '

Camodd Mulcahy i'r bwlch a adawyd gan Collins. Ef oedd yr unig un o Drindod Fawr y Fron-goch i farw o effeithiau naturiol. Dywedodd John A. Costello amdano, 'Gwasanaethodd ei wlad yn dda, ond ni chafodd ei werthfawrogi. Yn bersonol, ni wneuthum ganfod unrhyw un a oedd mor anhunanol mewn gweithgareddau cyhoeddus neu genedlaethol.'

Cysylltais ag ef yn 1971, ac yntau yn 85 mlwydd oed, a syndod oedd derbyn ateb. Y gobaith oedd cael ganddo wybodaeth am ei gyfnod yn y Fron-goch. Yn anffodus nid oedd yn iach iawn ar y pryd ond bu'n ddigon caredig i nodi ffynonellau gwerthfawr ar gyfer fy ymchwil. Bu farw ym mis Rhagfyr y flwyddyn honno.

9

Strach a Streiciau

Disgrifiodd Frank O'Connor gyfnod y Gweriniaethwyr yn y Fron-goch fel un cweryl hir rhwng y Gwyddelod a'r awdurdodau Seisnig ynglŷn â'u statws fel carcharorion rhyfel.

Yn naturiol, gorfodaeth filwrol oedd prif asgwrn y gynnen. Danfonwyd y carcharorion fesul tua thrigain ar y tro i Lundain i, wynebu'r Pwyllgor Ymgynghorol o flaen Barnwr o Uchel Lys Lloegr, sef yr Ustus Sankey. Cymerai hyn tua dau ddiwrnod a chedwid y carcharorion yn Wormwood Scrubs neu Wandsworth.

Pwrpas y Pwyllgor oedd ceisio sefydlu enw, cyfeiriad, oedran ynghyd â'r rhan a gymerwyd gan y dynion adeg Gwrthryfel y Pasg. Byddai hynny'n arwain at ddanfon y rhai a fu'n byw yn Lloegr, Cymru neu'r Alban – roedd o leiaf drigain ohonynt yn y Fron-goch – i'r Fyddin Brydeinig. Ni ellid disgrifio'r gwrandawiadau hyn fel llysoedd apêl gan na chyhuddwyd y carcharorion yn y lle cyntaf. Yn dilyn y gwrandawiadau rhyddhawyd rhai a danfonwyd nifer yn ôl i'r Fron-goch neu i garchar. Ceisiwyd gorfodi eraill i ymuno â'r Fyddin Brydeinig.

Roedd Gwrandawiadau Sankey hefyd yn gyfle i

ymyrryd â threfnyddiaeth y carcharorion gan chwalu'r undod a fodolai yn y Gwersyll. Ond bob tro y câi arweinydd neu swyddog ei symud, deuai un arall i gymryd ei le. Ac edrychai'r Gwyddelod ar yr ymweliadau â phrifddinas Lloegr fel gwyliau ac antur a wnâi dorri ar y diflastod dyddiol.

Erbyn 22 Gorffennaf, roedd i fyny at 1,300 o achosion wedi eu hystyried ac o'u plith argymhellwyd rhyddhau 860 o ddynion. Yn hytrach nag adlewyrchu agwedd oleuedig ar ran yr awdurdodau, profodd hyn gynifer o Wyddelod a gymerwyd i'r ddalfa ar gam yn dilyn Gwrthryfel y Pasg.

Disgrifiodd M.J. O'Connor y daith i Lundain ar drên – cychwyn am 11.00 y bore gan deithio drwy Crewe, Amwythig, Wolverhampton a Birmingham a chyrraedd Llundain am 5.15 y prynhawn. Haws o lawer fuasai danfon aelodau o'r Pwyllgor Ymgynghorol i'r Fron-goch. Ond na, rhaid oedd i'r mynydd fynd at Fohamed. O gyrraedd gorsaf Paddington câi'r dynion eu cludo ar fysus i garchar.

O flaen y Pwyllgor ni châi'r Gwyddelod fwy na thair neu bedair munud i ateb cwestiynau. Caent yr hawl i gael eu cynrychioli gan George Gavan Duffy, un o amddiffynwyr Syr Roger Casement. Un arall, gyda llaw, a oedd yn aelod o'r tîm a wnaeth amddiffyn Casement oedd y Cymro Artemus Jones o Ddinbych.

Amheuai'r dynion fod yr awdurdodau'n defnyddio'r gwrandawiadau fel cyfleoedd i gasglu gwybodaeth amdanynt. Gosodwyd pob math o rwystrau o flaen y Pwyllgor, gyda Séamus Ó Maoileoin yn mynnu ateb mewn Gwyddeleg. Galwyd am gyfieithydd. Yn anffodus, siaradwr Gaeleg yr Alban oedd hwnnw. Yna cafwyd cymorth plismon Gwyddeleg i gyfieithu. Aeth Ó Maoileoin ati felly i siarad y math o Wyddeleg a ddefnyddid ar Ynysoedd Aran, yn dilyn gwersi gan Micheál Ó Maoláin yn y Fron-goch. Danfonwyd Ó Maoileoin yn ôl i Gymru heb i'r awdurdodau fod fawr callach.

Erbyn canol mis Awst dim ond tua 600 o Wyddelod oedd ar ôl yn y Fron-goch. Y rhain oedd y Gweriniaethwyr rhonc a oedd wedi brwydro yn ystod Gwrthryfel y Pasg. Caewyd Gwersyll y Gogledd gan grynhoi pawb yng Ngwersyll y De. Yma ceisiwyd hudo rhai o'r carcharorion i arwyddo cytundeb a wnâi arwain at eu rhyddhau. Gwrthododd y carcharorion y cynnig.

Gorfodaeth filwrol oedd bwgan y Gwyddelod gydol yr amser. Byddai'r awdurdodau byth a hefyd yn ceisio cael y rhai a fu'n byw ym Mhrydain cyn y Gwrthryfel i gydnabod eu henwau. Ond teimlai'r rheiny, a elwid yn 'ffoaduriaid', mai ffwlbri llwyr oedd ceisio perswadio Gwirfoddolwyr a oedd wedi ymladd yn erbyn Prydain i ymladd yn awr dros y Goron. Teimlent yn ogystal mai cam tuag at gyflwyno gorfodaeth yn Iwerddon fyddai hyn.

Er mwyn atal yr awdurdodau rhag adnabod y 'ffoaduriaid' trefnwyd i greu anhrefn wrth i enwau'r carcharorion gael eu galw. Trefnwyd i'r carcharor anghywir ateb enw cyd-garcharor. Byddai eraill yn gwrthod ateb o gwbl. Yn wir, roedd rhai carcharorion wedi dychwelyd adref o dan enwau dynion eraill.

Daeth y ddadl i'w huchafbwynt ar 1 Medi, pan wrthododd Hugh Thornton gydnabod ei enw. Roedd Thornton i gael ei ladd yn ddiweddarach yn y Rhyfel Cartref fel milwr dros y Dalaith Rydd. Wrth iddo wrthod am yr eildro i gydnabod ei enw, amgylchynwyd y Gwyddelod gan filwyr arfog gyda bidogau ar flaenau eu drylliau. Y tro nesaf penderfynodd Thornton ymateb i'w enw. Rhuthrodd y Lefftenant Burns tuag ato a'i fygwth â phastwn. Cadwodd Thornton ei ben ond wynebodd lys milwrol a'i ddedfrydu i ddwy flynedd o garchar gyda llafur caled.

Yn dilyn y digwyddiad penderfynwyd cosbi'r holl Wyddelod am anufudd-dod difrifol wrth guddio gwybodaeth am Thornton. Ataliwyd llythyron ac ymweliadau am wythnos. Ymateb y dynion fu bloeddio cymeradwyaeth i'w gweithred.

Ceisiodd yr awdurdodau yn awr drwy deg i gael y dynion i ufuddhau. Cynigiwyd rhyddhad amodol iddynt am sicrwydd ysgrifenedig y gwnaent gadw'r heddwch. Dim ond tri wnaeth dderbyn y cynnig.

O fethu trwy deg, trodd yr awdurdodau yn ôl at ddulliau mwy twyllodrus. Llwyddwyd i adnabod tri brawd o Lerpwl, George, Jon a Pat King, drwy eu cael i arwyddo am ddillad o'r storfa. Fe'u cyhuddwyd o dan Ddeddf Gwasanaeth y Fyddin. Rhyddhawyd un am nad oedd mewn cyflwr iechyd digon da i fynd i'r fyddin. Carcharwyd y ddau arall.

Dull arall oedd ceisio cael rhai o'r dynion i arwyddo am lythyron neu barseli. Ystyriodd y 'ffoaduriaid' ildio rhag achosi mwy o drafferthion i'w cyd-garcharorion, ond ar anogaeth Michael Collins, penderfynwyd glynu at wrthod cydweithredu.

Enghraifft waethaf yr awdurdodau o dwyll oedd galw ar garcharor o'r enw Fintan Murphy gan addo, yn gelwyddog, ei fod i gael ei ryddhau ac ar un arall, Michael Murphy, gan roi gwybod iddo y gallai fynd i angladd ei wraig. Gwyddai Michael nad oedd ei wraig wedi marw am y rheswm syml nad oedd hyd yn oed yn briod. Cyn hir, llwyddwyd i adnabod Fintan a'i osod o flaen llys milwrol a'i garcharu. Ond gymaint oedd yr anhrefn fel i garcharor o'r enw Barrat gael ei ddanfon i Lundain yn enw Michael Murphy a'i gyhuddo o dan Ddeddf Gwasanaeth y Fyddin. Yn y gwrandawiad tystiodd tad Murphy nad Barret oedd ei fab. Danfonwyd Barrat yn ôl i'r Fron-goch. I ychwanegu at yr anhrefn, adeg y chwilio am Michael Murphy llwyddodd y dynion i chwythu pob ffiws drydan gan foddi'r Gwersyll mewn tywyllwch. Yn y tywyllwch gorymdeithiodd dau bibydd gan chwarae alawon Gwyddelig ar hyd Strydoedd

Connolly a Pearse yn y Gwersyll. O ganlyniad cosbwyd 342 o'r dynion.

Gymaint oedd awydd yr awdurdodau i ddal y 'ffoaduriaid' fel i Tom Daly o Ddulyn, wedi iddo glywed am farwolaeth ei wraig, wrthod gofyn am gael mynd i'w hangladd rhag iddo gael ei adnabod. Er gwaethaf ymdrechion Collins i'w berswadio i ildio i'r drefn, gwrthod wnaeth Daly. Bu'n rhaid i'w frawd drefnu'r angladd ar ei ran ef a'i blant.

Aeth pethau o ddrwg i waeth. Bygythiwyd saethu Liam Pedlar, a oedd dan gosb, am gyfarch y criw bwyd. Yna arestiwyd James Grace a'i ddedfrydu i bedwar diwrnod ar ddeg ar fara a dŵr am wrthod ufuddhau i orchymyn. Drwy ymyrraeth meddyg y Gwersyll, fe'i rhyddhawyd.

Yna gwelwyd datblygiad a oedd i'w ailadrodd flynyddoedd wedyn yn Long Kesh a Magilligan ym 1976. Protestiodd rhai o garcharorion Gwersyll y De drwy wisgo eu hunain mewn dim byd ond eu blancedi gan ymddangos, meddai Brennan-Whitmore, fel Indiaid Cochion. Er mai cellwair oedd wrth wraidd hyn, dyma'r enghraifft gyntaf o Weriniaethwyr Gwyddelig yn 'mynd ar y blanced'. Johnnie Roberts yw'r unig dyst i ddweud fod rhai o'r dynion, fel protest, wedi 'gwneud eu budreddi yn eu gwelâu'. Os oedd Roberts yn iawn, yna dyma brotest arall a ailadroddwyd yn Long Kesh a Magilligan pan aeth rhai o'r protestwyr mor bell â baeddu eu celloedd â'u budreddi eu hunain.

O ganlyniad i achos Michael Murphy cyhuddwyd pymtheg o arweinwyr y cytiau o flaen llys milwrol. Yn eu plith roedd Richard Mulcahy. Fe'u dedfrydwyd i 28 diwrnod o lafur caled. Mynnodd dau bapur newydd, y *Manchester Guardian* a'r *Irish Independent*, gael presenoldeb yn yr achosion hyn ac o ganlyniad derbyniodd y gwrandawiadau gyhoeddusrwydd enfawr.

Ond parhaodd y chwilio am y 'ffoaduriaid'. Aethpwyd mor bell â gosod ysbiwyr ac aelodau cudd o Heddlu

Brenhinol Iwerddon yn y gwersyll, ond ni chawsant fawr o lwyddiant. Tystiodd Séamus Ó Maoileoin fod y sensor a'r Rhingyll Cymreig yn ei adnabod yn dda, ond ni wnaethant ddatgelu ei enw. Llwyddodd i aros, felly, yn rhan o'r garfan ddienw.

Ar ôl llwyddo i adnabod tri dyn a'u cael yn euog – dedfrydwyd Sean Nunan i 112 niwrnod, ei frawd Ernest i chwe mis a Thomas O'Donoghue i bedwar mis – ildiodd yr awdurdodau.

Erbyn hyn roedd gwleidyddion Gwyddelig fel John Redmond, arweinydd y Blaid Seneddol Wyddelig, ar ôl condemnio'r Gwrthryfel yn wreiddiol, yn gweld fod elw gwleidyddol i'w wneud drwy bledio achos hawliau'r carcharorion. Aeth Alfie Byrne, Aelod Seneddol newydd ei ethol, ar ymweliad â'r Fron-goch. Ym mis Gorffennaf roedd dau Aelod Seneddol o Swydd Kerry, Tom O'Donnell a Michael Flavin, yn cystadlu am gefnogaeth i'r carcharorion. Aeth O'Donnell mor bell â chyhoeddi yn y wasg y gallai ei ymyrraeth ef arwain at brysuro rhyddhad deuddeg carcharor o'r sir. Ymateb carcharorion Swydd Kerry oedd danfon llythyr i *The Kerryman* a ymddangosodd ar y pymthegfed o'r mis yn cyhoeddi nad oedd un o'r carcharorion wedi gofyn am unrhyw gymorth oddi wrth O'Donnell. Dim ond dau o garcharorion Kerry, meddai M.J. O'Connor, wnaeth wrthod condemnio'r Aelod Seneddol ac o blith y rheiny roedd un yn perthyn iddo drwy briodas.

Ymwelodd Flavin yntau â'r Gwersyll. Unwaith eto cyhoeddodd y carcharorion nad oeddent am unrhyw ymyrraeth gan y Blaid Seneddol Wyddelig yn eu hachos. Dyma'r union blaid a wnaeth gymeradwyo'r Prif Weinidog, Asquith, pan gyhoeddodd yn San Steffan ar 3 Mai, fod tri o lofnodwyr Datganiad Gwrthryfel y Pasg wedi eu dienyddio.

Yn Swydd Corc galwodd Comisiynwyr Tref Bandon am ryddhau carcharorion lleol. Yr ymateb fu danfon llythyr i'r *Southern Star* oddi wrth y dynion yn gwrthod eu cefnogaeth.

Un eithriad nodedig oedd yr Aelod Seneddol dros Ogledd Roscommon, Larry Ginnell, a gyhuddodd Lywodraeth Prydain ar lawr y Tŷ o lofruddiaeth. Yn wir, aeth Ginnell mor bell â datgelu fod y Lefftenant Burns yn y Fron-goch wedi camddefnyddio arian carcharorion o dan ei ofal yn y gorffennol.

Ceir gwybodaeth ddiddorol am Ginnell gan R.M. Fox yn *The History of the Irish Citizen Army.* Pan wnâi ymweld â'r Gwersyll fe wnâi Ginnell smyglo llythyron i mewn ac allan. Gwisgai ffrog-côt gyda phocedi dyfnion y tu ôl i'r gynffon. Pan wnâi ymddangos yng nghwrt y Gwersyll fe gâi ei amgylchynu gan garcharorion. Byddai Ginnell yn sibrwd wrthynt, 'Mae'r swyddfa bost yn agored y tu ôl, fechgyn; swyddfa bost yn y cefn.' Yna byddai'r dynion yn chwilota drwy ei bocedi am lythyron ac yn gadael llythyron eraill yn eu lle.

Aelod arall a gafodd gefnogaeth y carcharorion oedd William O'Brien o Mallow, perchennog y *Cork Free Press.* Ddwywaith yn ystod mis Hydref danfonwyd ato lythyron yn cwyno am yr amodau yn y Gwersyll. Gwnaeth O'Brien yn siŵr fod y llythyron yn cael y sylw mwyaf posibl. Ar 11 Tachwedd, cyrhaeddodd yr ymgyrch ei huchafbwynt wrth i'r papur gyhoeddi stori o dan y pennawd, *The Shocking Story of Fron-goch.* Aeth yr erthygl i fanylion am safon warthus y bwyd, yr amodau byw a'r gyfundrefn gaethiwo galed.

Roedd y carcharorion yn barod i ymgymryd â gwaith o fewn y Gwersyll a fyddai'n gwneud eu bywyd beunyddiol hwy eu hunain yn haws ei ddioddef. Glanhau'r adeiladau, er enghraifft. Roedd gwella'r ffyrdd yn orchwyl arall a gâi ei wneud am dâl o geiniog a dimai yr awr. Yr hyn a wnâi'r gwaith yn werth chweil i'r dynion oedd y cyfle i gadw'u cyrff yn iach.

Ar 1 Medi, ceisiwyd perswadio'r carcharorion i weithio yn chwareli cyfagos Arenig am gyflog o 5½d yr awr. Ond byddai'r gost o deithio ar drên yn ôl a blaen i'r chwareli, ynghyd â'r gost am gynnal a chadw yn y Gwersyll – cyfanswm o 17s 6d yr wythnos – yn cael ei dynnu allan o'r cyflog. Teimlai'r Gwyddelod hefyd y byddai eu llafur hwy yn amddifadu dynion lleol o waith. Gwrthodwyd y cynnig.

Ceisiwyd perswadio'r dynion hefyd i ymgymryd â gwaith amaethyddol ar ffermydd lleol. Ymateb un o'r dynion, Barney O'Driscoll, oedd dweud y byddent yn barod iawn i achub cnydau Iwerddon gan na fyddent yn meindio cael eu carcharu ar dir eu gwlad eu hunain.

Eto i gyd ymddengys i rai o'r dynion ymwneud â rhai gorchwylion y tu allan i'r Gwersyll. Ar raglen Ffilmiau'r Nant ar hanes y Gwersyll cofiai Morris Roberts, mab Bob Tai'r Felin, ei dad yn dweud y byddai'r carcharorion, ar ôl bod yn torri coed yn y Warin, yn dychwelyd heibio'r felin. Yno byddent yn llenwi eu capiau â blawd. 'Roedden nhw bron llwgu,' meddai Morris Roberts. 'Dyna'r argraff.'

Roedd gan Bob Roberts gydymdeimlad mawr â'r Gwyddelod. Dywedodd wrth ei fab, 'Yn wahanol iawn i'r Almaenwyr, fe gafodd y Gwyddelod eu trin fel moch. Dim parch atyn nhw a doedd dim disgyblaeth arnyn nhw. Roeddan nhw'n fudron ac yn ddiymgeledd iawn. A bron llwgu.'

Yn ei gyfrol 'Y Tri Bob' dywedodd Robin Williams am y syndod a gafodd unwaith wrth deithio yng nghwmni Bob a'r sgwrs yn troi at broblemau Iwerddon . Dyma Bob yn dweud wrth ei gyd-deithwyr ei fod yn arfer adnabod Michael Collins. Roedd Bob wedi ei weld droeon yn y Gwersyll ac wedi cyfarfod ag ef.

Cofiai Johnnie Roberts hanes y dynion yn gwrthod gweithio yn y chwareli. Ac o dan fygythiad gorfodaeth, cofiai i nifer ohonynt fynd ar streic newyn. Cadarnhawyd hyn gan Morris Roberts gyda hanes am yr awdurdodau yn gwrthod iddynt unrhyw feddyginiaeth nes iddynt addo rhoi'r gorau i'w protest.

Ymateb y dynion fu cysylltu ag Aelod Seneddol arall y medrent ymddiried ynddo, Tim Healy, a oedd wedi ymweld â'r gwersyll yn gynharach ac y cyfeiriwyd ato eisoes. Roedd y brif ddadl yn ymwneud â gweithio y tu allan i ffiniau'r lle o gaethiwed. Mynnai'r carcharorion nad oedd unrhyw awdurdod yn bodoli a'u gorfodai i ymgymryd â'r fath waith ac mai'r unig ffordd i'w gorfodi i ufuddhau fyddai cyhoeddi Gorchymyn Caethiwo newydd.

Cofiai M.J. O'Connor ddigwyddiad ar 13 Medi, pan orchmynnwyd y dynion i symud a gwacáu biniau sbwriel y gwarchodwyr, a hynny y tu allan i'r Gwersyll. Ysgrifennodd Collins at ei chwaer Hannie ar 25 Awst, yn manylu ar y digwyddiad arbennig hwn. 'Mae'n arferiad i benodi carfan o 8 dyn bob dydd ar gyfer gwaith cyffredinol a chlirio lludw o fewn y gwersyll,' meddai. Tua 8 i 10 diwrnod yn ôl, gorchmynnwyd y garfan arbennig a ddewiswyd ar gyfer y dydd i wneud gwaith y tu allan i'r ffens yn lle'r milwyr. Gwrthodasant, wrth gwrs. Fe'u danfonwyd ar fyrder i'r celloedd ac ers hynny fe'u cadwyd yn y rhan ogleddol o'r gwersyll hwn gan gael eu hamddifadu o'u llythyron, papurau newydd, deunydd smygu. Bod dydd ers hynny derbyniodd 8 arall yr un driniaeth, ac mae hyn yn parhau.'

O dipyn i beth cododd nifer y dynion a gâi eu cosbi i gant. Fe'u cedwid yn eu cytiau am bum awr bob dydd, eu hamddifadu o unrhyw barseli a ddanfonid iddynt a'u cyfyngu i ysgrifennu un llythyr yr wythnos. Yn dilyn cyhoeddusrwydd yn yr *Irish Independent* penderfynodd yr awdurdodau ar 9 Hydref, fod y gwrthwynebwyr wedi cael eu cosbi ddigon.

Câi safon isel y bwyd effaith dybryd ar iechyd y carcharorion. Nododd Michael Collins yn ei lythyr at Hannie ei chwaer ar 25 Awst, 'Ac eithrio dydd Gwener, pan gawn ni sgadan anfwytadwy, fydd y bwyd fyth yn amrywio, cig wedi'i rewi yn aml, a ffa wedi'u sychu yw'r ddarpariaeth sefydlog. Mae'r dogn tatws mor fach fel na wna rhywun sylwi arno, bron.'

Priodolwyd llawer o'r salwch yn y Gwersyll i brinder

bwyd ffres. Arweiniodd hyn at achosion o'r clefri. Afiechydon eraill i daro'r dynion oedd seiatica a'r ddarfodedigaeth. A phan gymerwyd Maurice Fitzimons i'r ysbyty yn dioddef o'r pendics, dygwyd ei ddillad oddi arno gan ei orfodi i ateb galwadau natur yn noeth.

Gosodai effaith andwyol diffyg maeth ar y dynion, yn ei dro, bwysau mawr ar ysgwyddau'r ddau feddyg, Doctor David Peters a'i nai, Doctor R.J. Roberts. Roedd ganddynt eu practis eu hunain ond byddent yn ymweld â'r Gwersyll yn ddyddiol rhwng 10.00 a 12.00. Ar y dechrau fe wnaeth y ddau gydymffurfio â'r gorchymyn i wrthod rhoi ymchwiliad i ddynion nad oedd yn fodlon ymateb i'w henwau. Ar 20 Tachwedd, torrodd un carcharor i lawr yn llwyr. Ofnai gŵr o'r enw Tierney orfodaeth filwrol gymaint fel iddo wallgofi. Cadwyd ef mewn caban ar ei ben ei hun o dan ofal wyth o'i gyd-garcharorion.

Yna torrodd pedwar carcharor arall i lawr. Dioddefai Christopher Brady o Ddulyn o'r diciâu a bu farw yn saith ar hugain oed ddeufis wedi'i ryddhau. Dioddefodd Jack O'Reilly o ddiffyg gwaed difrifol a bu yntau farw'r flwyddyn wedyn gan dderbyn angladd milwrol. Bu farw Thomas Stokes o Enniscorthy hefyd o effeithiau salwch a ddioddefodd yn y Fron-goch.

Y pedwerydd oedd William Halpin o Ddulyn a ddioddefai gymaint o iselder ysbryd fel iddo geisio torri ei wddf ei hun. Fe'i symudwyd ef i Ysbyty'r Meddwl yn Ninbych. Wedi i'r Gwersyll gael ei gau, symudwyd Halpin i Ysbyty'r Meddwl yn Grangegorman yn Nulyn lle bu farw.

Gwyddys am ddau arall a ddioddefodd o salwch meddwl yn y Gwersyll, sef gŵr o'r enw Kelly, a Daniel Devitt. Un o'r achosion mwyaf diddorol oedd diflaniad Devitt (Davitt, yn ôl adroddiadau papurau newydd y cyfnod). Ar 4 Awst, sylweddolwyd nad oedd Devitt ar gyfyl y Gwersyll a chredwyd iddo ymuno â chriw o 79 o garcharorion a gafodd eu rhyddhau a'u cludo ar y trên am

Gaer ac yna Caergybi a rhyddid. Ond yn *Y Seren* ar 26 Awst, ceir adroddiad i Devitt gael ei ddal ymhen tridiau rhwng Bryneglwys a Llandegla, tua 25 milltir i ffwrdd. Roedd postmon, Samuel Edwards, wedi ei weld ar y ffordd. Galwodd ar yr heddlu a chymerwyd Devitt i'r ddalfa gan yr Arolygydd Morgan o'r Bala a'r Rhingyll Lloyd o Gorwen. Ond y gwir amdani oedd bod Devitt yn dioddef o salwch meddwl ac wedi cerdded allan yn ffwndrus o'r Gwersyll heb unrhyw anhawster.

Ni cheir unrhyw gofnod am gymaint ag un o'r Gwyddelod yn ceisio dianc. Roedd mwy o fudd mewn aros yn y Gwersyll a pharatoi at y dyfodol. Ond diddorol nodi fod chwedl yn fyw o hyd yn ardal Conemara am ferch ifanc o ardal y Bala a syrthiodd mewn cariad â charcharor o'r enw Pádraic Ó Máille ac iddi ei gynorthwyo i ddianc wedi ei gwisgo fel offeiriad. Yn ôl y chwedl, daliwyd y ffoadur yn fuan wedyn a'i garcharu mewn man gwahanol.

Cofiai Johnnie Roberts i achos drwg o'r Ffliw Almaenig daro'r Gwersyll tua adeg Calan Gaeaf. Gwaethygodd iechyd y dynion wrth i rai ohonynt fynd ar streic newyn yn erbyn gorfodaeth filwrol ac amodau byw. Roedd y pwysau ar y meddygon erbyn hyn yn annioddefol. Mynnai'r awdurdodau fod y rhai a oedd wedi ymgymryd â streic newyn yn colli eu breintiau meddygol. Ond mynnai safonau moesol fod y streicwyr newyn i dderbyn yr un driniaeth â phawb arall. Bu'r cyfan yn ormod i Peters. Ar 14 Rhagfyr, cyhoeddodd Heygate-Lambert wrth y dynion fod y doctor wedi ei foddi ei hun ac y gadawai i'r carcharorion ateb i Dduw gan mai hwy oedd yn gyfrifol am yr hyn a wnaeth ddigwydd. Denodd hyn gryn gasineb o blith y dynion gan y gwyddent mai'r Comandant ei hun oedd yn gyfrifol am y pwysau annheg ar y meddyg.

Cadarnhawyd hyn gan M.J. O'Connor. 'Byddai hyn oll wedi ei atal gan y Comandant, petai wedi dymuno hynny, ond profodd pob trafodaeth â'r gŵr bonheddig hwnnw'r hyn ydoedd mewn gwirionedd – math ar Sais dideimlad, ystyfnig gyda'r bwriad llwyr o drafod y dynion fel caethweision'.

Byddai'n gwthio arnynt, gyda'r unig bwrpas o weithredu ei bwerau pitw, pa orchmynion bynnag a apeliai at ei ffansi ac a'i hysgogai ar y pryd, medd O'Connor, ac yna gwneud i'r gorchmynion hynny gael eu hufuddhau heb ystyriaeth o'u defnydd na'r dioddefaint a achosid i'r rheiny a wrthodai eu gweithredu am na welent unrhyw bwrpas mewn gwneud hynny. Am y rhesymau hynny, meddai, câi'r Comandant ei gasáu a'i ffieiddio gan bawb yn y Gwersyll, hyd yn oed gan y milwyr, a oedd ag achos i deimlo effaith ei ddulliau 'sawdl haearn'.

'Ond deuai wyneb yn wyneb â phroblem wahanol yn ei gysylltiad â charcharorion Gwyddelig. Dywedai rhai o'r milwyr yn aml wrthym y caent hwy, petaent wedi anwybyddu gorchmynion fel y gwnaethom ni, ddwy flynedd, o leiaf, o garchar.'

Aeth O'Connor ymlaen i ddweud fod marwolaeth y Doctor Peters wedi gofidio'r carcharorion yn fawr. 'Roedd yn ŵr dynol a charedig, a siaradwyd yn dda amdano gan y rhai y bu'n eu trin,' meddai. 'Perfformiodd ei ddyletswyddau proffesiynol mewn modd tawel a dirodres ac enillodd enw da gan bawb yn y gwersyll.'

Poenodd marwolaeth Dr Peters gymaint ar Michael Collins fel iddo ddanfon llythyr i'r Swyddfa Gartref ac i Heygate-Lambert yn mynnu na fwriadwyd unrhyw ddrwg i'r doctor a'i fod yn gofidio'n fawr am ei farwolaeth.

Yn ôl Joe Good, aberth i amgylchiadau oedd y Dr Peters. Câi ei dynnu, meddai, rhwng gorchmynion milwrol, propaganda'r Gweriniaethwyr ac ymddygiad proffesiynol. Yn *Y Seren* ar 23 Rhagfyr, cariwyd teyrnged i'r Doctor Peters ynghyd ag adroddiad o'i angladd.

'Yn ymadawiad Dr Peters mae bwlch go fawr wedi ei wneyd ym mywyd Penllyn. Er nad ymddangosai mor aml ar y llwyfan cyhoeddus, eto yr oedd yr alwad am dano mewn gwahanol gylchoedd, a'i wasanaeth parod ac ewyllysgar yntau iddynt, wedi ei wneud yn ŵr yr edrychid arno am help ac arweiniad. Un o blant y fro ydoedd, ac yn hanu o linach pur adnabyddus. Ei dad oedd Mr Edward Peters, Tynant, Talybont, a dau ewythr iddo oeddynt y Parch Evan Peters, a Mr Morris Peters, Rhydwen – gwŷr uchel eu gair gan bawb, ac a roisant wasanaeth teilwng i'w bro. Wedi cwrs da o addysg elfennol ac yn Ysgol Ramadegol y Bala, hwyliodd at fod yn feddyg: bu gyda Dr Hughes a Dr Williams ryw 30ain mlynedd yn ôl. Cymhwysodd ei hun yn feddyg gan ennill y graddau MRCS LRCP. Bu'n cadw busnes am ychydig yn y Bala; ond oherwydd gwaeledd iechyd, ymneilltuodd yn fuan, ac aeth i fyw i Fron-goch gan ymgymeryd a bod yn gynhorthwy yn awr ac yn y man i feddygon eraill. Treuliodd 14 mlynedd yn yr ardal honno, a dewiswyd ef yn flaenor yn Eglwys Fethodistaidd Cwmtirmynach. Yn ddiau yr ardal a'r eglwys hon gafodd ei oreu, ac ymdrechodd lawer ar eu rhan, gan ennill dylanwad a pharch ym mysg yr holl gylch.

'Meddai Dr Peters lawer o nodweddion gwerthfawr yn ei gymeriad. Gŵr distaw, diymhongar ydoedd, yn caru'r encilion, yn ymhoffi aros mewn myfyrdod a rhyw fath o neillduaeth. Mab tangnefedd ydoedd; er yn meddu barn gref a disigl, ni chwenychai ddadleu a chroesddadleu. Hoffai lyfr da yn angerddol. Meithrinodd ysbryd darllengar, a chasglodd ynghyd lyfrgell rhagorol iawn. Yr oedd yn llenor da ac yn fardd lled wych. Cyfansoddodd lawer o ddarnau barddonol, a hoffai englyn da: enillodd lawer tro yn y maes cystadleuol. Mynych y gelwid arno i feirniadu, a gwnâi hynny bob amser yn syml a thra chymeradwy. Yr oedd yn gydwybodol iawn gyda phopeth. Fel meddyg, rhoddai bob sylw i'r claf, a meddai galon lawn o gydymdeimlad nes y teimlid ei fod yn fynych yn cario eu beichiau. Byddai yn barod a'i gyngor i gleifion a thlodion, a bu o gynhorthwy mawr i'w gyd-feddygon yn y cyfeiriad hwn. Pa orchwyl bynnag yr ymgymerai ag ef, paratoai yn gydwybodol iawn ar ei gyfer. Mae dirwest wedi colli arweinydd rhagorol . . .

. . . Rhoes ymdrech glodwiw ar ran y cyfryw yn y Cwm: a bydd adgof melus amdano yn yr ardal honno. Gwr llednais ydoedd, yn llawn crefyddolder, o gymeriad dilychwin, ac amcan ei fywyd bob amser yn uchel a dyrchafol. Yr oedd yn fonheddwr Cristionogol ym mhob ystyr. Heddyw yr ydym yn galaru o'i golli. Dyrys yw troion rhagluniaeth, ac nis gallwn eu hesbonio.

Cymerodd y claddedigaeth le ddydd Sadwrn ym Mynwent Llanycil (preifat). Gweinyddwyd gan y Parchn. R.R. Williams M.A. a R. Davies, Cwmtirmynach.'

Yn yr un rhifyn o'r *Seren* ceir adroddiad ar y cwest ar farwolaeth Dr Peters. Cynhaliwyd yr ymchwiliad yng nghartref y diweddar ddoctor, sef Arosfa, o flaen Crwner y Sir a rheithgor o ddeuddeg gyda Mr R. Evans, o swyddfa'r *Seren* yn gweithredu fel blaenor.

Tystiodd gweddw Dr Peters iddi weld ei gŵr, a oedd yn 50 oed, am y tro olaf ar fore dydd Mercher 'pan yn hwylio i Fron-goch'. Dychwelodd o'r orsaf gan gymeryd ffon, a dweud ei fod am gerdded yno. Dywedodd nad oedd ei gŵr wedi bod yn gryf ei iechyd ers tro, a noson ddi-gwsg a gafodd ar y nos Fawrth wrth iddo ddioddef yn fawr o gur pen.

Tystiodd yr Heddwas Jones iddo ef, yng nghwmni pedwar arall, ddod o hyd i'r corff fore dydd Iau tua 9.15 yn afon Tryweryn ychydig uwchlaw pont y rheilffordd. Roedd dyfnder yr afon yno tua 18 modfedd a wats yr ymadawedig wedi sefyll ar 10.00 o'r gloch.

Cafwyd tystiolaeth gan nai Dr Peters, sef Dr R.J. Roberts, ei ddirprwy yn y Gwersyll. Dywedodd hwnnw i feddwl ei ewythr gael ei aflonyddu 'gan adroddiadau anhapus a di-sail a wneid gan y carcharorion Gwyddelig'. A phoenai ynghylch hynny. Ceisiodd Dr Roberts ganddo beidio â phoeni, 'gan yr atebai ef yr oll yn hwylus, ac am iddo adael y cyfan iddo ef, a mynd i Gorwen i gymeryd ei le ef dros rai dyddiau,' medd yr adroddiad. 'Bu yno ddydd Llun a dydd Mawrth.' Cyfarfu Dr Roberts ef fore Mercher yn yr orsaf: ac wedi ymgynghoriad cymhellodd ef i fynd i Gorwen ar y trên 11.00 a dweud yr arhosai ef yn y Fron-goch tan trên 4.00. Ymadawodd yr adeg honno ac ni welodd neb ef wedyn nes canfod y corff.

Roedd Dr Roberts wedi sylwi fod ei ewythr yn gwyro i un ochr, a barnai fod y gewynnau ar yr ochr dde wedi eu amharu gan achosi gwyriad tuag at yr afon. 'Crynhodd y Crwner y tystiolaethau, ac wedi ychydig ymgynghoriad dyfarnodd y rheithwyr iddo gyfarfod a'i ddiwedd tra oedd amhariad dros dymor ar ei feddwl. Ar gynigiad Mr Robert Evans, eiliad Mr D.T. Lewis, pasiwyd pleidlais o gydymdeimlad a Mrs Peters a'r teulu yn eu profedigaeth chwerw ac annisgwyliadwy.'

Yn *Baner ac Amserau Cymru*, 30 Rhagfyr, nodir lleoliad y corff fel 'yn afon Tryweryn ger llyn y ffactri'. Nodir hefyd ei fod yn fwriad gan Dr Peters i roi'r gorau i'w waith.

Cafwyd un digwyddiad arbennig ar ddechrau mis Rhagfyr a ychwanegodd at y pwysau ar ysgwyddau Dr Peters. Plygodd yr awdurdodau o flaen galwadau am ganiatáu i swyddog meddygol annibynnol ymweld â'r Gwersyll i weld yr amodau byw dros ei hunan. Roedd Syr Charles Cameron, cyn-swyddog meddygol Cyngor Dinesig Dulyn, yn 86 mlwydd oed. Gydag ef danfonwyd Dr Braithwaite o'r Swyddfa Gartref. Ar gyfer yr ymweliad ar

7 Rhagfyr, glanhawyd y Gwersyll, darparwyd y dynion â dillad newydd a phrynwyd offer coginio newydd. Roedd y bwyd hefyd yn uwch ei safon na'r hyn yr arferid ei ddarparu. Yna, yn sydyn, wrth i'r ddau feddyg ymddangos, aeth y carcharorion ati i faeddu'r lle gan ailwisgo'u hunain yn eu hen ddillad. Gwylltiwyd y prif swyddogion, ond gwellodd yr amodau o hynny ymlaen. Ac ni wrthododd Cameron honiadau gan Brennan-Whitmore iddo fod yn hallt ei feirniadaeth ar y drefn a fodolai. Yn wir, mae'n bosibl i ymateb Cameron fod yn rhannol gyfrifol am y penderfyniad i ryddhau'r dynion ymhen pythefnos wedyn.

Un o bedwar a holwyd gan Cameron oedd Collins. Pan ofynnodd iddynt a oedd unrhyw beth yn y gwersyll y caent ddigon ohono, ateb Collins oedd, 'Halen'.

Arweiniodd marwolaeth Dr Peters at godi cwestiwn ar lawr Tŷ'r Cyffredin gan yr Aelod Seneddol John Dillon am gŵynion y Gwyddelod ynglŷn ag amodau byw yn y Fron-goch ac am y modd y câi llythyron eu cadw rhagddynt. Mewn ateb addawodd yr Ysgrifennydd Cartref, Syr George Cave, y gwnâi – ar gais Comandant y Gwersyll – gynnal ymchwiliad gofalus i gŵynion y Gwyddelod. Addawodd yr Aelod Seneddol dros Wigan, rhyw Mr Neville, y gwnâi ef ymgymryd â hyn. Roedd Dr Peters, meddai, wedi bod yn poeni llawer am gŵynion disail a wnaed yn ei erbyn ef a'i staff. Gwrthodid rhoi llythyron i'r carcharorion, meddai, am eu bod yn gwrthod ymateb wrth i'r galw enwau gael ei gynnal.

Codwyd hefyd y posibilrwydd o ryddhau'r carcharorion. Dywedwyd fod hynny eisoes yn cael ei ystyried gan y Prif Weinidog. Yn wir, ar ddiwrnod cyntaf David Lloyd George yn y swydd, fe wnaeth John Redmond, fel rhan o'i dröedigaeth, bwyso ar y Prif Weinidog i ryddhau'r Gwyddelod fel anrheg Nadolig i bobl Iwerddon. Ac ar 21 Rhagfyr, dyna a wnaeth Lloyd George gan y teimlai fod y perygl o barhau i gadw'r carcharorion gyda'i gilydd yn fwy na'r perygl o'u rhyddhau.

Er nad marwolaeth Dr Peters wnaeth newid meddwl y Prif Weinidog gellir honni iddi fod yn gatalydd ar gyfer y rhyddhau. A rhaid bod Lloyd George ei hunan wedi sylweddoli fod y difrod eisoes wedi ei wneud. Roedd y milwyr syml, cyffredin a gymerodd ran yng Ngwrthryfel y Pasg bellach yn chwyldroadwyr digyfaddawd a oedd wedi graddio o Brifysgol Rhyddid y Fron-goch.

10

Y Boi Mawr

Cofir Michael Collins yn ystod ei gyfnod yn y Fron-goch yn fwy fel broliwr swnllyd na chynlluniwr tactegau, y milwr a'r gwleidydd – nodweddion a'i gwnaeth yn gawr yn hanes y frwydr dros ryddid Iwerddon. Hwyrach fod y ddelwedd hon o reslo ac ymladd clustogau yn un gwbl fwriadol i guddio'i wir ran yn y dadeni ac ad-drefnu'r frwydr genedlaethol y bu'n gymaint rhan ohoni.

Yn y Fron-goch fe'i bedyddiwyd gyda'r llysenw 'Y Boi Mawr', a hynny, medd Frank O'Connor yn ei gofiant i Collins, yn fwy fel arwydd o ddirmyg nag o barch. Clywid byth a hefyd ei gyd-garcharorion yn edliw, 'Mae Collins yn meddwl ei fod yn foi mawr'. Ond, medd Taylor, craidd hanes ei fywyd byr oedd y modd y llwyddodd i droi llysenw dirmygus yn un o barchedig ofn ac o hoffter.

Ganwyd Michael Collins ar 16 Hydref 1890, yn Woodfield, Sam's Cross, ger Clonakilty yng Ngorllewin Cork, perfeddwlad y brwydro rhwng tenantiaid a pherchnogion tir ar ddiwedd y bedwaredd ganrif ar bymtheg. Byddai Collins wedi medru cydymdeimlo â gwerin ardal y Fron-goch pan drowyd nifer o denantiaid y fro allan o'u ffermydd am iddynt bleidleisio yn erbyn y Tori,

Watkin Williams Wynn, yn etholiad 1859. Sgweier y Rhiwlas ar y pryd oedd Richard Watkin Price, tad-cu'r gŵr a wnâi godi'r gwaith wisgi a fyddai'n garchar i Collins yn 1916.

Trigai Collins, yr ieuengaf o wyth o blant, ar fferm 90 erw. Yn gynnar iawn yn ei fywyd daeth o dan ddylanwad dau genedlaetholwr lleol, y naill yn athro a'r llall yn of. Derbyniodd ei addysg gynnar oddi wrth athro teithiol, un o'r athrawon bôn clawdd a heriai'r awdurdodau drwy gynnal dosbarthiadau anghyfreithlon yn y priffyrdd a'r caeau.

Dylanwadwyd yn fawr arno gan ŵr o dras Gymreig, Thomas Davis (1814-1845), sefydlydd y mudiad *Young Ireland* a chyfansoddwr y caneuon *A Nation Once Again* a *The West's Awake*. Mab i lawfeddyg yn y *Royal Artillery* oedd Davis, a Phrotestant. Dywedodd Davis ei hun mai Cymro oedd ei dad ond roedd ei deulu, meddai, wedi byw mor hir yn Lloegr fel iddynt eu hystyried eu hunain yn Saeson.

Ond hwyrach mai'r dylanwad mwyaf ar Collins yn ifanc oedd darpar sefydlydd Sinn Féin, Arthur Griffith, drwy ei erthyglau yn yr *United Irishman*. Mae lle i gredu fod gan Griffith hefyd waed Cymreig. Yn wir, cadarnhaodd hynny pan gyfarfu D.J. Williams ag ef yn Nulyn yn 1920.

Yn ifanc iawn amlygodd Collins ei hun fel athletwr ac fel chwaraewr pêl-droed Gwyddelig a hyrli, a hefyd bowlio ffordd, sef hyrddio pêl haearn ar hyd ffordd wledig, gêm sy'n gyfyngedig bellach i Orllewin Corc ac Armagh.

Gwaith cyntaf y llanc oedd fel prentis yn Swyddfa Bost Clonakilty. Dysgodd hefyd waith papur newydd gyda'r *West Cork People*. Bu'n llwyddiannus yn ei arholiadau a derbyniodd swydd ym Manc Cynilo'r Swyddfa Bost yn West Kensington, Llundain. Symudodd yno i fyw gyda'i chwaer, Hannie.

Ym Mhrifddinas Lloegr trodd at faterion a diddordebau Gwyddelig ac yn bedair ar bymtheg oed, ymunodd â'r *IRB* gan ddod yn drysorydd Cangen Llundain a De Lloegr o'r mudiad cudd. Yn y cyfamser gweithiodd i wahanol gwmnïau ariannol.

Yn Llundain bu Collins yn ddarllenwr brwd gan ffoli ar awduron Seisnig fel Hardy, Meredith, Wells, Arnold Bennett, Conrad a Swinburne yn ogystal â Wilde, Yeats, Padraig Column a James Stephens. Byddai'n mynychu'r theatr hefyd yn rheolaidd yn gwylio dramâu Shaw a Barrie. A gallai ddyfynnu'n rhugl o waith Synge, Wilde a Yeats. Ond diddorol yw nodi honiad Tim Pat Coogan yn ei gofiant i Collins mai ei hoff nofel oedd *The Man who was Thursday*, lle ceir y prif anarchydd yn dweud, *'If you don't seem to be hiding, nobody hunts you out'*. Hynny yw, os nad wyt ti am gael dy ddal, paid â chuddio. Hon fyddai athroniaeth ganolog Collins wrth chwarae mig â'r heddlu cudd a'r milwyr Prydeinig adeg y Rhyfel Annibyniaeth. Yn Iwerddon roedd y frwydr fawr wedi symud o fod yn ddadl dros hawliau tenantiaid i'r ymladdfa am hunanlywodraeth a gwrthwynebiad Siroedd Gogledd Iwerddon i hynny. Fis Tachwedd 1914, ymunodd Collins â Chwmni Rhif 1 o Wirfoddolwyr Llundain. Yn rheolaidd byddai ef a'i gefnder, Séan Hurley, yn ymuno mewn ymarferiadau milwrol yn y Gampfa Almaenig yn King's Cross.

Dychwelodd Collins i Ddulyn yn gynnar yn 1916 lle'r enillai £1 yr wythnos fel cynorthwyydd ariannol rhan-amser i'r Iarll Plunkett. Yna bu'n gyfrifydd i gwmni Craig Gardiner yn Dawson Street. Ymunodd â'r *Gaelic League* gan droi at ddysgu Gwyddeleg. Aelod brwd arall oedd Richard Mulcahy.

Yng Ngwrthryfel y Pasg, Collins oedd y swyddog milwrol ieuengaf. Ei weithred gyntaf wedi i'r Gwirfoddolwyr feddiannu'r Swyddfa Bost oedd cymryd tair casgennaid o stowt oddi ar rai o'r gwrthryfelwyr a'u harllwys lawr y draen. Eisoes teimlai fod disgyblaeth yn bwysig.

Yn ystod y brwydro lladdwyd Séan Hurley, a chafodd hyn effaith ddofn arno. Yn dilyn yr ildio bu'n dyst i fileindra rhai o'r swyddogion Prydeinig. Ac yma dylid cyfeirio at ddigwyddiad sy'n dangos natur ddialgar Collins. Wrth i'r milwyr gael eu didoli a'u dethol y tu allan i'r *Rotunda,* aeth y Capten Lee-Wilson allan o'i ffordd i fychanu'r hynafgwr Tom Clarke drwy orchymyn iddo sefyll yn noeth o flaen pawb. Ychydig flynyddoedd yn ddiweddarach llwyddodd rhwydwaith gwybodaeth Collins i ddarganfod bod Lee-Wilson yn gwasanaethu fel Arolygwr Dosbarth i Heddlu Brenhinol Iwerddon yn Swydd Wexford. Fe'i saethwyd yn farw.

Daliwyd Collins yng Ngharchar Stafford nes iddo gael ei symud i'r Fron-goch ddiwedd mis Mehefin. Erbyn Dydd Nadolig 1916 roedd yn ôl yn Nulyn a Gwersyll y Fron-goch yn wag o garcharorion. Treuliodd gyfnod yn cicio'i sodlau ac, yn ôl ei dystiolaeth ei hun, *'drinking Clonakilty Wrastler on a Fron-goch stomach'.* Fe'i penodwyd ym mis Chwefror 1917 yn Ysgrifennydd Cronfa Cymorth Cenedlaethol Iwerddon, mudiad a sefydlwyd gan weddw Tom Clarke i helpu teuluoedd y rhai a garcharwyd ac a laddwyd yn y frwydr dros ryddid. Ei gyflog oedd £2 10s yr wythnos.

Yn y cyfamser cyrhaeddodd y carcharorion eraill adref o garchardai Lloegr, yn eu plith Eamon de Valera. Safodd nifer ohonynt etholiadau yn enw Sinn Féin gan sgubo popeth o'u blaen. Yng nghysgod y llwyddiant gwleidyddol roedd Collins yn brysur yn treiddio i galon Castell Dulyn. Llwyddodd i ricriwtio pedwar o swyddogion cudd Prydain oddi mewn i'r Castell.

Pan ffurfiwyd cyfundrefn newydd y fyddin fis Mawrth 1918, gosodwyd Collins yn ail i Dick Mulcahy. Yn ystod y flwyddyn honno byddai'n arolygu ymarferiadau ledled Iwerddon, yn sefydlu papurau newydd tanddaearol, yn trefnu cyrchoedd smyglo arfau, yn trefnu benthyciad ariannol cenedlaethol, yn sefydlu ffatri gwneud bomiau ac, yn allweddol, yn sefydlu ei garfan gudd, arfog.

Yn y cyfamser, symudai o gwmpas strydoedd Dulyn yn gwbl agored, gan gofio cyngor un o gymeriadau Chesterton,

'Os nad wyt ti am gael dy ddal, paid cuddio.' Cafodd ei ddisgrifio fel 'Robin Hood ar feic'.

Erbyn gwanwyn 1918 roedd Prydain yn dechrau mynd yn brin o filwyr yn Fflandrys. Ac er gwaetha'r ffaith fod ymron 100,000 o Gatholigion Gwyddelig wedi ymuno â Byddin Prydain fe berswadiodd Syr Henry Wilson, Pennaeth Staff Cyffredinol Byddinoedd Prydain, y Cabinet mai Iwerddon oedd y ffynhonnell agosaf i ricriwtio mwy fyth o filwyr. Roedd Syr Henry yn Wyddel o ogledd y wlad heb unrhyw gydymdeimlad â'r syniad am hunanlywodraeth. Wrth iddo annog gorfodaeth filwrol yn Iwerddon, llwyddodd i uno'r wlad yn erbyn Llywodraeth Prydain.

Er gwaethaf ffrynt unedig yn cynnwys yr Eglwys Gatholig, Cyngres Undebau Llafur Iwerddon a'r Blaid Lafur ym Mhrydain, paratôdd Lloyd George ar gyfer gorfodaeth filwrol drwy benodi Arglwydd French yn Rheolwr Cyffredinol dros Iwerddon. Yn dilyn ei gampau yn nyddiau cynnar y Rhyfel Mawr, bedyddiwyd French yn Iarll Ypres. Disodlodd yr Arglwydd Wimborne, a oedd yn hanu o deulu Guest o Sir Forgannwg. Diddorol nodi yma i Gymry Cymraeg fod ar staff hwnnw. Datgela Huw Llewelyn Williams yn *Wrth Angor yn Nulyn*, sef hanes Capel Cymraeg Dulyn, i Dora Herbert Jones, a ddaeth yn enwog wedyn drwy ei chysylltiadau â chanu gwerin ac â Gregynog, fod yn gwneud gwaith cyfrinachol i Wimborne yn y *Viceregal Lodge* yn Phoenix Park. Aeth i'r Capel Bach yn Talbot Street am y tro cyntaf yng nghwmni Selwyn Davies, Cymro o Lundain a oedd yn Ysgrifennydd i Wimborne. Cymraes arall a fynychai'r Capel Bach oedd Ysgrifenyddes y Fonesig Wimborne, Beta Jones o fferm Abercin ger Cricieth.

Cadarnheir rhan Dora Herbert Jones yn y gwasanaeth cudd gan Gwenan Mair Gibbard yn *Brenhines Powys* yn y gyfres Llyfrau Llafar Gwlad. 'Erbyn 1918 roedd yn Nulyn yn gwneud gwaith "tra chyfrinachol" yn y *Vicregal Lodge* fel ysgrifenyddes bersonol i'r Arglwydd Wimborne, Arglwydd

198

Raglaw Iwerddon yn anterth y gwrthryfel yn erbyn llywodraeth Prydain,' medd yr awdures. 'Teithiodd yn rheolaidd rhwng Dulyn a Llundain am oddeutu deunaw mis, ar adeg pan oedd teithio ar y *packet* o Gaergybi yn ddigon peryglus.'

Tybed a oedd y Gymraes ar restr Michael Collins fel rhywun a allai gael ei dienyddio? Doedd y ffaith ei bod hi'n fenyw yn gwneud dim gwahaniaeth iddo gan i fwy nag un fenyw wynebu'r gosb eithaf am ysbïo neu am drosglwyddo gwybodaeth i'r gelyn gan ei garfan gudd.

Yn y cyfamser roedd Llywodraeth answyddogol Iwerddon, *Dáil Eireann*, nid yn unig wedi ei sefydlu ond hefyd yn ffynnu er gwaetha'r ffaith iddi gael ei gwahardd. Penodwyd Collins yn Weinidog Cyllid y *Dáil* gyda de Valera yn Brif Weinidog. Agorwyd Llysgenadaethau yn Ffrainc ac yn y Taleithiau Unedig ac yn ddiweddarach sefydlwyd cyfundrefn gyfreithiol yn cynnwys llysoedd o dan oruchwyliaeth *Sinn Féin* yn cael ei harwain gan Austin Stack.

Ond diolch i'w ysbiwyr yn y Castell, deallodd Collins fod y swyddogion cudd Prydeinig yn closio. Rhaid oedd gweithredu. Yn gyntaf ceisiwyd perswadio swyddogion cudd y Goron a rhai mwy agored i roi'r gorau i'w gweithgareddau. Yna dechreuwyd llofruddio swyddogion a oedd wedi eu clustnodi gan Collins.

Gwawriodd 1920, blwyddyn a gâi ei bedyddio yn Flwyddyn y Braw. Dyna pryd y gwelwyd y *Black and Tans* am y tro cyntaf. Cyrhaeddodd y giwed ym mis Mawrth y flwyddyn honno. Danfonwyd y *Tans* gan Syr Neville Macready, a benodwyd yn Uwch Gomander ar luoedd Prydain yn Iwerddon. Roedd gan hwn record amheus eisoes. Roedd gan lowyr Tonypandy reswm da dros ei gofio fel gŵr a fu'n gyfrifol am weithredu'n gwbl ddidrugaredd yn eu herbyn hwy drwy ddanfon milwyr yno ar ran Churchill yn 1910.

Nid y *Tans* oedd yr unig griw arfog i'w danfon i Iwerddon.

Roedd yr *Auxiliaries* yn waeth na'r *Tans* am y rheswm syml fod yr *Auxies*, fel y'u gelwid, yn fwy deallus ac yn griw elitaidd, yn gyn-swyddogion o'r Rhyfel Mawr oedd yn cael eu talu £1 y dydd fel Cadlanciau Dros-dro. O ran gradd, roeddynt yn cyfateb i Ringyll yn yr heddlu a chyrhaeddodd y garfan gyntaf o 500 ddiwedd Gorffennaf. Erbyn mis Mawrth 1921 roedd ymron 7,000 o'r *Tans* yn Iwerddon yn atgyfnerthu'r heddlu. Diddorol nodi mai'r swyddog a wnâi arolygu'r ddwy garfan oedd Syr Hamar Greenwood, a anwyd yng Nghanada ond gyda'i rieni'n Gymry.

Mae tuedd i gymysgu'r ddwy garfan. Gwisgai'r *Tans* gotiau *khaki* a throwseri a chapiau duon. Dyna un rheswm am eu llysenw. Rheswm arall oedd bod pac o gŵn hela enwog wedi ei enwi yn *Black and Tans*. Felly roedd yn enw addas yn y cyswllt hwnnw hefyd. Am yr *Auxies*, cariai'r rheiny reiffl, dau rifolfer – un ar bob coes – a dau fom llaw yn eu gwregysau. Gwisgai'r *Auxies* hefyd socasau lledr tra gwisgai'r *Tans* bâr o goesrwymau. Yr hyn oedd yn gyffredin i'r ddwy garfan oedd y ffaith y caent dragwyddol heol i weithredu y tu allan i reolau milwrol arferol.

Dulliau'r ddwy garfan o weithredu oedd disgyn ar bentref neu dref, saethu rhai o'r trigolion a dwyn eraill i'r ddalfa ac yna chwalu a llosgi eiddo. Cynhaliwyd cyrchoedd ar Tuam, Carrick-on-Shannon, Ennistymon, Lahinch a Milltown Malbay. Yn Trim achoswyd £50,000 o ddifrod. Yn Balbriggan dinistriwyd 25 o gartrefi a ffatri. Dechreuwyd targedu offeiriadon Catholig. Difrodwyd busnesau lleol fel ffatrïoedd llaeth cydweithredol. Yr un oedd y stori yn y dinasoedd. Gyda'r nos roedd strydoedd Dulyn a Chorc o dan warchae rhwng 8.00 y nos a 5.00 y bore. Mor esgymun oeddent fel i nifer fawr o aelodau Heddlu Brenhinol Iwerddon ymddiswyddo.

Ond erbyn hyn roedd yr ymarfer milwrol a ysgogwyd gan Collins, Mulcahy a McKee yn dwyn ffrwyth. Chwalwyd yr *Auxies* yn Kilmichael a Crossbarry gan Drydedd Frigâd

Gorllewin Corc o dan arweiniad Tom Barry. Ar nos Sul y Pasg, 1920, llosgwyd dros 500 o farics yr heddlu a swyddfeydd y Dreth Incwm, tactegau roedd Mulcahy wedi eu dysgu adeg Gwrthryfel y Pasg a'u perffeithio'n gyfrinachol yn y Fron-goch.

Ceir atgof diddorol yn *Wrth Angor yn Nulyn* gan briod John Lloyd-Jones, Athro Cymraeg yn y Brifysgol yno. Pabyddes oedd morwyn y teulu, a Phabyddion a drigai yn Nhŷ Capel Bethel. Pan fu farw ewythr y forwyn yn y Tŷ Capel, aeth honno a'i mam draw yno i fynd drwy ei bethau. Canfu'r ddwy fomiau a bwledi wedi eu cuddio yn festri Bethel. Taflwyd y cyfan i afon Liffey.

Erbyn mis Tachwedd roedd Collins yn Arlywydd Gweithredol Gweriniaeth Iwerddon, er nad oedd y fath le yn bodoli cyn belled ag yr oedd Prydain yn y cwestiwn. Yn yr un mis cafwyd digwyddiad a gafodd sylw ledled y byd. Yng Ngharchar Mountjoy crogwyd myfyriwr deunaw oed ar ôl iddo gymryd rhan mewn cyrch pan saethwyd chwe milwr Prydeinig yn farw. Ei enw oedd Kevin Barry.

Erbyn hyn roedd ymddygiad y *Tans* a'r *Auxies* yn rhemp. Yn ystod mis Medi saethwyd yn farw 17 o bobl ddiniwed. Cadarnhawyd wrth Collins yr hyn y bu'n ei amau, sef bod polisi o ladd ar hap yn digwydd, a hynny gyda bendith Lloyd George. Craidd y llofruddwyr oedd dwy garfan, y *Cairo Gang*, sef criw o swyddogion cudd wedi eu dewis o blith swyddogion milwrol a oedd wedi gwasanaethu yn y Dwyrain Canol, a'r *Igoe Gang*, criw o blismyn cudd o'r tu allan i Ddulyn a oedd yn y ddinas er mwyn adnabod aelodau blaenllaw o griw Collins. Erbyn hyn roedd pridwerth o £10,000 ar ben Collins ac ar ben Dan Breen, ei brif filwr.

Wrth i'r ymgyrch o ddienyddio swyddogion cudd fynd yn ei flaen, defnyddiodd y wasg Brydeinig hynny fel cyfle i gyhuddo Collins o ladd er mwyn lladd a'i rybuddio y danfonid eraill i gymryd lle'r rhai a leddid. Ymateb Collins yn ei nodiadau a gwblhaodd fis Awst 1922 oedd cytuno y gallai Lloegr bob amser gael swyddog arall yn lle un a laddwyd. Gallai, fe allai arall gamu i mewn i sgidiau swyddog marw, meddai. Ond ni allai neb gamu i mewn i'w feddwl a'i wybodaeth. Roedd gwybodaeth gudd yn anhepgor i'r math newydd hwn o ymladd. Roedd Collins, meddai Tim Pat Coogan, wedi datblygu syniadaeth o frwydro wedi ei seilio nid ar gipio brics a morter y gelyn ond yn hytrach ar ddwyn gwybodaeth y gelyn.

Ar fore Sul, 21 Tachwedd, symudodd dynion Collins gan daro yn erbyn y swyddogion cudd am naw o'r gloch bore trannoeth. Fesul dau neu dri, cripiodd aelodau o'r garfan gudd Weriniaethol i dai lodjin y swyddogion gan saethu 14 ohonynt yn farw. Bedyddiwyd y noson honno yn Sul Gwaedlyd.

Y diwrnod canlynol roedd ymron 8,000 o gefnogwyr pêldroed Gwyddelig yn gwylio rownd derfynol yn Croke Park rhwng Dulyn a Tippperary. Ar ganol y chwarae cyrhaeddodd milwyr gan amgylchynu'r maes. Yna taniwyd at y dorf a lladdwyd dwsin o bobl ddiniwed, yn eu plith un o'r chwaraewyr.

A pharhau wnaeth y patrwm o lygad am lygad a dant am ddant. Dienyddiwyd chwech o ddynion ifanc yn Corc ar ddiwedd mis Chwefror 1921. Y noson honno, fel dial, saethwyd yn farw chwech o filwyr Prydeinig. Ar 14 Mawrth, yn Nulyn, crogwyd chwe charcharor Gweriniaethol. Yn eu plith roedd Patrick Moran, gynt o'r Fron-goch a oedd yn Gapten ym myddin y Gweriniaethwyr yn Nulyn. Mor ffyddiog oedd Moran y câi ei ryddhau fel iddo hepgor cyfle i ddianc o Garchar Kilmainham fis yn gynharach.

Bu Moran yn rhan o un o'r digwyddiadau mwyaf dramatig yn hanes Carchar Kilmainham. Amheuid ef o gymryd rhan yn nigwyddiadau'r Sul Gwaedlyd ond roedd ganddo *alibi*. Tra roedd yng Nghilmainham, trefnodd rhai o'i gyd-garcharorion gynllwyn i ddianc. Y tu ôl i'r cynllwyn roedd Ernie O'Malley, Swyddog yng Ngofal Ail Adran y De o'r *IRA* a Frank Teeling, yr unig Weriniaethwr i'w ddal oedd wedi cymryd rhan uniongyrchol yn y Sul Gwaedlyd. Roedd Teeling, fel Moran wedi ei ddedfrydu i'w grogi ond llwyddodd O'Malley i ennill cydymdeimlad dau warchodwr oedd yn aelodau o'r Gwarchodlu Cymreig, Ernest Roper a J. Holland, dau filwr cyffredin. Llwyddodd y ddau Gymro i smyglo dryll a gefail torri bolltau iddo a threfnodd y tri i ddianc. Ar y funud olaf gwrthododd Moran, gan ei fod mor sicr y câi ei ryddhau, a chymerwyd ei le gan Simon Donnelly, a oedd, fel Moran, wedi treulio cyfnod yn y Fron-goch. Ar 21 Chwefror 1921, llwyddodd y tri i ddianc ond crogwyd Moran a dedfrydwyd y ddau Gymro i wyth mlynedd yr un o gaethiwed penydiol.

Roedd Moran yn un o chwech a grogwyd ar yr un diwrnod, 14 Mawrth 1921. Roedd dau o'r chwech, Moran a Thomas Bryan wedi bod yn y Fron-goch. Trydanwr oedd Bryan a ddaliwyd wedi cyrch ar un o gerbydau byddin Prydain yn Drumcondra. Y pedwar arall i'w crogi oedd Frank Flood, Bernard Ryan, Patrick Doyle a Thomas Whelan. Rhwng Tachwedd 1920 a Mehefin 1921 crogwyd 24 o wirfoddolwyr. Un o'r rhain, a grogwyd ar 26 Ebrill 1921, oedd Tom Traynor, crydd gwersyll y Fron-goch a thad i ddeg o blant. Ymladdodd ochr yn ochr â de Valera yng Ngwrthryfel y Pasg. Roedd yn aelod blaenllaw o Frigâd Dulyn ac fe'i arestiwyd yn dilyn saethu dau filwr yn Brunswick Street (Pearse Street).

Erbyn mis Mai roedd Collins wedi'i ethol yn *TD* dros Dde Armagh. Dri mis yn ddiweddarach, fe'i penodwyd yn Weinidog Cyllid. Yna, ym mis Hydref danfonwyd Collins, yn groes i'w ewyllys, i Lundain i drafod cytundeb. Teimlai mai ystryw bwriadol gan de Valera oedd hyn. Gwyddai de Valera o'r gorau na châi Iwerddon annibyniaeth lawn ac y byddai derbyn cyfaddawd yn pardduo enw Collins yn ôl yn Iwerddon. Wyneb yn wyneb â gwleidyddion profiadol fel Lloyd George ac Arglwydd Birkenhead, gwyddai hefyd y byddai Collins allan o'i ddyfnder. Mewn gwirionedd, Collins fyddai'r bwch dihangol.

Cymerodd dri mis o ddadlau a thrafod cyn i'r Cytundeb gael ei arwyddo ar 6 Rhagfyr 1921, yn dilyn cadoediad yn y Rhyfel Annibyniaeth. Y prif gynrychiolwyr dros Sinn Fein oedd Collins, Arthur Griffith, Robert Barton a Gavan Duffy. Twrnai oedd Duffy a wnaeth lawer o waith da dros hawliau carcharorion y Fron-goch yn ôl yn 1916. Bu de Valera yn ddigon cyfrwys a hirben i aros gartref. Wedi i Collins arwyddo'r ddogfen, a olygai annibyniaeth i Dalaith Rydd o 26 sir, tra bod chwe sir y gogledd yn dal yn rhan o Brydain fe ysgrifennodd, 'Meddyliwch: beth wnes i ei sicrhau i Iwerddon? Rhywbeth y bu'n ei ddeisyfu ers saith can mlynedd. A fydd unrhyw un yn fodlon â'r fargen? Fe ddwedaf i hyn – yn gynnar y bore yma fe wnes i arwyddo fy ngwarant marwolaeth. Ar y pryd meddyliais mor rhyfedd oedd hyn, mor wirion – fe allai bwled fod wedi gwneud y gwaith yr un mor hawdd bum mlynedd yn ôl.' Ymhen wyth mis, fe fyddai bwled yn cyflawni'r union waith hwnnw.

Craidd y Cytundeb oedd y câi'r 26 sir statws Dominiwn o fewn yr Ymerodraeth Brydeinig. Gwelai Collins hyn nid fel ateb ond fel cam bras tuag at yr ateb, fel rhyddid i sicrhau rhyddid. Ond roedd Catholigion chwe sir y gogledd bellach ar drugaredd yr Unoliaethwyr. I de Valera roedd y Cytundeb yn bradychu'r mudiad Gweriniaethol. Er i Iwerddon bleidleisio dros y Cytundeb – fe'i derbyniwyd gan y *Dáil* gyda mwyafrif o saith pleidlais – rhwygwyd y mudiad milwrol a gwleidyddol Gweriniaethol. Cododd cyn-gyfaill arf yn erbyn cyn-gyfaill.

Aeth de Valera ar ffo. Cododd brawd arf yn erbyn brawd. Meddiannwyd y Four Courts yn Nulyn gan y Fyddin Weriniaethol. Taniodd milwyr Byddin y Dalaith Rydd ar y meddianwyr a llosgwyd yr adeilad. Am yr eildro mewn pum mlynedd roedd canol Dulyn yn fflam.

Arweiniwyd y cyrch ar y Four Courts, gyda chymorth

gynnau mawr wedi eu benthyca oddi ar fyddin Prydain, gan gyn-garcharor o'r Fron-goch, Tom Ennis. Roedd Ennis wedi bod yn rhan o'r ymosodiad ar y Custom House ym mis Mai 1921 ac wedi'i anafu yno. Ym myddin y Dalaith Rydd cododd i safle Uwchgapten Cyffredinol ac fe'i hedmygid hyd yn oed gan Weriniaethwyr fel milwr da.

Yn ystod y Rhyfel Annibyniaeth dienyddiwyd 24 o Weriniaethwyr gan Brydain. Ond yn ystod y Rhyfel Cartref a wnaeth ddilyn y Cytundeb, dienyddiwyd 77 o Weriniaethwyr gan eu cyn-gynghreiriaid, nifer o'r rhain eto wedi bod yn y Fron-goch.

Mae un digwyddiad yn crisialu'r tristwch a'r gwiriondeb. Fe arestiwyd Leo Henderson gan filwyr y Llywodraeth am feddiannu cerbydau milwrol ym mis Mehefin 1922. Er mwyn taro'n ôl fe gipiodd y Gweriniaethwyr J.J. O'Connell, Dirprwy Bennaeth Staff Byddin y Llywodraeth. Dyma'r digwyddiad, i bob pwrpas, a wnaeth danio'r Rhyfel Cartref. Roedd Henderson ac O'Connell wedi bod yn gyfeillion agos yn y Fron-goch, y naill yn Gapten yno tra oedd y llall yn Gomandant Gwersyll y De.

Parhaodd y terfysg gwaedlyd. Erbyn mis Medi 1992 roedd 5,000 o Weriniaethwyr yng ngharchar heb unrhyw gyhuddiad yn eu herbyn. Ac yna'r eironi mwyaf oll. Pasiwyd deddf Pwerau Brys a oedd yn caniatáu carcharu heb gyhuddiad tra oedd cario arf yn anghyfreithlon yn golygu dienyddio, yr union ddeddf a gafodd ei defnyddio gan Brydain i garcharu Gwyddelod yn y Fron-goch a mannau eraill. Roedd Deddf Amddiffyniad y Deyrnas, DORA, bellach yn arf gan Lywodraeth y Dalaith Rydd er mwyn carcharu Gweriniaethwyr. Câi Dick Mulcahy, fel y Gweinidog Amddiffyn a Séan MacMahon, Pennaeth Staff Byddin y Dalaith Rydd, dragwyddol heol i arestio a chadw dan glo unrhyw un a fynnent heb angen nag ymchwiliad, cyhuddiad na phrawf. Byddai'r llysoedd milwrol yn rhai cyfrinachol ac ni châi milwyr Gweriniaethol yr hawl i gael eu hystyried fel carcharorion rhyfel. Ers dyddiau'r Fron-goch roedd y rhod wedi troi un cylch cyfan. Ac roedd MacMahon, fel Mulcahy, yn un o gyn-garcharorion y Fron-goch.

Yn aml hepgorwyd yr angen am ddienyddiadau ffurfiol. Mewn un digwyddiad erchyll yn Swydd Kerry ar 7 Mawrth 1923, cymerwyd naw carcharor Gweriniaethol o Garchar Tralee i Ballyseedy Cross lle'r oedd ffrwydron wedi eu gosod. Clymwyd y naw gyda'i gilydd o gwmpas y ffrwydron. Taniwyd y ffrwydron a chwythwyd wyth o'r carcharorion i ebargofiant. Daeth dywediad lleol i fodolaeth. Am wythnosau wedyn, meddid, fe fu cigfrain Ballyseedy yn pesgi. Yn wyrthiol, chwythwyd un o'r naw i ffos gerllaw a llwyddodd i ddianc i adrodd yr hanes. Ar yr un diwrnod ffrwydrwyd cyrff pum carcharor yn Castlemaine. Unwaith eto, llwyddodd un i ddianc â'i fywyd. Yna, ar 12 Mawrth, yn Cahirciveen ffrwydrwyd pum carcharor. Y tro hwn ni lwyddodd yr un ohonynt i ddianc.

Yn dilyn y digwyddiadau hyn, cyhoeddodd Dick Mulcahy yn y *Dail* fod 68 o filwyr y Dalaith Rydd wedi'u lladd yn Kerry a 157 wedi'u hanafu. Ond ni chyfeiriwyd at y ffaith nad oedd yr un carcharor Gweriniaethol a laddwyd neu a ddienyddiwyd wedi ei gael yn euog o unrhyw drosedd.

Lladdwyd nifer o gyn-garcharorion y Fron-goch mewn gwahanol frwydrau, gan gynnwys Mick Carolan o Belfast, a saethwyd yn farw yn Nulyn ar 28 Gorffennaf 1922. Ym mynyddoedd Partry lladdwyd M.J. Ring, milwr gyda'r Dalaith Rydd. Lladdwyd Hugh Thornton, milwr arall ym myddin y Llywodraeth, mewn brwydr wahanol. Lladdwyd y Gweriniaethwr Paddy O'Brien mewn ffrwgwd yn Enniscorthy ar 11 Gorffennaf 1922. Roedd brawd Paddy, sef Denis, gydag ef yn y Fron-goch. Er iddo ymladd yn erbyn milwyr y Dalaith Rydd, ymunodd yn ddiweddarach â charfan o filwyr gwleidyddol, y Broy Harriers, wedi i de Valera ddod i rym. Ym 1924 saethwyd Denis O'Brien yn farw y tu allan i'w gartref gan Weriniaethwyr fel dial am ei ran yn erlid ei gyn-gynghreiriaid.

Ymhlith carcharorion y Fron-goch roedd Joseph A. Sweeney. Ac yntau'n gadfridog yng ngofal Byddin y Dalaith Rydd yn y gogledd ddwyrain, bu'n gyfrifol am ddienyddio pedwar carcharor Gweriniaethol heb eu rhoi ar brawf. Roedd Pádraig Ó Caoimh yn Rheolwr Gweithredol ar Garchar Mountjoy pan ddienyddiwyd pedwar carcharor Gweriniaethol heb brawf ar 8 Rhagfyr 1922. Bu yntau yn y Fron-goch.

Tony Gray yn *Ireland this Century* wnaeth grynhoi'r sefyllfa orau. 'Defnyddiwyd yr holl driciau budr a ddysgwyd yn ystod y Rhyfel Annibyniaeth yn awr gan Wyddelod yn erbyn eu cyn-gymrodyr dan arfau,' meddai, 'ac mewn rhai achosion yn erbyn eu brodyr a'u cefndryd.'

Llusgodd y Rhyfel Cartref yn ei flaen tan 24 Mai, pan alwyd cadoediad. Ond ni pheidiodd y lladd na'r dienyddio. Mor ddiweddar â 6 Medi 1940, dienyddiwyd y Gweriniaethwyr Patrick McGrath, pennaeth gweithgareddau'r *IRA*, a Thomas Harte yng Ngharchar Mountjoy gan Lywodraeth de Valera. Roedd McGrath wedi bod yn garcharor yn y Fron-goch. A phwy oedd y Gweinidog Cyfiawnder a fu'n gyfrifol am weinyddu'r gosb eithaf yn erbyn McGrath? Un o'i hen gymrodyr o'r Fron-goch, Gerry Boland. Roedd Boland wedi gwrthwynebu'r Cytundeb yn wreiddiol, ond er gwaethaf hynny, a'r ffaith i'w frawd, Harry, fod yn Weriniaethwr pybyr a laddwyd adeg y Rhyfel Cartref, bu'n gyfrifol am ddienyddiad nifer o Weriniaethwyr yn ystod y tri a'r pedwardegau.

A dyma fwy o eironi. Fe wnaeth mab Gerry Boland, sef Kevin, a etholwyd yn *TD* ym 1957 ac a fu'n Weinidog Dros Amddiffyn, gefnogi cynllwyn Charles Haughey a Neil Blaney i fewnforio arfau i'r *IRA* ym 1970, sgandal a gostiodd eu swyddi i'r ddau yng Nghabinet y *Dáil*.

Os credai'r Gweriniaethwyr fod Llywodraeth y Dalaith

Rydd yn parhau'r gwaith a ddechreuwyd gan fyddin Prydain, fel arall y teimlai Collins. Yn ei nodiadau ym 1922 cawn ef yn cyffelybu'r Gweriniaethwyr i'r *Black and Tans*. 'Methodd y *Black and Tans*, er gwaethaf eu bryntni tramor, â throi Iwerddon "yn uffern deilwng",' meddai. 'Gwnaeth y milwyr afreolaidd [Gweriniaethwyr] ddwyn eu gwlad i ymyl uffern wirioneddol.' Ac wrth gyfiawnhau ei ran yn arwyddo'r Cytundeb ychwanegodd, 'Ni chaiff yr un milwr Prydeinig, na'r un swyddog Prydeinig fyth eto osod ei droed ar ein glannau heb iddo fod yma ar wahoddiad pobl rydd.' Ond beth am lannau'r Chwe Sir?

Am Collins, bu farw fel y bu fyw, yn fyrbwyll a herfeiddiol. Ar 21 Awst 1922, roedd ar daith yn ei hen ardal, gorllewin Swydd Corc. O ystyried pwysigrwydd Collins a gwrthwynebiad yr ardalwyr tuag at y Cytundeb, gosgordd gymharol fechan oedd ganddo – sgowt ar fotor-beic, dau gar yn cario milwyr arfog a char arfog, y *Slievenamon*. Cred rhai haneswyr mai ei bwrpas oedd ceisio heddwch ac nad damwain oedd y ffaith fod de Valera hefyd yn yr un ardal.

Yn Bael na mBlath, sy'n golygu Safn y Blodau, roedd hanner dwsin o filwyr Gweriniaethol yn disgwyl. Pan daniodd y rheiny, daeth Collins a'i osgordd i stop. Yn erbyn cyngor ei ddynion, neidiodd Collins allan. Safodd yng nghanol y ffordd gan ddechrau tanio 'nôl. Yn sydyn disgynnodd yn swp ar y ffordd fawr, wedi'i saethu yn ei ben. Yno, yn ei wlad ei hun, bu farw'r proffwyd.

Pan glywyd am ei farwolaeth, fe dorrodd milwyr o'r ddwy fyddin i lawr gan grio'n agored. Pwysodd eraill yn erbyn ei gilydd mewn galar tawel. Yng Ngharchar Kilmainham roedd y Gweriniaethwr digyfaddawd Tom Barry, a garcharwyd wedi'r ildio yn y Four Courts. Dywedodd Barry, awdur *Guerrilla Days in Ireland*, ei fod yn sgwrsio â charcharorion Gweriniaethol eraill pan gyrhaeddodd y newydd.

'Disgynnodd tawelwch llethol dros y carchar, ac yna clywyd

sibrwd cynyddol o'r celloedd islaw,' meddai. 'Pan edrychais i lawr gwelais yr olygfa ryfeddaf o tua mil o garcharorion Gweriniaethol yn adrodd y llaswyr yn fyrfyfyr wrth ddymuno gorffwysfa i enaid Michael Collins, eu cyn-elyn.'

Llwyddodd Collins, felly, i ennill yr hawl i arddel y llysenw *The Big Fellow* yn yr ystyr gorau posibl. Ond hwyrach mai'r llysenw mwyaf addas a roddwyd iddo oedd hwnnw a fathwyd gan Kathleen Behan, mam Brendan a Dominic. Ddwy flynedd cyn marwolaeth Collins roedd Mrs Behan wedi mynd ato i ofyn am gymorth am fod ei gŵr, Stephen, yng ngharchar ar gyhuddiadau yn ymwneud â'r *IRA*. Derbyniodd £20 oddi wrtho yn y man a'r lle. Ei henw hi ar Collins oedd *My Laughing Boy*. Yn ddiweddarach byddai ei mab, Brendan, yn cyfansoddi baled o deyrnged i Collins.

Twas on an August morning, all in the dawning hours,
I went to take the warming air, all in the Mouth of Flowers,
And there I saw a maiden, and mournful was her cry,
'Ah, what will mend my broken heart, I've lost my Laughing
Boy.

'So strong, so wide and brave he was, I'll mourn his loss too sore,
When thinking that I'll hear the laugh or springing step no more,
Ah, curse the times, and sad the loss my heart to crucify,
That an Irish son with a rebel gun shot down my Laughing Boy.

'O, had he died by Pearse's side or in the GPO,
Killed by an English bullet from the rifle of the foe,
Or forcibly fed with Ashe lay dead in the dungeons of Mountjoy,
I'd have cried with pride for the way he died, my own dear
Laughing Boy.

'My princely love, can ageless love do more than tell to you,
Go raibh mile maith agat for all you tried to do,
For all you did, and would have done, my enemies to destroy,
I'll mourn your name and praise your fame, forever my
Laughing Boy.

Barn Behan am ran Collins yn arwyddo'r Cytundeb oedd iddo ef ac Arthur Griffith gael eu twyllo. A mynegodd wirionedd mawr ynghanol ei gellwair yn *Brendan Behan's Island*. 'Os ydych chi am greu chwyldro, yna cystal i chi fynd ati i ddysgu rhywbeth am wleidyddiaeth.'

Ym marwolaeth Collins cawn eto'r eironi sy'n gymaint rhan o hanes Iwerddon. Yn ôl yn y Fron-goch, un o ffrindiau mwyaf Collins oedd Séan Hales, aelod o deulu gwrthryfelgar o Ballinadee, Swydd Corc. Roedd dau frawd iddo yno hefyd tra oedd pedwerydd brawd, Tom, wedi mynd ar ffo. Bu'r pedwar o'r brodyr Hales yn amlwg iawn yn y Rhyfel Annibyniaeth gyda Tom unwaith, er cael ei boenydio gan swyddogion byddin Prydain yn Bandon, yn gwrthod datgelu unrhyw wybodaeth am Collins.

Yn dilyn y Cytundeb aeth Séan a Tom eu gwahanol ffyrdd. Glynodd Séan wrth Collins a'r Llywodraeth. Parhaodd Tom i fod yn Weriniaethwr digyfaddawd. Fe gâi Séan ei ladd mewn ffrwgwd â'r Gweriniaethwyr yn Nulyn ar 7 Rhagfyr 1922, pan anafwyd un arall o gyn-garcharorion y Fron-goch, Pádraic Ó Máille. Fel dial, dienyddiwyd pedwar carcharor Gweriniaethol ar orchymyn uniongyrchol Richard Mulcahy. Pan saethwyd Collins yn farw yn Bael na mBlath, y gŵr a wnaeth danio'r fwled dyngedfennol oedd Sonny O'Neill, cyn-filwr ym myddin Prydain. Ond ymhlith yr hanner dwsin o ymosodwyr a fu'n gyfrifol am yr ymosodiad ar y Boi Mawr roedd Tom Hales. Pan glywodd pwy a saethwyd yn farw, wylodd yntau.

11

Rhyddid

Wrth gofnodi hanes ei wythnos olaf yn y Gwersyll nododd M.J. O'Connor mor oer oedd y tywydd gyda'r 'Brenin Rhew yn teyrnasu'. Erbyn hyn roedd amser codi wedi ei ymestyn tan 6.45 a'r dynion wedi derbyn blanced ychwanegol. Roedd cosbi yn dal i ddigwydd hyd y diwedd. Nododd O'Connor i garcharor o'r enw Lynch o Swydd Corc wrthod mynd i Wersyll y Gogledd fel cosb, felly fe'i cariwyd yno.

Yn ddiarwybod i O'Connor, roedd grym barn gyhoeddus yn Iwerddon yn ei amlygu ei hun drwy gyfrwng Corfforaeth Dulyn, a alwodd ynghyd Gymdeithas Amnest Iwerddon Gyfan yn ogystal â mudiadau cefnogol eraill. Roedd mwy a mwy o Aelodau Seneddol hefyd yn galw am ryddhau'r dynion.

'Roedd Llywodraeth Prydain mewn picil,' medd O'Connor. 'Roedd ganddynt 500 o Wyddelod ar eu dwylo. Câi'r rheiny eu dal ar amheuaeth yn unig. Ni ddygwyd, ac nid oedd yn debygol y dygid, unrhyw gyhuddiad yn eu herbyn. Roedd y Llywodraeth yn awr am gael gwared â'u problem drwy eu rhyddhau. Ac, ar ôl eu cadw am saith mis a hanner heb gyhuddiad na gwrandawiad, rhaid oedd canfod ffordd o'u rhyddhau.'

Gyda'r Nadolig yn agosáu, nid oedd yn syndod o gwbl i O'Connor, meddai, ddarllen mewn papur Saesneg ar 22 Rhagfyr, fod y Llywodraeth y diwrnod cynt wedi penderfynu eu rhyddhau. Ond ofnai, o ystyried prysurdeb y rheilffyrdd, na chaent eu rhyddhau tan ar ôl y Nadolig. Syndod pleserus iddo oedd cael gadael ar y trên 8.00 y noson honno.

Un o brif resymau Lloyd George dros ryddhau Gwyddelod y Fron-goch oedd ennill ffafriaeth gan Lywodraeth y Taleithiau Unedig yn y gobaith y gwnâi hynny, yn ei dro, eu denu i ymuno â'r cynghreiriaid yn y Rhyfel Mawr. Wedi i'r Gweinidog Cartref gyhoeddi ar lawr y Tŷ ar 21 Rhagfyr, y câi'r dynion eu rhyddhau, fe'u galwyd ynghyd gan y Lefftenant Burns. Mynnodd fod y dynion yn cydnabod eu henwau am y tro olaf fel y gallent adael a threulio'r Nadolig gyda'u teuluoedd. Ond credai'r dynion mai cynllwyn arall oedd hwn er mwyn cael hyd i'r 'ffoaduriaid'. Ymateb herfeiddiol Michael Collins oedd, 'Does dim pwynt, chewch chi ddim enwau a chyfeiriadau oddi wrthym ni'. Ateb Burns oedd na hidiai ef am hynny. Doedd ganddo ddim diddordeb bellach mewn canfod Michael Murphy na neb arall. Byddai'r rhyddhad yn un diamodol. Ond dal yn ddrwgdybus oedd y dynion.

Pwysleisiodd Burns wrth y dynion y byddai'n rhaid iddo ddanfon enwau pob carcharor i'r Swyddfa Gartref ac i Gastell Dulyn cyn iddynt fedru gadael. Yn dilyn trafodaeth â Collins a Brennan-Whitmore cytunwyd ar gyfaddawd. Byddai'r dynion eu hunain yn paratoi rhestr o'u henwau. Gweithiwyd ar hyn gydol y nos Iau a bore dydd Gwener fel y gallai'r rhyddhau swyddogol ddigwydd.

Yn gyntaf rhyddhawyd dynion o ogledd, de a gorllewin Iwerddon. Cludwyd ymron 500 ohonynt mewn trên arbennig i Gaergybi gan adael Gwersyll y Fron-goch, yn ôl un carcharor, i bydru yn ei unigrwydd ei hun. Ond wrth i'r carcharorion ffurfio'n llinellau ar blatfform gorsaf y Fron-goch cafwyd problem arall. Galwodd Burns, gyda dogfen caniatâd teithio yn ei law, ar Michael Flanagan a 19 o garcharorion eraill i'w rhyddhau i deithio i Ddinas Galway. Ni symudodd neb gan feddwl fod y twyll yn dechrau unwaith eto. Ar ymyrraeth Brennan-Whitmore aileiriodd Burns ei orchymyn gan ofyn a wnâi rhywun gamu ymlaen yn enw Michael Flanagan i dderbyn y ddogfen. Derbyniwyd y geiriad newydd.

Ceir manylion y rhyddhau yn *History of the Irish Citizen Army* gan R.M. Fox. Ar ddydd Gwener, 22 Rhagfyr, rhyddhawyd 130 a chyrhaeddodd y rheini borthladd Dún Laoghaire y bore canlynol. Gadawodd y rhai a oedd yn teithio ymlaen i'r de a'r gorllewin y trên yno. Ond teithiodd 67 o'r dynion ymlaen i Orsaf Westland Row gan orymdeithio i lawr Great Brunswick Street ac O'Connell Street. Cyrhaeddodd 40 o ddynion ar y llong wartheg y *Slieve Bloom,* yr union long a wnaeth eu cludo i gaethiwed dros saith mis yn gynharach. Cerddodd y dynion i fyny'r cei mewn osgo milwrol ac yn gwisgo'u bathodynnau *Sinn Féin.*

Ar nos Sul cyrhaeddodd 130 o ddynion Orsaf Westland Row a chyrhaeddodd 300 o ddynion o Ddulyn borthladd North Wall ar long stemar. Yna, ar fore Dydd Nadolig glaniodd 28 yn Dún Laoghaire. Roedd cyfanswm o 628, yn cynnwys rhai carcharorion o Garchar Reading, yn ôl ar dir Iwerddon. 'Roedd yr hwyaid gwylltion,' medd Fox, 'yn dychwelyd adre.'

O gyrraedd adref i Clonakilty teimlai Collins fod pobl yn rhy ofalus o lawer. Treuliodd dair wythnos yno yn yfed yr hyn a alwai yn *'Clonakilty wrasler'* ar stumog wag. Croesawyd Joe Sweeney yn Donegal, ar y llaw arall, gydag aelodau o Urdd Hynafol yr Hiberniaid a'u band.

Teithiodd dynion Kerry, 14 ohonynt yn cynnwys eu harweinydd, Henry Spring, drwy Loegr. Galwodd Spring am rownd o gwrw mewn bar ar blatfform gorsaf reilffordd. Ond gwrthododd y weinyddes dderbyn ei arian gan fod deddf yn bodoli a wrthwynebai i rywun dalu am ddiodydd meddwol i eraill. Galwyd ar blismon, ond methodd hwnnw â datrys y sefyllfa. Y canlyniad fu i'r dynion gael eu danfon i ffwrdd ar y trên heb dalu.

Ceir cofnod am un criw, wrth newid trên yng ngorsaf Caer, yn torri allan i ganu *Deutschland, Deutchsland uber Alles*. Wnaeth neb gymryd sylw ohonynt. Dychwelodd llawer o'r dynion yn cario bwydydd a ddanfonwyd atynt mewn basgedi i'r Fron-goch ar gyfer y Nadolig. Yn Liberty Hall yn Nulyn trefnwyd dathliad ar gyfer aelodau o'r *Irish Citizen Army* a fu'n rhan o Wrthryfel y Pasg.

Wrth ddisgwyl am ei drên cafodd Séamus Ó Maioleoin a'i griw ryddid i grwydro ac i siarad â phobl leol y Bala. 'Fe fyddai rhywun yn meddwl y byddai arnynt ofn siarad â ni,' meddai. 'Ofn pobl y fyddin, efallai. Sylwais mor deyrngar oeddent i'w hiaith. Yn y siopau i gyd, Cymraeg a siaredid rhyngddynt er na ddeallem ni'r cwsmeriaid yr un gair. Stori hollol wahanol yw hi yn Iwerddon.'

Ond beth am yr ymateb yng Nghymru i'r Gwrthryfel? Mae'n ymddangos mai prin iawn fu'r gefnogaeth a dderbyniodd y Capten Jack White pan aeth drosodd i Gaerdydd a Chymoedd Rhondda a Dâr i geisio cael y glowyr i streicio o blaid y Gwyddelod. Yn fab i Syr George White, Maeslywydd, a oedd ag enw da fel milwr, roedd White yn Brotestant a wnaeth ymladd ym Myddin Prydain yn Rhyfel y Boer. Ac yntau'n gomiwnydd rhonc cyn troi'n anarchydd, ef wnaeth hyfforddi'r *Irish Citizen Army* yn dilyn Streic Drafnidiaeth 1913. Wedi iddo gyrraedd Cymru, arestiwyd White a'i osod ar brawf ar 25 Mai, yn Llys yr Heddlu, Aberdâr. Roedd torf fawr yn disgwyl amdano wrth iddo gael ei gludo i'r llys oddi ar drên o Abertawe. Roedd ei wraig a'i fam yn y llys i'w gefnogi. Cyhuddwyd White o dorri Deddf Amddiffyniad y Deyrnas drwy ledaenu, yn anghyfreithlon, ar 8 Mai – y diwrnod cyn dienyddiad Connolly – adroddiadau a gwneud datganiadau a fyddent yn debygol o achosi anniddigrwydd i'w Fawrhydi, yn debygol o amharu ar ricriwtio ac o fod â dogfennau yn ei feddiant a allai achosi anniddigrwydd i'w Fawrhydi.

Yn y llys dywedwyd i White fod yn rhan o drafferthion undebol yn Nulyn yn cynnwys y Streic Drafnidiaeth. Datgelwyd mai ef a wnaeth hyfforddi'r *Irish Citizen Army* a'i fod yn adnabod Casement, Iarlles Markievics, Connolly, Plunkett ac eraill a oedd wedi gweithredu yng Ngwrthryfel y Pasg. Dywedwyd iddo ddod i Gymru i annog y glowyr i streicio er mwyn gorfodi'r Llywodraeth i ddangos trugaredd tuag at arweinwyr y Gwrthryfel.

Mynnai un tyst, Tyssul Davies o Drecynon, i White ddweud wrtho mai arbed bywyd Connolly oedd ei fwriad ac iddo hefyd ddweud ei fod am weld yr Almaen yn ennill y Rhyfel. Disgrifiwyd tystiolaeth Davies gan White fel celwydd noeth. Cafwyd White yn euog ar ddau gyhuddiad a'i ddedfrydu i dri mis o garchar yn y ddau achos, y dedfrydau i gydredeg.

Cafwyd cefnogaeth yn ddiweddarach i'r Gwrthryfel gan rai fel Saunders Lewis, Lewis Valentine, Gwenallt a T.E. Nicholas. Ond ar wahân i eithriadau fel Arthur Horner, arweinydd y glowyr yng Nghymru a ymunodd â'r *Irish Citizen Army*, ychydig iawn o gefnogaeth a gafwyd yn y Gymru Ryddfrydol ar y pryd, fel y dywed Jon Price yn ei erthygl ar y Fron-goch yn *Irish Migrants in Modern Wales*. Lle cafwyd cefnogaeth, daeth y gefnogaeth honno, medd Price, o fewn yr undebau drwy eu cefnogaeth i James Larkin wedi streic 1913 yn Nulyn.

Roedd Horner, a aeth ymlaen i fod yn Llywydd Ffederasiwn Glowyr De Cymru ac yn Ysgrifennydd Cyffredinol Undeb Cenedlaethol y Glowyr, wedi gwrthod ymladd yn erbyn Almaenwyr am iddo, meddai, weld fod perchnogion y gweithiau glo a'r Llywodraeth a'u cefnogent yn elynion llawer agosach na'r Kaiser. Roedd Horner wedi pledio achos Iwerddon adeg Gwrthryfel y Pasg. A'r hyn a daniodd ei ddychymyg yn anad dim arall oedd dienyddiad James Connolly.

Ym 1917, a'r awdurdodau yn chwilio amdano, ffodd Horner i Ddulyn lle listiodd yn yr *Irish Citizen Army* o dan enw gŵr o Swydd Longford, Jack O'Brien, a oedd wedi marw. Cynigiwyd gwaith iddo fel glanhawr ffenestri, ond gwrthododd am y byddai honno'n swydd rhy beryglus. 'Fyddwn i ddim yn meindio cael fy lladd dros ryddid Iwerddon,' meddai Horner yn ei hunangofiant, *Incorrigible Rebel*, 'ond ni wnaf dderbyn rhywun yn ysgrifennu adref at lowyr Cymru yn eu hysbysu fod Arthur Horner wedi ei ladd wrth lanhau ffenestri am chwe cheiniog y tro.'

Disgrifiodd Horner fel y bu'n drilio gyda'r fyddin yn y mynyddoedd fin nos ac ar benwythnosau. Cymharai ei hun ag aelodau o'r Mudiad Rhyddid – fel y *Resistance* – a ffurfiwyd i ymladd yn gudd yn erbyn y Natsïaid adeg yr Ail Ryfel Byd. Wrth i Horner ddychwelyd adref at ei wraig a'i blentyn fe'i harestiwyd ym mhorthladd Caergybi. Wrth iddo gael ei ddiarddel o bedwerydd bataliwn y Ffiwsilwyr Cymreig, gwrthododd wisgo'i lifrai. Felly fe dynnwyd ei het oddi ar ei ben a'i thaflu ar y llawr. 'Yna,' meddai, 'o gael fy niarddel o fyddin y gwrthodais wasanaethu ynddi, hebryngwyd fi yn ôl i'r carchar i dreulio dedfryd o ddwy flynedd gyda llafur caled.'

Ond wrth ddisgrifio Gwrthryfel y Pasg yn ei hunangofiant fe wnaeth Horner ei methu hi, braidd, drwy fynnu i tua 1,100 o aelodau'r *Irish Citizen Army* droi allan. Yn ôl yr ystadegau swyddogol a ddyfynnir gan R.M. Fox, rhestrir enwau 162 o aelodau gymerodd ran yn ystod y Gwrthryfel, 26 ohonynt yn fenywod a deg o fechgyn ifainc. Ond tybir i'r ffigwr llawn fod yn 220. Lladdwyd naw ohonynt yn y brwydro, yn cynnwys un bachgen, Charlie Darcy, a dienyddiwyd James Connolly a Michael Mallin.

Llais unig oedd un Arthur Horner. Yn ei gofiant i Saunders Lewis, dywedodd D. Tecwyn Lloyd nad oedd angen gwneud dim byd mwy na darllen papurau newydd a chyfnodolion Cymraeg y dydd i weld pa mor eithriadol oedd cael unrhyw Gymro yn barod i yngan gair wrth amddiffyn ymgyrch Iwerddon am hunanlywodraeth a rhyddid.

Yn yr un gyfrol, dywedodd am ugeiniau'r ganrif ddiwethaf, 'Fe ddylid cofio, wrth gwrs, fod gwrthryfel Iwerddon ac ymdrechion Sinn Féin yn parhau'n atgof byw a diweddar iawn i bawb y pryd hwn, ac fe ddylid cofio mai ychydig iawn o ddim cydymdeimlad a gawsai'r Gwyddelod gan y Cymry trwy gydol eu gwrthryfel hir am annibyniaeth.'

Llais Cymraeg unig ar y pryd oedd un D.J. Williams mewn erthygl yn *Y Wawr*, cylchgrawn myfyrwyr Coleg Prifysgol Cymru Aberystwyth, yng Ngwanwyn 1916, ac yntau erbyn hyn yn Rhydychen, o dan y teitl *Y Tri Hyn*. Y tri yn yr erthygl yw yr 'Ellmyn', y Sinn Ffeiniaid a'r gwrthwynebwyr cydwybodol, tri phwnc a oedd yn esgymun gan Brydeinwyr. Wrth sôn am y Gweriniaethwyr, gofynnodd y cwestiwn:

'Onid plant anffodus yr Ynys Werdd ydynt . . . wedi dioddef canrifoedd o orthrwm a chamdriniaeth oddi ar law llywodraeth wrthnaws iddynt, a thân rhyddid o hyd yn llosgi'n fud yn eu heneidiau, ac yn torri allan yn fflam pryd bynnag y chwytho awel arno? Pa wir Gymro, a ŵyr rywbeth am rywle y tu allan i'w blwyf genedigol, a all beidio â chydymdeimlo â hwy o waelod ei galon? . . . Gall ein llywodraeth ladd a dinsitrio'r Gwyddel. Ni ellir gosod hwn â'i gefn ar y mur i yrru bwled drwy ei ymennydd a darfod am dano. Mae ysbryd cenedl a orchfygwyd drwy drais mor anfarwol ag ysbryd rhyddid yng nghalon dyn. Y gelyn o fewn y muriau yn unig, – llygredd moesol a all ddinistrio a rhoddi terfyn ar hwn. Rhodder i Iwerddon lywodraeth rydd, ddi-Sais yn ôl dyhead canrifoedd, a phroffwydwn iddi yngrym y deffroad presennol o'i mewn, gyfnod blodeuog o wasanaeth i genhedloedd y byd. Sathrer hi ymhellach a chryn Vesuvius drachefn.'

Yna ceir ganddo dinc eironig:

'Ni all fod gan y Sinn Ffeiniaid gwrthryfelgar yr un neges i'w dysgu i ni, Gymry ymherodrol a theyrngar. Oni ddaw pob bendith a daioni, y gwêl y Duw mawr y bo'i hangen arnom, i ni drwy ddisgwyl yn ymarhous a gweddigar wrth y Llywodraeth Ymerhodrol? Os rhaid bod dipyn yn wylaidd a chynffongar ar adegau a bod yn barod i blygu glin i dduw'r Ymerodraeth pryd bynnag y gelwir arnom i wneuthur hynny, y mae rhyw fawredd o gynffonna i'r mawr, wedi'r cyfan, ac y mae'n talu i fod yn blant da bob amser, wyddoch . . . Yn yr argyfwng presennol mae Cymru wedi dangos ei hun, ar amryw ystyron, mor amddifad o wroldeb moesol ag ydyw hi gyfoethog o wroldeb naturiol, ac yr ydym ni blant ieuengaf y Deffroad am ymladd brwydrau Cymru Fydd yngrym y gwroldeb cyntaf – gwroldeb y gwrthwynebwyr cydwybodol, os myn rhywun ei alw felly.'

Aeth ymlaen i ddweud:

'Pe meddiannid ni yng Nghymru â thraean o ddewrder a fflam anniffodd y Gwyddel am ryddid, trylwyredd diffuant a phenderfyniad didroiynôl yr Ellmyn, yn ogystal a grym moesol y gwrthwynebwyr cydwybodol, byddem yn allu i symud y byd.'

Yn y *Cymru Coch* ym mis Mehefin y flwyddyn honno cafwyd ymateb chwyrn gan O.M. Edwards i'r Gwrthryfel. Ar ôl dadansoddi natur tair plaid arfog Iwerddon, yr Undebwyr, y Cenedlaetholwyr a'r Gwirfoddolwyr daw i'r casgliad mai'r ail, sef plaid John Redmond, fyddai'n rheoli Iwerddon. Ond am y Gwirfoddolwyr, dywed fod i'r blaid hon ddwy adran, sef yr hen blaid Wyddelig a oedd yn byw ar atgofion y gorffennol gyda chasineb at Sais yn rhan ysgogol o'i bywyd, a phlaid newydd iawn, sef 'y llafurwyr anghymodlawn, rhai na fynnant son am gynrychiolaeth wleidyddol nac am undeb gweithwyr . . . Y mae'r naill yn hunanaberthol, yn brydyddol ac yn dra chrefyddol; y mae'r llall yn hunanol, yn ymarferol, yn hunangeisiol, ac yn ddibris o hen ddylanwadau. Gwell gan gyfeillion pennaf yr Iwerddon Wyddelig, hwyrach, yw i'r blaid hon losgi ei hun allan mewn ffagl anhawddgar a di-fudd.'

Neges fawr O.M. Edwards oedd:

'nad Saeson y dyddiau hyn yw gorthrymwyr y dyddiau gynt'. Ac mae'n disgrifio'r Ymerodraeth Brydeinig fel tylwyth o genhedloedd rhyddion, pob un wedi tyfu'n naturiol i fesur ei hannibyniaeth. Ac mae'n gofyn, 'Pa un fuasai'r amcan uchaf i'r Iwerddon neu i Gymru, – ymryddhau o'r ymherodraeth a byw mewn rhyddid arfog, ynte dysgu'r ymherodraeth enfawr i fagu cenhedloedd mewn undeb cariadus?'

Cadwodd ei ymosodiad ffyrnicaf tan ddiwedd ei erthygl.

'Ac yn yr Iwerddon wele'r bwystfil yn cael ei ollwng, ac y mae'r bwystfil yn y natur hygaraf a'r galon gynhesaf; ac wrth ladd y bwystfil cymer ei anian afael yn ei orchfygwr a chwerwa fywyd y genedl obeithiol ond adfydus hon am flynyddoedd lawer. Arhosed yr ymherodraeth yn gref, a dyweded wrth galon pob cenedl sy'n rhan ohoni, – ''blant bychain, cerwch eich gilydd.'' Na fydded galw ar fforestwyr Sherwood a bechgyn Gwent byth mwy i golli eu bywydau i achub bywyd yr Iwerddon rhag ei phlant ei hun.'

Yna, yn rhifyn mis Awst yn y golofn 'Llyfrau a Llenorion' ceir ymateb uniongyrchol O.M. Edwards i erthygl D.J. Williams:

'Beth sydd wedi dod dros *Wawr* Aberystwyth?' gofynna O.M. 'Breuddwydiais y deuai'n llais newydd ysgol newydd wrth fodd fy nghalon, llais rhai o brif lenorion Cymru wedi eu casglu at eu [sic] gilydd i'n Coleg Prifysgol cyntaf. A thybiais y troai'r breuddwyd yn ffaith wrth glywed lleisiau Eifion Wyn a Gwynfor ymysg y lleill. Ond wele dri arwr, bob un ar ei droedfainc, a gynhygir imi, – y German, y Sinn Feiner, a'r gwrthwynebydd cydwybodol, fel arwyr Cymry fydd! . . . Sieryd rhai ohonynt beth ymddengys i mi yn deyrnfradwriaeth amlwg. Gyda'r rhifyn yr oeddwn yn derbyn llythyr o Ffrainc yn disgrifio cyfarfyddiad damweiniol amryw o fechgyn Coleg Prifysgol Cymru cyn yr ymosodiad cyntaf ar Contalmaison. Beth, tybed, feddyliant hwy am y *Wawr* yn awr? Gwn na fuasent yn medru gadael un o'u nifer dan "fwg a llaid" ei fedd yn Ffrainc heb gymaint a chyfeirio at yr aberth a'i cododd uwchlaw pob ysbryd hunanol a hunanddigonol.'

Cadarnheir y digwyddiad gan Cassie Davies, a oedd yn gyd-fyfyriwr â D.J. yn Aber, yn ei hunangofiant *Hwb i'r Galon*. Canmolodd D.J. am fynnu, 'ynghanol penboethni gwallgof y rhyfel honni nad du i gyd mo'r Almaenwyr na'r Sinn Féin na'r Gwrthwynebwyr Cydwybodol.' Ond ychwanegodd i'r mater gael ei ystyried yn un mor ddifrifol fel i gwestiwn gael ei godi ar lawr y Tŷ. Dywed hefyd fod erthygl ar gyfer rhifyn diweddarach o'r *Wawr* gan D.J. o dan y teitl 'Ich Dien' – erthygl na chafodd ei chyhoeddi ar y pryd – wedi arwain at alw am ddiswyddo'r golygydd, Ambrose Bebb. Yn hytrach ymddiswyddodd y pwyllgor cyfan gydag ef a daeth einioes *Y Wawr* i ben ar ôl dim ond 13 rhifyn. Fel arwydd o anfodlonrwydd tynnwyd llun yr aelodau 'mewn gwisgoedd du galarus', medd Cassie Davies.

Efallai y teflir rhywfaint o oleuni ar agwedd O.M. tuag at syniadaeth D.J. o gofio fod ei fab Ifan, ar y pryd, yng ngwres y frwydr yn y Rhyfel Mawr.

Diddorol nodi hefyd i D.J. ymweld â Chorc a Dulyn adeg y Pasg 1919, ac yntau ar y pryd yn athro yn Abergwaun. Mewn cyfweliad â Ioan Roberts yn *Y Cymro* ym mis Gorffennaf 1969 dywed iddo fod yn Ninas Corc adeg y cwest i lofruddiaeth MacCurtain. Llwyddodd i ennill ymddiriedaeth rhai gweriniaethwyr gymaint fel iddo dderbyn gwahoddiad i gyfarfod ag Arthur Griffith yn Nulyn. 'Roedd arweinwyr y gwrthryfel yn trafod eu cynlluniau mewn ystafell ddirgel yn Nulyn, uwchben siop rhyw fasnachwr glo,' medd D.J. 'Dangosais fy ngherdyn cyflwyniad i'r gwyliwr wrth y drws, ac ar ôl i mi aros rhyw deirawr, agorodd drws yr ystafell a daeth yr arweinwyr allan – yn wlyb a heb siafio, a golwg druenus arnyn nhw.'

Yn eu plith, meddai, roedd dyn ifanc, tal a chudyn o wallt brown yn disgyn dros ei dalcen. Credai D.J., o weld lluniau ohono wedyn, mai Collins oedd y dyn.

Treuliodd D.J. chwarter awr yng nghwmni Griffith a chael gwybod ganddo i'r Griffith cyntaf o'r teulu gyrraedd Iwerddon o bentref y tu allan i Gaernarfon yn ystod yr ail flwyddyn o deyrnasiad Iago I. Ychwanegodd Griffith, *'And we've been in the thick of it ever since'.*

Disgrifiwyd Griffith gan D.J. fel hyn: 'Dyn byr, bywiog, tywyll oedd e' – mae digon o rai tebyg i'w cael yng nghymoedd Morgannwg. Ef oedd y mwyaf ffyddiog o'r holl arweinwyr, ar gyfnod pan oedd y Black and Tans yn drwch drwy'r brifddinas. *"We're bound to win through this time,"* oedd ei eiriau. Ac fe wnaethant.'

Bu cydymaith D.J. ym Mhenyberth, Lewis Valentine, yr un mor gadarn â D.J. Roedd wedi gwasanaethu yn y fyddin yn Iwerddon fel aelod o uned feddygol ac wedi dod i adnabod nifer o aelodau Sinn Féin. Cyfeiriwyd eisoes at ei bresenoldeb ar blatfform gorsaf reilffordd Bangor wrth i'r trên a gludai gorff Arglwydd Faer Corc fynd heibio. Pan ddychwelodd i Fangor i fod yn Llywydd y Myfyrwyr, gwnaeth safiad cadarn ar ran y Gwyddelod, safiad a ddaeth ag ef mewn gwrthdrawiad ag awdurdodau'r coleg. Ceir un hanesyn ganddo mewn teyrnged a ysgrifennodd i'w gyngydfyfyriwr J.P. Davies. Derbyniodd Cyngor y Myfyrwyr lythyr oddi wrth Gyngor Myfyrwyr Prifysgol Iwerddon yn galw am gyhoeddi'r gwir am yr hyn a ddigwyddodd i Kevin Barry. Teimlodd Valentine mai ei ddyletswydd, fel Llywydd, fyddai darllen y llythyr o flaen y Cyngor. Cwynodd cyn-swyddog o'r Cyngor wrth y Prif Gwnstabl fod gan Valentine ddogfen fradwrus yn ei feddiant. Cafodd orchymyn gan y Prifathro na châi ar unrhyw gyfrif ddarllen y llythyr o fewn muriau'r Coleg. Fel ymateb rhybuddiodd Valentine y gwnâi, felly, ddarllen y llythyr mewn cyfarfod y tu allan i'r Coleg ym Mangor Uchaf. O'r diwedd caniatawyd iddo ddarllen y llythyr ar yr amod na cheid trafodaeth. Gwnaeth hynny, ac yna gadawodd Valentine y gadair, etholwyd cadeirydd newydd a chondemniwyd y *Black and Tans* a'u creulondeb tuag at Kevin Barry.

Bu Valentine mewn trafferthion eraill hefyd, fel y dywedodd mewn sgwrs â Ioan Roberts yn *Y Cymro* fis Tachwedd 1970, pan wrthwynebodd gynnig yn cefnogi polisïau Lloyd George yn Iwerddon. Cynigiodd welliant yn galw ar Lloyd George ei hun ddod i'r coleg i gyfreithloni ei bolisi yn Iwerddon.

Beth am drydydd aelod o Drindod Penyberth? Ceir sylwadau cyhoeddus cyntaf Saunders Lewis ar Wrthryfel y Pasg ddwy flynedd wedi'r digwyddiad yn *Y Cymro* (Dolgellau), y datganiad cyntaf a wnaeth erioed, medd D. Tecwyn Lloyd yn ei gofiant i Saunders, ar genedlaetholdeb gwleidyddol. Mewn erthygl ar addysg, canodd glodydd Ysgol Enda Sant, a sefydlwyd gan Padraig Pearse.

'Pan saethwyd Padraig Pearse am ei ran yng Ngwrthryfel y Pasg (1916), rhoes y Syr John Maxwell goron merthyrdod ar fywyd sant a gweledydd a lafuriodd tra bu ar ennill drachefn i'w wlad ysbryd diymblyg ei hen gewri. Ddeng mlynedd cynt na hynny daeth Pearse yn ôl i Ddulyn wedi iddo am dymor ymdreulio i ddeall cynlluniau addysg y cyfandir a phenderfynodd gychwyn ysgol yn yr Iwerddon er magu cenhedlaeth o blant trwythedig yn niwylliant yr hen Wyddelod.'

Aeth ymlaen i annog y Cymry i fagu, 'yn ein pentrefi, yn ein hysgolion, ac ar ein haelwydydd, gariad at ein hen draddodiadau a gwareiddiad ein tadau', a thrwy hynny, meddai, afael eilwaith ar drysorau ysbrydol ein tadau.

Ond os oedd yn edmygu Pearse, doedd Saunders ddim yn coleddu syniadau Sinn Féin na de Valera, fel y dengys Gerald Morgan mewn erthygl yn *Cymru'n Deffro*. Roedd Saunders Lewis wedi cwrdd â de Valera cyn hynny ac ni hoffai ei syniadau, meddai Gerald Morgan.

' . . . bu Saunders Lewis yn dadlau y dylid datblygu hunan lywodraeth drwy drawsnewid llywodraeth leol, yn hytrach na thrwy San Steffan, ac wrth wraidd ei syniadau, roedd yr iaith Gymraeg – mater dadlennol, fel y dadleuai ef. Hwyrach y dylanwadwyd arno yn hyn o beth gan lwyddiant Sinn Féin ym 1918, pan feddiannodd y Gwyddelod lawer o weinyddiaeth sifil Iwerddon yn ddirgel, gan adael y llysoedd Prydeinig yn weigion. Ond erbyn canol y dauddegau, prin y gellid cyfrif Saunders Lewis yn un o edmygwyr Sinn Féin. Pan ysgrifennodd H.R. Jones ym 1926 ei fod am wahodd de Valera i Ysgol Haf gyntaf y Blaid, ysgrifennodd Saunders Lewis yn ôl yn condemnio de Valera a'i bolisïau yn hallt.'

Buasai ei wahodd i'r Ysgol Haf, a gynhaliwyd ym Machynlleth, wedi bod yn anghwrtais i Wyddel arall a wahoddwyd, meddai, sef Kevin O'Sheil, Dirprwy *Fine Gael* ac aelod o'r *Dail*.

Union eiriau S.L., am de Valera yn 'Nodiadau'r Mis' yn *Y Ddraig Goch* ym mis Ionawr 1927 yw, 'Cawsom hefyd ymddiddan hir gyda De Valera. Y mae ef yn deip o'r mwdwl meddw gwyntog, digyfundrefn. Nid oedd ganddo unrhyw athroniaeth, nac unrhyw syniadau pendant ond yn unig rhetoreg ddiffrwyth ac anonest.'

Diddorol nodi fod de Valera, ynghyd â'i Ysgrifennydd, Frank Aiken, Pennaeth Staff gyda'r Gweriniaethwyr adeg y Rhyfel Cartref, wedi ymweld â Chymru fis Ionawr 1950 ar wahoddiad undebau athrawon, yn cynnwys UCAC. Bu'n annerch yn Nhrecynon a Chaernarfon ar fater dwyieithrwydd. Yn y cyfarfod yn Nhrecynon fe wnaeth Victor Hampson Jones, golygydd Undeb-Unity gloi drwy ddyfynnu o *Buchedd Garmon* Saunders Lewis.

Ceir mewnwelediad pellach i feddylfryd Saunders ar fater Iwerddon yn ei deyrnged i H.R. Jones. 'Dywedir weithiau mewn beirniadaeth arnom ein bod yn Sinn Ffeiniaid Cymreig,' meddai. 'Er drwg ac er da, y mae'n bell oddi wrth fod yn wir amdanom. H.R. oedd yr unig un yn ein plith y gellid dychmygu am Michael Collins yn rhoi swydd iddo.'

Ym mis Mawrth 1929 ceir sylw perthnasol gan Saunders ar y gwahaniaeth rhwng y llwybr y dylai Cymru ei gerdded a'r llwybr a gerddodd Sinn Féin. 'Nid torri cysylltiad â Lloegr a fynnwn ni; hynny a fynnai Iwerddon. A fynnwn ni yw seilio ein hundeb â Lloegr ar sylfaen yr Orsedd, a chael senedd annibynnol i Gymru.' Roedd am weld *'King of England'* yn newid i fod yn *'King of England and Wales'*.

Pan gyhoeddodd Sean O Mahony ei gyfrol *Frongoch, University of Revolution* ym 1987, dywedodd mai un rheswm dros ysgrifennu'r gyfrol oedd fel ymateb i benderfyniad Llywodraeth Iwerddon i anwybyddu 70fed pen-blwydd

Gwrthryfel y Pasg ym 1986. Yn ei ragair fe wnaeth ein hatgoffa mai Arglwydd Kitchener, Gwyddel o Swydd Kerry, wnaeth sefydlu'r carchar-wersyll cyntaf, a hynny adeg Rhyfel y Boeriaid, drwy gadw brodorion gelyniaethus mewn corlannau. Roedd yr amodau yn y gwersylloedd hyn yn echrydus a bu farw nifer fawr o'r carcharorion, meddai. Dros dreigl y blynyddoedd addaswyd y system gan ei defnyddio'n helaeth yn ystod y ganrif ddiwethaf gan Brydain, a chan Iwerddon ar y ddwy ochr i'r ffin.

'Mae llinyn di-dor rhwng Gwersyll y Fron-goch a Gwersyll Long Kesh, a sefydlwyd ym 1974', meddai. 'Ond y Fron-goch oedd y cyntaf ar Ynysoedd Prydain.'

Aeth O Mahony ymlaen i osod tri phwynt wrth groniclo pwysigrwydd y Fron-goch fel rhan o hanes caethiwo carcharorion na wynebodd lys barn. I ddechrau, yn y Fron-goch y cafwyd y cynulliad cyntaf erioed ar gyfer Gwyddelod o Iwerddon gyfan, meddai. 'Y Fron-goch oedd y crochan dadeni a adfywiodd yr *IRA*. Fe fyddwn i'n mynd mor bell â mynnu mai'r Fron-goch wnaeth epilio'r *IRA*.'

Beth bynnag, yn ôl O Mahony, fe wnaeth y fyddin honno wynebu holl adnoddau dynol, diwydiannol a milwrol Prydain yn y frwydr dros ryddid. Arweiniodd hynny at enciliad Prydain o 26 sir Iwerddon gan achosi'r crac cyntaf yn yr Ymerodraeth Brydeinig.

Yn ail meddai, llwyddwyd i ad-drefnu Brawdoliaeth Weriniaethol Iwerddon (yr *IRB*) yn y Fron-goch. Yno'r recriwtiwyd nifer a chwaraeodd ran bwysig yn y digwyddiadau a arweiniodd at sefydlu Gweriniaeth Rydd Iwerddon gan y mudiad cyfrinachol a chwyldroadol hwnnw.

Ac yn drydydd, yn y Fron-goch y crëwyd polisi pendant ar gyfer carcharorion Gwyddelig tuag at eu gwarchodwyr. 'Ymatebodd Prydain drwy ganiatáu statws gwleidyddol *de facto* i'r carcharorion, yn union fel y gwnaeth William Whitelaw 56 mlynedd yn ddiweddarach wrth ganiatáu statws Categori Arbennig i garcharorion yr *IRA*. Ac fel y cawn weld, fe ddysgodd carcharorion Long Kesh wersi pwysig oddi wrth ymddygiad eu rhagflaenwyr yn y Fron-goch.'

Yn ei gyfrol *Internment*, esboniodd John McGuffin nad oedd hyn yn newydd i Brydain yn 1916. Yn ystod y bedwaredd ganrif ar bymtheg yn unig roedd cynifer â 105 o Fesurau Gorfodol wedi eu pasio, mesurau a olygai, i bob pwrpas, garcharu Gwyddelod. 'Rhwng 1881 ac 1882 carcharwyd dros fil o Wyddelod heb na gwarant, cyhuddiad nac achos llys,' meddai. 'O dan amheuaeth yn unig oedd y rhain. Rhoddwyd y gorau i hawl *Habeas Corpus* a chyhoeddwyd Cynghrair y Tir. Ond pethau newydd oedd gwersylloedd caethiwedigaeth.'

Pwysleisiodd yntau mai Rhyfel y Boeriaid a wnaeth arwain at sefydlu carchar-wersyll am y tro cyntaf gan ddwyn gwarth a chywilydd ar wlad a oedd mor gyfarwydd â chael ei ffordd ei hunan. Bu farw, meddai, tua 20,000 o'r Boeriaid, menywod a phlant yn bennaf, yn y gwersylloedd hynny o afiechyd ac esgeulustod.

Mynegodd ei farn ar gloi Gwrthryfelwyr y Pasg yn y Fron-goch yn gryno. 'Gydag ynfydrwydd wedi ei esgor gan fawrdra, trodd y Prydeinwyr y Gwyddelod yn ferthyron.' Gosododd y Fron-goch gynsail i'r dyfodol, meddai, drwy i'r dynion yn y naill wersyll a'r llall ethol eu harweinwyr eu hunain gan sefydlu cadwyn o reolaeth. Cadwyd yr ysbryd yn gryf drwy gynnal gweithgareddau diwylliannol, chwaraeon a darlithiau, meddai. Rhoddwyd tragwyddol heol i ddoniau trefnyddol pobl fel Collins a MacCurtain. Trefnwyd gweithgareddau'r dyfodol a sefydlwyd cysylltiadau cyfathrebu. 'Teimlai'r dynion eu bod yn llawer gwell eu byd yng nghefn gwlad Cymru na'r carcharorion hynny a gafwyd yn euog a'u cloi yn Stafford, Brynbuga, Lincoln, Lewes neu Dartmoor. Ffynnodd brawdoliaeth a chydag ef deimlad o orfoledd.'

Gallasai hyn oll fod wedi darfod petai caethiwedigaeth wedi para dros amser hir, medd McGuffin. Ond golygodd rhyddhau carcharorion ar ddiwedd 1916 ac yn ystod y flwyddyn wedyn i'r goroeswyr gael eu rhyddhau o flaen cynulleidfa werthfawrogol yn dilyn troi arweinwyr Gwrthryfel y Pasg yn ferthyron.

Camgymeriad mawr arall oedd gorfodaeth filwrol, meddai. Roedd rhai o'r dynion y ceisiwyd eu gorfodi yn gaeth ar gam yn y Fron-goch. Arweiniodd y bygythiad i'w gorfodi at undod. Ond y camgymeriad mwyaf, medd McGuffin, oedd sefydlu lle o gaethiwedigaeth yn y Fron-goch yn y lle cyntaf. 'Trodd y gwersylloedd yn fagwrfa danllyd ar gyfer gwrthryfel ac yn fan ymarfer ar gyfer milwyr gwrthryfelgar, gyda Michael Collins y mwyaf ohonynt.'

Eto i gyd ni ddysgwyd y gwersi. Erbyn Cadoediad 1921 roedd cynifer â 7,000 o garcharorion gwleidyddol Gwyddelig yng ngharchardai Prydain ac Iwerddon. Unwaith eto bu brwydr am hawliau fel carcharorion gwleidyddol. Yng Ngharchar Brynbuga y bu'r ymgyrchu ffyrnicaf wrth i'r carcharorion alw am yr hawl i wisgo'u dillad eu hunain. Ac ar 21 Ionawr 1919, llwyddodd pedwar carcharor i ddianc. Roedd dau ohonynt, Frank Shouldice a George Geraghty, wedi bod yn y Fron-goch. Yna, gyda help Collins, llwyddodd de Valera i ddianc o Garchar Lincoln. Am ei draed gwisgai Dev sgidiau Tom Ruane, cyn-garcharor yn y Fron-goch

Wedi'r Cytundeb ar 6 Rhagfyr 1921 gallai Prydain, medd McGuffin, honni fod caethiwedigaeth drosodd yn ystod cyfnod o heddwch. Ond ym 1923 danfonwyd dros gant o Wyddelod – yn ddynion a menywod – i gaethiwed yn Iwerddon. Aelodau o'r Cynghrair Hunan Benderfyniad oedd y rhan fwyaf o'r rhain. Profwyd yn ddiweddarach fod hyn yn groes i'r gyfraith a chawsant eu danfon adref.

Cyfeiriodd McGuffin hefyd at wersylloedd

caethiwedigaeth a sefydlwyd gan Brydain yn Aden, Cyprus, Malaya ac, yn arbennig, Kenya. Yno, ar 24 Chwefror 1959, curwyd un ar ddeg o aelodau o'r Mau Mau i farwolaeth yng Ngwersyll Hola. Roedd dros 80,000 o ddynion a menywod wedi eu cadw'n gaeth heb gyhuddiad. Yn wir, cadwyd 700 o ddynion tan glo heb gyhuddiad am dros saith mlynedd.

Cyn i'r Ail Ryfel Byd gychwyn fe wnaeth Prydain drachefn gyflwyno caethiwedigaeth. A'r rhai a gadwyd yn gaeth unwaith eto oedd Gwyddelod. Digwyddodd hyn yn dilyn ymgyrch fomio gwbl ddibwrpas yr *IRA* yn Lloegr o dan arweiniad Seán Russell, un arall a fu yn y Fron-goch ac a fu farw ar fwrdd llong danfor Almaenig oddi ar arfordir Galway ym 1940. Arweiniodd caethiwedigaeth hefyd at ddienyddio Barnes a McCormick ar 7 Chwefror 1940. Arweiniodd hefyd at garcharu dros gant o Wyddelod.

'Dim ond pum munud gymerodd Mesur Atal Trais i fynd drwy'r Senedd,' medd McGuffin. Gwnâi'r Mesur ganiatáu alltudio Gwyddelod ynghyd â chaethiwedigaeth yn ogystal â chofnodi manylion am bob Gwyddel a drigai ym Mhrydain. Ffodd rhai Gweriniaethwyr adref i Iwerddon ddim ond i ganfod fod mesur tebyg wedi ei basio yno hefyd, sef Deddf Tramgwydd yn Erbyn y Wladwriaeth. Dim ond y rhyfel, medd McGuffin, wnaeth arbed Prydain rhag gweithredu caethiwedigaeth yng nghyfnod heddwch. Dros y rhyfel cadwyd 'pobl dan amheuaeth' dan glo. Erbyn 1940 roedd 1,400 o dan glo, y mwyafrif yn Almaenwyr.

Ac wrth nodi rhagrith llywodraethau a wnaeth yn gyntaf gondemnio caethiwedigaeth ddim ond i fabwysiadu hynny eu hunain yn ddiweddarach gwnaeth McGuffin enwi Makarios, Banda, Nehru, Gandhi a de Valera. Ac i wneud y rhagrith yn waeth fyth, roedd y rhain eu hunain wedi dioddef o gaethiwedigaeth. Aethant oll yn eu blaen i fod yn wleidyddion parchus, meddai. 'Da o beth i Brydain fyddai cofio y gallai fod yn Nosbarth 1972 yn Long Kesh rywun o faintioli tebyg.'

Yn ôl criw *Insight* y *Sunday Times* ym 1972, gwyddai milwyr profiadol o'r gorau mai camgymeriad fyddai mabwysiadu caethiwedigaeth gan na wnâi ddim byd amgenach na hybu mwy o drais a dieithrio pellach ar ran y Catholigion. Mae ystadegau yn profi hynny. Yn y pedwar mis cyn mabwysiadu polisi o gaethiwedigaeth lladdwyd pedwar milwr, pedwar dinesydd a dim un plismon. Yn ystod y pedwar mis a ddilynodd, sef Awst hyd Dachwedd 1971, lladdwyd 30 o filwyr, 11 plismon, a 73 dinesydd cyffredin.

Erbyn canol Rhagfyr roedd 1,576 wedi eu harestio gan y Fyddin o dan y Ddeddf Pwerau Arbennig, bron y cyfan yn Babyddion. Dadl *Insight* oedd bod y gaethiwedigaeth, yn hytrach nag yn gwella'r sefyllfa, yn gyrru Catholigion a fu'n niwtral i freichiau'r *IRA*.

Swm a sylwedd y cyfan yw i wersi'r Fron-goch naill ai gael eu hanghofio neu beidio â chael eu dysgu yn y lle cyntaf. Yn y cyfamser saif Gwersyll y Fron-goch yn ddolen mewn cadwyn hir a di-dor sy'n ymestyn o Dde Affrica ym 1899 i Guantanamo Bay yn ein dyddiau ni.

Dywedodd Sean O Mahony iddo ysgrifennu ei gyfrol ar y Fron-goch am iddo gredu fod y Gwersyll wedi cael effaith sylweddol iawn ar hanes Iwerddon. Gallasai fod wedi mynd mor bell â honni i'r Fron-goch gael effaith sylweddol iawn ar hanes y byd. Heb y Fron-goch hwyrach na fyddem wedi clywed llawer am Collins, Richard Mulcahy, Dick McKee, Tomás MacCurtain a Terence MacSwiney. A heb Collins, Mulcahy, McKee, MacCurtain a MacSwiney hwyrach na fyddem wedi clywed cymaint am Mao Tse Tung, Tito, General Giap, Che Guevara, Nelson Mandela a Menachem Begin.

Dyfalu yw hyn, ond nid oes modd osgoi barn Joe Good wrth edrych yn ôl ar Nadolig 1916. Credai nad oedd gan Brydain unrhyw ddewis ond rhyddhau'r Gweriniaethwyr. Cyhoeddodd Prydain, meddai, ei bod yn ystyried rhyddhau'r dynion fel gweithred o gymodi, ond doedd gan y dynion ddim unrhyw amheuaeth am y gwir reswm.

'Gwyddem i ni gnoi'r llaw a'n bwydai mor ddrwg fel ei bod yn falch o gael ein rhyddhau. Credai'r dynion oll, a phrofwyd hwy'n iawn yn hyn o beth, iddynt frawychu San Steffan a Stryd Downing unwaith ac am byth.'

Danfonwyd y dynion a gaethiwyd yn y Fron-goch yno yn hytrach nag i garchardai Prydain am na theimlid eu bod ymhlith y rhai mwyaf peryglus. Fel y dywedodd Jon Parry yn ei erthygl *The Black Hand*, ni theimlid eu bod yn ddigon pwysig i'w danfon i garchardai Henffordd, Portland, Knutsford neu Dartmoor. Yn ystod eu caethiwed yn y Fron-goch y daethant yn bwysig.

Fe wnâi'r Fron-goch, meddai, ddod yn rhan o fytholeg Iwerddon ac fe wnâi'r dynion a fu'n dihoeni yno ddod yn rhan o hierarchaeth y traddodiad chwyldroadol. Honnodd i'r Fron-goch, am ychydig fisoedd ym 1916, gaethiwo'r dwysedd mwyaf o chwyldroadwyr Gwyddelig yn y cyfnod diweddar. Ym Meirionnydd mewn cyfnod byr, meddai, y paratowyd y tir ar gyfer y Rhyfel Annibyniaeth, y Rhyfel Cartref a sefydlu Talaith Rydd heb sôn am sefydlu hefyd *Fianna Fail*, y *Cumann na nGaedheal* ac, yn ddiweddarach, *Fine Gael*.

'Gorffennodd ymdaith arwrol hanes modern Iwerddon gyda dienyddiad Collins yn nyffryn hyfryd Beal nBlath yng ngorllewin Corc;' meddai Parry. 'Hwyrach iddo gychwyn ar y llethrau llwm ger y Bala yng ngogledd Cymru.'

12

Epilog

Ym 1955 cyhoeddwyd datganiad gan Gorfforaeth Lerpwl yn rhybuddio ei bod am gyflwyno Mesur Preifat i'r Senedd er mwyn cael yr hawl i godi argae ar draws afon Tryweryn. Ac erbyn 1960 roedd Gwyddelod yn ôl yn y Fron-goch, y tro hwn o'u gwirfodd, ar gyfer codi'r argae hwnnw wrth i ddiweithdra fod yn bla yn eu gwlad eu hunain.

Ar 24 Medi 1956 derbyniodd gwrthwynebwyr y cynllun lythyr o gefnogaeth oddi wrth Eamon de Valera:

'Pan fo cenedl fechan, yn erbyn ffactorau dychrynllyd, yn ceisio cadw ei phersonoliaeth a'i diwylliant, byddai difa unrhyw ran lle diogelid yr iaith a'r nodweddion cenedlaethol yn anffawd y dylid gwneud popeth i'w hosgoi. Caiff manteision materol economaidd eu prynu yn llawer rhy ddrud o'u hennill ar draul etifeddiaeth ysbrydol, a dylid pwysleisio hyn yn gryf wrth y rhai sy'n frwd dros effeithlonrwydd. Pan fo dewis amgen yn bodoli, un na fyddai'n golygu'r fath golled, bydd pawb sy'n credu fod gan ddynoliaeth anghenion heblaw rhai corfforol yn cydymdeimlo â phobl cenedl y Cymry yn eu hymdrechion i chwilio am ddulliau gwahanol i gynllun

Tryweryn gael eu canfod a'u mabwysiadu. Dymunaf i chwi bob llwyddiant.'

Adeg ailddarlleniad y Mesur ni wnaeth yr un Aelod Seneddol Cymreig bleidleisio dros y boddi. Ond fe wnaeth rhai, am wahanol resymau, atal eu pleidleisiau. Un ohonynt oedd Megan Lloyd George, merch y gŵr a gefnogodd ymweliad Michael Davitt o'r Cynghrair Tir â Blaenau Ffestiniog yn 1885, a ryddhaodd garcharorion y Fron-goch ar ddiwedd 1916 ac a rannodd Iwerddon ym 1923.

Byddai carcharorion Gweriniaethol y Fron-goch wedi cymeradwyo'r dynion ifainc a aeth ati, yn wyneb ystyfnigrwydd gwleidyddion a difrawder llawer o Gymry, i gymryd y gyfraith i'w dwylo eu hunain gan achosi difrod ar safle'r argae.

Erbyn 1960 roedd cynllun argae Tryweryn wedi creu cynnwrf gwleidyddol a diwylliannol. I raddau helaeth, unwyd gwleidyddion gyda hyd yn oed Raymond Gower, yr AS dros y Barri – Tori rhonc – yn gwrthwynebu cynlluniau ei lywodraeth ei hun. Canai beirdd eu protest. Yn y Babell Lên ym Mhrifwyl Caernarfon 1959 cyfansoddodd Llwyd o'r Bryn gwpled cofiadwy:

Bodder yn nŵr Tryweryn
Henry Brooke, medd Llwyd o'r Bryn.

Henry Brooke oedd y Gweinidog Dros Faterion Cymreig.
Erbyn 1965 roedd y gwaith wedi'i gwblhau a phentref Capel Celyn yn ogystal â dwsin o dai eraill a ffermydd o dan ddŵr y llyn. Mae'n anodd gwybod faint o Wyddelod fu'n gweithio ar gynllun Tarmac a Binney & Deacon. Ond dengys ystadegau fod y gweithlu ar 5 Mai 1962 yn 295. Rhaid bod canran uchel o'r rhain yn Wyddelod o ystyried faint ohonynt fu'n gweithio ar brosiectau tebyg yng Nghymru. Carafanau oedd cartrefi'r dynion y tro hwn, a'r

rheiny wedi eu gosod ar yr union gae lle bu cytiau pren Gwersyll y Gogledd dros ddeugain mlynedd yn gynharach.

Roedd R.J. Lloyd Price wedi rhag-weld y cyfan yn ôl ym 1899 pan ysgrifennodd y gallai afon Tryweryn, a oedd eisoes yn enwog, ddod yn enwocach fyth drwy iddi gael ei chronni mewn tri man ar gyfer darparu dŵr i Saeson sychedig Llundain. Mewn un man y'i cronnwyd, a'r unig ran arall o'i broffwydoliaeth i beidio â chael ei gwireddu oedd mai trigolion Lerpwl yn hytrach na thrigolion Llundain a wnaeth elwa.

Poenai Lloyd Price fod Llundeinwyr yn marw o syched tra bod miliynau o alwyni o ddŵr meddal a phur yn rhedeg yn wastraff parhaol yng Nghwm Tryweryn. Petai'r sgweier wedi mynd ati i ymgymryd â'r gwaith ei hun fel cynllun preifat, hwyrach y buasai wedi llwyddo i elwa yn fwy nag a wnaeth o'i fenter wisgi fyrhoedlog.

Yn wir, mewn cyfnod llawer yn ddiweddarach ceir stori am deulu Edwards, Glynllifon, Llanuwchllyn, a oedd yn beirianwyr enwog, yn cynnig cyflenwi trydan i'r Bala ond gan rybuddio y byddai hynny'n golygu creu llyn yng Nghwm Tryweryn.

Yn yr Eisteddfod Ryng-golegol ym 1960 enillwyd cystadleuaeth y gân ysgafn gan fyfyriwr ifanc o Goleg Aber, Humphrey Lloyd Humphreys. Testun ei gyfansoddiad llwyddiannus oedd 'Cân Dŵr Tryweryn', y geiriau i'w canu ar alaw Lydewig, *Son ar Hafe*, neu Gân y Coffi. Dyma'r geiriau a lwyddodd i gymysgu dŵr a wisgi:

Mae gin i awydd canu cân, wel dowch yn nes bob jacyn!
O glod i'r ddiod fel y tân, wnaed gynt o ddŵr Tryweryn.
Ble me'r gogoniant gynt a fu? Gymry cu, 'madawodd â'n tŷ,
Ond doedd dim oedd well i ddyn na joch o ddŵr Tryweryn!
Mi fuo'n ffisig heb ei ail at bob rhyw afiechydon,
Yn well nag unrhyw ddiod dail i atgyfodi'r cleifion,
Fron-goch oedd cystal ag unrhyw sba, at bob pla, Iechyd da!

Doedd dim oedd well i ddyn na joch o ddŵr Tryweryn.
Bu'n arfer yn y dyddie gynt i'w barchu ac i'w yfed,
Ond buo newid ar y gwynt, doth melltith Methodistied!
Chi Fethodistied Calfin cas, pam fuoch chi mor greulon
Â gwrthod rhoddi moddion gras i wan sychedig ddynion?
Bydd diwygiade drost y wlad, bydd 'nen Tad os cawn
ryddhad!
Does dim sy' well i ddyn na joch o ddŵr Tryweryn.

Arweiniodd codi'r argae at newidiadau mawr yn ardal y Fron-goch. Caewyd a dymchwelwyd yr eglwys, nid oherwydd y llyn ond oherwydd diffyg cynulleidfa. Ond y llyn fu'n gyfrifol am newid cwrs rhan o'r ffordd. Caewyd y rheilffordd a fu gynt mor allweddol i'r gwaith wisgi ac i gludo carcharorion.

Yn groes i gred llawer, nid bwyell Beeching – er y byddai honno wedi disgyn beth bynnag – ond yn hytrach y cynlluniau i foddi'r cwm fu'n gyfrifol am gau'r lein. Golygai'r cynlluniau hynny y byddai rhan o'r lein o dan y dŵr. Dywed Watcyn L. Jones i'r trên teithwyr rheolaidd olaf redeg ar hyd y lein ar 2 Ionawr 1960, gan dorri cysylltiad a wnaethai fodoli rhwng y Bala a Blaenau Ffestiniog ers 1882. Yn gyrru a thanio'r injan oedd Dai Davies a Prysor Evans, y ddau o Drawsfynydd. Y gard oedd Moses Hartley Hughes, neu 'Moss y Gard' a oedd yn ganwr poblogaidd. Y cynorthwywyr platfform oedd John Edward Owen a Bob Williams.

Yr unig arwydd o fodolaeth y lein yn y Fron-goch erbyn hyn yw rhan o'r platfform a'r cwt signal sy'n rhan o Dŷ'r Orsaf. Ac am y gwersyll, erys tai'r swyddogion. Ac erys, yn ôl rhai, un o gytiau Gwersyll y Gogledd. Heddiw mae'n gartref i gangen leol Sefydliad y Merched, darn bychan o Jerwsalem ar dir gwyrdd a fu unwaith yn gornel Gwyddelig mewn gwlad dramor. Cred rhai mai hwn oedd y Cwt Gwarchod. Ond nid pawb sy'n cytuno fod yr adeilad yn un o'r cytiau gwreiddiol. Cred amryw fod y stori yn rhan o'r chwedloniaeth gynyddol sydd wedi tyfu o gwmpas y fangre ac mai cwt gwbl estron yw cartre'r gangen.

Heddiw saif Ysgol Bro Tryweryn ar safle'r distyllty. Ynddi ceir arddangosfa fechan ar hanes y gwaith wisgi a'r gwersyll a'i disodlodd. Yn wir, fe ystyriwyd enwi'r stafelloedd dosbarth ar ôl rhai o'r Gwyddelod a fu yn y Fron-goch, er enghraifft, Stafell Michael Collins. Ystyriwyd Stafell de Valera hefyd wrth i rai feddwl, yn anghywir, i Dev fod yno. Ond oherwydd y sefyllfa yng Ngogledd Iwerddon rhoddwyd y gorau i'r syniad. Ar gyfer agoriad yr ysgol ar 22 Ionawr 1971 cyfansoddwyd cywydd i nodi'r achlysur gan Ithel Rowlands o Fachynlleth:

Newydd ddôr a agorwn,
A gwawr haf yw'r agor hwn,
Yw agor dôr tarddle dysg
A newyddaf caer addysg;
Hi yw nobl uniad deublwy
A hi yw'r maes llafur mwy.

Gwiw ei champ, ac o'i chwmpas
Fyfyriol lun y fro las;
Hi a ddeil holl arddeliad
Golau hen 'ysgol y wlad',
Diau o haf hon daw hefyd
Egin bach dry'n egni byd.

Gorau ffordd o hyfforddi
Ffordd roed i'w hyfforddwyr hi,
A'i phinacl yw ei phennaeth, -
Athro, a rhin i'n gwerin gaeth;
Am wreiddyn mae'i ymroddiad
Ac am frig y mae'i fawrhad.

Hardded gan feib Iwerddon
Fa'i hyd yr olygfa hon:
Nid lle'r hunlle yr henllawr
Mwy i'r Gwyddel Feicel Fawr, –
Câi'n hyder ysgol werin
Ddôr wiw i'r hen Geltaidd rin.

Plant diddan ddaw'n dân drwy'i dôr,
Chware ar le carcharor;
Yr hen erw lom fu'n gomin
Meib malais a thrais a thrin,
Doe yn grin, heddiw'n dwyn gras
A thw gardd a theg urddas.

Mae i'r llinell 'Egin bach gry'n egni byd' arwyddocâd
arbennig. Trodd egin y Fron-goch yn gynhaeaf Gwyddelig.

Gydol hanes Gwersyll y Fron-goch ceir enghreifftiau di-
rif o eironi. Ac erys un mawr. Yn ystod haf 2002,
dadorchuddiwyd llechen dairieithog i goffáu'r rhai a fu'n
gaeth yng Ngwersyll y Fron-goch. Ariannwyd y fenter gan y
mudiad iaith Gwyddelig, *Conrad na Gaeilge*. Y gangen a fu'n
gyfrifol am hynny oedd cangen Lerpwl, y ddinas a
gyfrannodd nifer o filwyr Gweriniaethol ar gyfer Gwrthryfel
y Pasg, rhai ohonynt – yn cynnwys y brodyr King a'r brodyr
Kerr – wedi eu carcharu yn y Fron-goch. Ie, Lerpwl, y ddinas
y bu ei bwrdeistref yn gyfrifol am foddi Cwm Tryweryn.

Fel ôl-nodyn, diddorol fu sylw'r Aelod Seneddol Llafur
dros Ddyffryn Clwyd, Chris Ruane, mewn trafodaeth ar 28
Hydref 2002 ar fater Cytundeb Gwener y Groglith yng
Ngogledd Iwerddon. Cyfeiriodd yr Aelod at ffaith
annisgwyl wrth groesawu datblygiad yn y Broses Heddwch.
Yn 1916, meddai, roedd ei daid o Gymro, Ned Roberts, yn
ffosydd y Somme tra oedd ei daid o Wyddel, Tom Ruane, yn
garcharor yng Ngwersyll y Fron-goch, yr un Tom Ruane a

fenthycodd ei sgidiau i de Valera wrth i hwnnw ddianc o Garchar Lincoln.

Llyfryddiaeth

Prif Ffynonellau

Barry, Tom: *Guerilla Days in Ireland*, Anvil Books, 1981.

Behan, Brendan: *Brendan Behan's Island*, Bernard Geis, 1962.

Breen, Dan: *My Fight for Irish Freedom*, Anvil Books, 1964.

Brennan-Whitmore, W. J.: *With the Irish in Frongoch*, Talbot Press, 1917.

Brennan-Whitmore, W. J.: *Dublin Burning*, Gill & McMillan Ltd, 1996.

Coogan, Tim Pat: *Michael Collins. A Biography*, Hutchinson, 1990.

Costello, Francis J.: *Enduring the Most*, Brandon Book Publishers, 1995.

Cronin, Sean: *Our Own Red Blood*, Muintir Wolf Tone, Dublin, 1966.

Davies, John (Gol): *Cymru'n Deffro. Hanes y Blaid Genedlaethol 1925-1975*, Gwasg Y Lolfa, 1981.

Forester, Margery: *Michael Collins. The Lost Leader*, Gill and Macmillan, 1971.

Fox, R. M.: *The History of the Irish Citizen Army*, James Duffy & Co, 1943.

Gibbard, Gwenan Mair: *Brenhines Powys – Dora Herbert Jones a byd yr alaw werin*, Cyfres 'Llyfrau Llafar Gwlad'., Gwasg Carreg Gwalch, 2003.

Gray, Tony: *Ireland this Century*, Little, Brown and Company, 1994.

Hart, Peter: *The IRA & its Enemies*, Oxford University Press, 1998.

Jones, Thomas: *Whitehall Diary Vol 3, Ireland 1918-1925*, Oxford University Press, 1971.

Jones, Watcyn L.: *Cofio Tryweryn*, Gwasg Gomer, 1988.

Kee, Robert: *Ireland, A History*, Weidenfeld & Nicholson, 1980.

McCann, Seán: *The Story of the Abbey Theatre*, New English Library, 1967.

Macardle, Dorothy: *The Irish Republic*, Irish Press, 1951.

MacThomáis, Éamonn: *Down Dublin Streets 1916*, Irish Book Bureau, 1965.

McGuffin, John: *Internment*, Anvil Books, 1973.

O'Brien, Connor Cruise: *Ancestral Voices. Religion and Nationalism in Ireland*, Poolbeg Press, 1994.

O'Connor, Batt: *With Michael Collins in the Fight for Irish Independence*, Aubane Historical Society, 2004.

O'Connor, M. J.: *Stone Walls . . .* , The Dublin Press, 1916.

O'Leary, Paul (Gol): *Irish Migrants in Modern Wales*, Liverpool University Press, 2004.

Ryan, Desmond: *Michael Collins and the Invisible Army*, Anvil Books, 1968.

Shannon, Martin: *Sixteen Roads to Golgotha*, Red Hand Books. (Dim dyddiad)

Travers, the Very Rev Charles J.: *Seán MacDiarmada (1883-1916)*, Cumann Seanchais Bhreifne, 1966.

Somerville-Large, Peter: *Irish Voices – Fifty Years of Irish Life 1916-1966*, Chatto and Windus, 1999.

Thomas, Einion Wyn: *Boddi Cwm Tryweryn*, Pecyn Addysgu Archifol, Archifau Gwynedd, 1997.

Thomas, Einion Wyn: *Capel Celyn. Deng Mlynedd o Chwalu: 1955-1965*, Cyhoeddiadau Barddas, 1997.

Valiulis, Maryann Gialanella: *Portrait of a Revolutionary. General Richard Mulcahy*, Irish Academic Press, 1992.

Weekly Irish Times: *Sinn Fein Rebellion Handbook*, 1917.

Williams, Robin: *Y Tri Bob*, Gwasg Gomer, 1970.

O ran papurau newydd a chyfnodolion a fu'n ddefnyddiol, fe'u nodir yng nghorff y gyfrol.

Hoffwn ddiolch am bob cymorth ac annogaeth a dderbyniais gan Einion Wyn Thomas, Archifydd Coleg

Prifysgol Cymru Bangor, ynghyd â staff y Llyfrgell Genedlaethol ac Archifdy Meirionnydd. Diolch am gydweithrediad Ifor ap Glyn o Gwmni Da. Bu'r Dr John Davies yn fwrlwm o wybodaeth ac awgrymiadau. Rwy'n ddyledus i Ioan Roberts am ddarganfod lleoliadau beddau'r ddau Gymro a laddwyd yng Ngwrthryfel y Pasg. A diolch i Robin Price, deiliad presennol Stad y Rhiwlas a gŵr bonheddig am ei groeso a'i hynawsedd a hefyd i Myrddin ap Dafydd a Gwasg Carreg Gwalch am y gofal a'r trylwyredd arferol.